高职高专教育“十三五”规划建设教材

文秘与写作实务

韩晓伟　主编

中国农业大学出版社
·北京·

内 容 简 介

本书是高职高专教育“十三五”规划建设教材，是一门强化秘书工作技能训练的教材。本书内容包括秘书职场认知、秘书办文、秘书办会、秘书办事四个模块十个单元。本书以训练项目为线索，分为自学与自测、案例分析与训练、知识提要、技能训练等内容，突出自学、阅读、评析、训练特色，这一模式的每一项学习内容都为学生自学提供空间，在学习过程中发现问题、解决问题，符合高职学生的学习认知规律。

本书适用于高职高专各类专业以及自学者参考。

图书在版编目(CIP)数据

文秘与写作实务/韩晓伟主编. —北京:中国农业大学出版社，2015.4(2017.7 重印)
ISBN 978-7-5655-1225-4

Ⅰ.①文…　Ⅱ.①韩…　Ⅲ.①公文-写作　Ⅳ.①H152.3

中国版本图书馆 CIP 数据核字(2015)第 085529 号

书　　名 文秘与写作实务
作　　者 韩晓伟　主编

策划编辑 姚慧敏　　**责任编辑** 李丽君　冯雪梅
封面设计 郑　川　　**责任校对** 王晓凤
出版发行 中国农业大学出版社
社　　址 北京市海淀区圆明园西路 2 号　　**邮政编码** 100193
电　　话 发行部 010-62818525,8625　　读者服务部 010-62732336
编辑部 010-62732617,2618　　出　版　部 010-62733440
网　　址 http://www.cau.edu.cn/caup　　**e-mail** cbsszs @ cau.edu.cn
经　　销 新华书店
印　　刷 涿州市星河印刷有限公司
版　　次 2015 年 5 月第 1 版　2017 年 7 月第 3 次印刷
规　　格 787×1092　16 开本　15.75 印张　385 千字
定　　价 34.00 元

编审人员

CONTRIBUTOR

主　编　韩晓伟　辽宁农业职业技术学院

副主编　于　涵　辽宁师范大学

闫秀娟　甘肃畜牧工程职业技术学院

杨晓宇　河北北方学院

主　审　于长东　辽宁农业职业技术学院

前言 PREFACE

本书是高职高专教育"十三五"规划建设教材，是依据文秘岗位要求编写的，根据高职教育培养目标，以学生就业需要为出发点，结合企业对文秘人员工作的要求，着力于秘书在办文、办会、办事过程中应掌握的方法与技巧，提高秘书的工作能力。

本书内容的定位：一是以秘书工作案例训练为主，加强实践性教学，以不同形式、从不同角度为学生提供学习训练内容；二是以应用文案例教学为主，加强学生阅读训练，提高应用文写作与语体表达能力；三是理论知识服从秘书岗位需求，教授理论知识，增加可读、可练的实训项目。本书内容分为四个模块，十个单元，模块一秘书职场认知，主要内容包括秘书概述、求职信写作；模块二秘书办文，主要内容包括秘书办文、应用文写作基础知识与技能、党政公文写作技能、事务文书写作技能；模块三秘书办会，主要内容包括会议组织与管理、会议文书写作技能；模块四秘书办事，主要内容包括秘书事务工作、信息文书写作技能。本书内容共需 50 学时完成，教师可根据需要取舍。

本书在编写过程中，进行企业写作情况调研，借鉴大量的文秘教材、应用文写作核心期刊，结合十几年的教学经验，编写了《文秘与写作实务》教材。本书具有以下特点：

教材体系突出以练为主。本书根据文秘岗位实践性强的特点，形成以工作内容为模块，训练与学习融为一体的实践教学训练模式，提高学生秘书实践工作的素质。

学习方法突出以自学为主。本书为学生自学设计课前自学知识和技能考查试题，选择规范的案例进行评析。本书丰富的教学资源可供教学使用，使学生学习应用文写作的空间和时间得到有效的扩充和延伸，培养学生的写作自学能力。

教材体例突出以实训为主。本书的内容由基础知识训练切入，通过基础知识自查、阅读例文等形式，引导学生学习文体写作知识，每一节都有各种类型训练题，强化实训。每个模块都有秘书实务和写作两项内容，从如何工作到如何写作，全面提升学生关于秘书工作方面的素质。

本书由韩晓伟主编，组织全体写作教师参与教材编写工作。其中辽宁农业职业技术学院韩晓伟编写第一、二、三、六、七单元；辽宁师范大学于涵编写四、五、八单元；甘肃畜牧工程职业技术学院闫秀娟、河北北方学院杨晓宇编写第九、十单元。本教材在编写过程中，辽宁农业职业技术学院应用写作教研室全体教师都参与了范文与试题的查阅工作，李明霞负责一至四单元，汉璐璐负责五至八单元，李彦彦负责九至十单元。在稿件校对过程中，全体老师全程参与，并提出了宝贵意见，在此对全体写作教师表示真诚的谢意！全书由于长东主审。

由于编者水平有限，时间仓促，书中不妥之处在所难免，诚请各院校师生及广大读者不吝赐教，提出宝贵意见。

编　者

2015 年 2 月

目录 CONTENTS

模块一　秘书职场认知

第一单元　秘书概述 …… 3
第一节　秘书概述 …… 4
第二节　秘书的职业素质 …… 10
第二单元　求职信 …… 17

模块二　秘书办文

第三单元　秘书办文 …… 27
第一节　发文程序 …… 28
第二节　收文程序 …… 34
第三节　整理与归档 …… 39
第四单元　应用文写作基础知识与技能 …… 44
第一节　主题与材料 …… 45
第二节　结构 …… 53
第三节　表达与语言 …… 65
第五单元　党政公文写作技能 …… 73
第一节　党政公文概述 …… 74
第二节　通报 …… 85
第三节　报告 …… 91
第四节　请示 …… 99
第六单元　事务文书写作技能 …… 107
第一节　总结 …… 108
第二节　计划 …… 117

模块三　秘书办会

第七单元　会议组织与管理 …… 129
第一节　会议概述 …… 130
第二节　会议筹备阶段的工作 …… 134

第三节　会议进行阶段的工作 …… 145
第四节　会议结束阶段的工作 …… 153
第八单元　会议文书写作技能 …… 158
第一节　通知 …… 159
第二节　会议纪要与会议记录 …… 165
第三节　欢迎词、欢送词、答谢词 …… 174
第四节　经济合同 …… 179

模块四　秘书办事

第九单元　秘书事务工作 …… 193
第一节　秘书信息工作 …… 194
第二节　秘书办公室管理 …… 202
第十单元　信息文书写作技能 …… 212
第一节　消息 …… 213
第二节　调查报告 …… 221

附录　党政机关公文处理工作条例 …… 237
参考文献 …… 243

模块一　秘书职场认知

第一单元　秘书概述

第二单元　求职信

Chapter 1

第一单元

秘书概述

知识目标

1. 了解秘书、秘书的分类。
2. 掌握秘书工作的含义，秘书工作的内容、特点、原则。
3. 掌握秘书应具备的职业素质。
4. 掌握秘书素质的培养途径。
5. 了解求职的准备过程，掌握求职信的写作。

技能目标

能够准确认识秘书这一职业。

第一节　秘书概述

自学与自测

一、填空题

1. 秘书是党政机关、企事业单位、社会团体、军队、院校以及一切合法的社会组织内部行政管理部门中的(　　　　)，也可以是受雇于私人的职业。秘书的主要工作是围绕领导中枢或领导者的工作(　　　　)、(　　　　)、(　　　　)，主要职责是(　　　　)、(　　　　)。

2. 在秘书职业等级的纵向层次上分为：(　　　　)、(　　　　)和(　　　　)。

3. 秘书工作内容最凝练的概括是(　　　　)、(　　　　)、(　　　　)。

4. 秘书办文的工作主要是围绕(　　　　)、(　　　　)、(　　　　)开展工作的。

5. 秘书办会的工作主要是围绕领导和组织所举行举办的(　　　　)、(　　　　)、(　　　　)以及相关活动展开的工作。在程序上，包括(　　　　)、(　　　　)、(　　　　)。

6. 秘书办事的工作指以办公室日常工作为主的事务办理。主要分三项：(　　　　)、(　　　　)、(　　　　)。

7. 技术工作是指(　　　　)、(　　　　)、现代办公设备设施使用维护工作。

8. 秘书工作具有(　　　　)、(　　　　)、(　　　　)三方面特点。

9. 辅助性的特点可以从两方面认识：一是(　　　　)，二是(　　　　)。

10. 秘书工作的综合性具体表现在(　　　　)、(　　　　)和系统性三个方面。

二、简答题

1. 不同级别的秘书的工作职责是什么？
2. 秘书办文工作具体事务包括哪些内容？
3. 秘书工作的辅助性具体表现在哪些方面？
4. 秘书工作的原则是什么？

案例分析与训练

案例1　**季市长与他的秘书**

与季市长接触过的中外朋友，没有一个不敬佩他学识渊博，不少人称季市长是全才、天才。只有季夫人知道，老季不过是个比别人勤奋些的凡人。这位出了名的、勤奋的凡人后面，还有一个不出名的、更勤奋的人——市长的秘书老许。

季市长上任伊始，就发现办公厅秘书处老许学识渊博，功底深厚。俄罗斯曾派出一个宇航科技代表团来市里访问，市长要出面接待，许秘书为此准备好了谈话提纲。会谈中，季市长不仅对世界宇航领域的发展状况作了透彻的分析，而且展望了未来的发展，对人类共同开发宇宙资源提出了一些很有见解的看法。那些宇航专家一个个伸着大拇指赞不绝口，说季市长的见解精辟，有独到之处，对宇宙尖端科学了解如此深刻的政府官员是不多见的。

一天，日本一个建筑代表团要来访问。季市长认为自己是搞建筑出身，又当城建系统领导多年，对建筑行业的情况还是比较了解的。因为工作忙，所以没有去看许秘书为他准备的资料。结果，在会谈中客人问起中国园林建筑各流派的艺术风格时，季市长一时难说清楚。好在许秘书在座，礼貌而自然地接过话题，既回答了客人提出的问题，也顾及了领导的威信。从那以后，市长每天下班总要看看办公桌上有没有许秘书留下的资料。如果有，他一定要带在身边。哪怕工作到深夜，他也要把许秘书留下的资料读完、记住。

前不久，许秘书积劳成疾住院了，恰巧这时美国水生物代表团前来访问，许秘书病中也没有忘记自己的职责。季市长下班时习惯地看看自己的办公桌，一份水生物研究方面的综合资料照例放在那儿。第二天，季市长谈吐自如，旁征博引。不仅美国专家对市长的学识感到吃惊，连参会的学者也大为赞叹。

老许与季市长配合了四年，季市长的书籍和资料增加了5倍。季市长升任省长后，每晚睡觉前看第二天需要的资料的习惯没变。许秘书已经退休了，但被他画着各种符号的各类资料，还经常在原任市长、现在的季省长的手中、枕下和书桌上。

问题：通过这个案例你觉得领导需要怎样的秘书？

案例2　哪种行为好？

新星公司张总经理突然收到一封非常无礼的来信，信是由一家平时交往很深的协作单位的厂长写来的。总经理怒气冲冲地把秘书叫到自己的办公室，让他记录自己口述的回信："我实在没有料到会收到这样一封来信，尽管我们之间已有那么长时间的往来，但事到如今，我不得不中止我们之间的往来，并且按照惯例，我要将此事公布于众。"总经理命令秘书立即将信抄写好寄出。

问题：对于这位总经理的命令，秘书可以采取三种行为，你认为哪种方法正确？

A."是，马上办理。"说完，秘书回到自己的办公室，立即将信抄好寄走。

B.秘书不仅没有退下去抄写，反而直言相劝："总经理，请您三思，给对方回这样的信，后果将不堪设想。在这个问题上，难道我们自己没有需要反省的地方吗？"

C.当天下午快下班的时候，秘书将抄写好的信递给已心平气和的总经理，问："总经理，这封信可以寄走吗？"

知识提要

一、现代秘书的含义

自 20 世纪 80 年代以来，我国关于秘书的定义有很多种，但至今没有一个被普遍认同的定义。不同时期、不同研究者对秘书概念的概括和表述，各不相同，争议诸多。下面列举一些有代表性的定义。

1982 年毛含德教授在《秘书学概论》(内部版)中说："秘书是一种职务的名称，是在国家政权单位、事业和企业单位中，协助领导综合情况，研究方针政策，密切各方面的关系，办理文书、档案、人民群众来信及其他日常行政事务的人员，也是一种职称。"提出了研究政策问题是正确的，但"职称"只是一种设想。1986 年张家仪在《秘书》杂志上撰文认为："秘书是身处领导机构或附着个人，撰制掌管文书，辅助决策，并处理日常事务的服务人员"，并认为："秘书从事的工作也就是秘书职业，秘书职业也就是服务性的，所以秘书绝不是一种职务而是一种职业。"1987 年常崇宜在《现代秘书工作》一书中认为："秘书是一种职务名称，也是一种社会职业，是领导机关首脑或特定领导人员的助手。各种秘书的具体助手作用各不相同，但都是通过辅助领导，直接为领导服务去体现为人民服务、为社会主义服务的。"这是试图对公务与私人秘书、各行业、层次、工种秘书做出的广义定义，其中的"特定领导人员"包括了私人秘书的领导者，正由于是广义，文字概括不精练。1990 年侯玉珍老师在《秘书实务》一书中认为："现代秘书的'含义'是指直接协助各级领导机构和领导干部以及私人，撰制掌管文件、辅助决策，处理日常事务的执行和承办人员。""私人秘书"的提出，进一步明确了秘书这一职业的范围。

20 世纪 90 年代以来，秘书的定义逐步完善，主要从三方面把握：秘书是一种社会职业；秘书的职业岗位归属；秘书工作的内容和职责。因此，我们给秘书的定义：秘书是党政机关、企事业单位、社会团体、军队、院校以及一切合法的社会组织内部行政管理部门中的职业名称，也可以是受雇于私人的职业。秘书的主要工作是围绕领导中枢或领导者的工作办文、办会、办事，主要职责是辅助管理、综合服务。

二、秘书的分类

按秘书的从属和服务对象的角度，可以分为：公务秘书和私人秘书两类。

按秘书在组织内部的工作分工来分，可以分为：行政秘书、机要秘书、生活秘书、会议秘书、文字秘书、信访秘书、公关秘书。

按秘书从事工作的行业特征来分，可分为法律秘书、医药秘书、教育秘书、商务秘书、军事秘书等。

在秘书职业等级的纵向层次上分为：初级秘书、中级秘书和高级秘书。在劳动和社会保障部 1997 年制定的秘书职业标准中，本职业共设四个等级，分别为：五级秘书(国家职业资格五级，原初级)、四级秘书(国家职业资格四级，原中级)、三级秘书(国家职业资格三级，原高级)、二级秘书(国家职业资格二级)。

初级秘书指从事一般日常行政事务的工作人员，主要办理接待、联络、值班、文书的印制收发、会务服务等日常事务性工作。他们不一定有秘书的职称，但也是秘书工作人员。

中级秘书（一般性秘书）指分管文字工作、信息工作的秘书。主要负责起草文稿、办理公文、调查研究、整理信息等，其工作成效对领导工作的推进起比较重要的作用。

高级秘书（经理助理）指秘书机构的领导、办公厅（室）主任。这一级别的秘书的职责基本是参与政务和管理事务两个方面。他们不仅是组织和机构中领导的重要助手，同时也可以是领导中枢成员。

三、秘书工作的内容

秘书工作是以辅助领导和上级完善管理为目的，通过办文、办会、办事，实现政务服务和事务服务。秘书工作内容最凝练的概括是办文、办会、办事。

（一）办文

秘书办文的工作主要是围绕文书、文件、文字材料开展工作。这方面工作又可以分三项事务：第一是文字工作，主要指文书、文件、信函和新闻稿件的撰写工作，以及领导同志需要的各种文字材料的准备和起草工作。第二是文书处理和档案工作，主要指文书文件办理方面的工作，包括文书的打印、制作，收发、运转、传递工作，立卷归档工作。第三是围绕文书文件要办理的事务，主要指因文书文件产生的，而且要秘书部门承办的事务。比如，向单位内部或下级单位下发一份文件要迅速复制多份，有的文书要传真、发电子邮件。企业公司的秘书要处理网上交易和电子商务往来文件，办文要及时下载和上传。

（二）办会

秘书办会的工作主要是围绕领导和组织所举行举办的会议、会谈、会晤以及相关活动展开的工作。在程序上，包括会前的筹划和准备，会中的组织和服务，会后的善后和落实。在内容上，办会工作既有讨论研究工作、商洽谈判合作的工作会议、会谈事务，也有联谊性的、礼节性的会见和会议事务。在形式上，办会工作包括常规性工作例会会务，也包括联合召开的、会期较长的大型会议会务；既包括准备会议预案、议程、文字材料、促成会议结果、督办落实的工作，也包括准备节目、聘请主持人、选定奖品，甚至包括明确礼仪程序、鲜花的摆放等事务。

（三）办事

秘书办事的工作指以办公室日常工作为主的事务办理，主要分三项：信息工作、技术工作和日常行政事务工作。

信息工作是指围绕信息处理展开的工作。如公司企业的市场调查和预测与分析、情报动态的每日分析整理、组织内部简报的编发，都是信息工作。收集资料摘要、编写大事记、组织编写史志，编制各种范围的联络手册、收集保管名片，等等，都是信息工作。

技术工作是指机要工作、计算机安全工作、现代办公设备设施使用维护工作。机要工作是机关机密文件的保管、传递以及单位内部保密事务、保卫工作的安排、检查、落实等工作。技术工作主要是计算机信息安全工作，像设置防火墙、防黑客袭击、防计算机病毒等。现代办公设备设施的使用和维护主要指多媒体会议设备、数码摄录像设备、现代办公环境的监控设备、主控室设备的操作和日常维护等。

日常行政事务工作，主要指值班工作、接待工作、印章管理、财务管理、后勤管理、环境管理、车辆管理以及对外联络等工作。

四、秘书工作的特点

理解秘书工作的特点，更有利于开展工作。秘书工作的特点就是秘书作为一种职业，与其他职业在工作本质上有明显的不同。最主要的本质区别，秘书工作具有机要性、辅助性、综合性三方面特点。

（一）机要性

机要性是指工作的机密性和重要性。在领导、上司的工作内容中，相当一部分内容涉及有关重大、重要事项，在研究和形成决策的过程中，属于机密性较强的事项；还有一些工作，是在一定的时间、地点或条件下属于保密内容的或不便被下属、基层知道的，但是由于办理保密内容的事务需要，领导对秘书是不保密的，甚至有时为了便于处理事务，秘书比别人知道的内容更多一些。这是秘书工作的机密性所在。

秘书身处领导、上司身边，秘书部门最贴近领导中枢的部分，秘书工作就是辅助领导、上司进行管理决策和公务活动，所以在秘书工作中，有相当一部分内容是领导、上司的工作范围，因为工作需要，秘书必须了解掌握，甚至在需要的时候，代替领导、上司临时实施管理和开展公务活动。这是秘书工作的重要性所在。

秘书工作的机要性要求秘书准确把握所办事务的分寸，具体问题具体分析，恰当解决。商务秘书工作中，涉及经济贸易、技术合作的内容多，工作的机要性体现在市场情报和技术垄断方面。

（二）辅助性

秘书工作的辅助性具体表现：其一，所有现代秘书工作都要围绕领导工作展开，领导工作涉及哪里，秘书工作范围就扩大或延伸到哪里。其二，现代秘书人员能参加领导班子的各种会议或共同研究问题，甚至有机会提出解决问题的方案，但秘书参加会议的主要任务是办理会议事务，要慎用发言权，无表决权，更无决定权。其三，现代秘书人员在处理任何问题时，只能根据领导的意图和指示精神办理，不能超越职权范围自作主张，自行其是。

辅助性的特点可以从两方面认识：一是被动性。秘书的工作，是以领导、上司的工作内容、工作方向为前提的，秘书做得最多的是领导、上司交办的工作，从这个意义上说，秘书的工作是被动的，从属性的。从坚决、准确地贯彻执行领导、上司的意图这一意义说，秘书的工作是不得随意发挥的。至于正确认识被动性，充分发挥秘书的主观能动作用，那是另外一个问题，是在从属和被动性的大前提下去发挥主观能动性。二是服务性，秘书工作的辅助性特点，明确了秘书工作就是为领导与上司的决策和管理顺畅地实施提供服务。而且这种服务多偏重于做好事务性工作。比如，领导要组织、主持召开的一次会议，秘书工作的辅助性特点体现在秘书要做的是会前准备材料，搜集领导讲话所需要的信息资料、准备会议场地、布置会场，等等，还包括会上的组织服务、会后的逐一催办落实，等等，而不要代替领导主持会议或讲话。

（三）综合性

秘书工作的组织是综合性的，秘书的工作是为领导工作服务，因此，秘书工作的内容和活动方式必然涉及领导的各个方面工作，具有鲜明的综合性。秘书工作的综合性具体表现在全面性、多样性和系统性三个方面。一是全面性，秘书工作内容涉及本组织的全部工作。相比较而言，其他业务职能部门一般只担负某一方面的工作，各司其职，唯有秘书部门工作范围覆盖组织全部工作，并时刻伴随着组织和领导工作的拓展而拓展。二是多样性，秘书工作是为领导部门和整个组织服务的，这种服务主要体现在对各种事务性工作的处理上。涉及领导工作运转的一切事务，秘书人员和秘书部门都有责任担负起来；涉及职能部门协调运作的一切事务，包括由业务引起的各种事务也是秘书部门的工作；单位中出现的新事务，遇到的棘手问题，部门分工不到位的事情，都由秘书部门承担。三是系统性，面对范围广、形式多、纷繁复杂的事务性工作，秘书工作条理清楚，事务性工作有章可循，形成有机的循环系统。

全面系统地认识秘书工作的特点，是我们做好秘书工作的前提。

五、秘书工作的原则

(一)保密

保密即保守工作机密的原则。秘书被认为是领导的近身，在领导集团、领导中枢工作，职业的机要性强。秘书，尤其是秘书机构的领导，了解和掌握工作范围内的所有核心秘密，所以必须将保密作为秘书工作的基本原则，这一点概莫能外。守口如瓶，不该说的、不该传播的坚决严守秘密，这是一方面。保密的另一方面是不该知道的、不该了解的，秘书要不看、不打听、不关心、不好奇。保密不仅仅是秘书工作的原则，在特殊的秘书岗位，保密还是铁的纪律。

(二)准确

准确是秘书工作效果和工作目标的统一。秘书完全按照领导交办的内容和工作期限完成任务就是办事准确。秘书办事必须办文要准，办事要慎，情况要实，主意要慎。工作态度认真，作风细致，是工作准确的保障。

(三)迅速

迅速就是快，就是工作及时，效率高。现代社会瞬息万变，秘书的工作就是按照领导的意图准确应对不断变化的情况。尤其在工作节奏日益加快的今天，办事迅速准确是相辅相成的，不迅速，准确就可能失去意义；不准确，迅速也枉然。

总之，又快又好，动静小，收效大，控制好知情范围，保证最大效益，是秘书工作成功的重要原则。

秘书实务训练

真实的谎言

公司近一段时期以来气氛比较沉重，暗潮汹涌，进入一个非常微妙的时期。因为每年到这个时候，都要进行例行的人事调整。但是这些天秘书张静的办公室却很热闹：一会儿财务部的李经理过来转一圈；一会儿公关部周经理也借故来一趟；一会儿研发部的经理打来电话，张静询问他有什么事情，他也没说出所以然来。不了解内情的人可能会觉得很奇怪，但是对于经验丰富的张秘书来说，却见怪不怪了。她心里很明白，这些部门经理之所以总往她这儿跑，就是因为他是总经理秘书，近水楼台先得月，知道一些关于人事调动的内幕消息，想事先从她这儿打听一些消息，但既然他们不好意思明说，她也乐得假装糊涂。中午在餐厅吃饭的时候，销售部的田科长端着饭菜来到她对面坐下。寒暄了几句，就话锋一转问道：“小张，咱们平时关系不错，我就不拐弯抹角了，能跟我透露点消息吗？这次我们销售部的人事是怎么变动的？咱们总经理很信任你，有机会的话，帮我在总经理面前多说几句好话。”张秘书一听，该来的还是来了，望着田科长期待的眼神，她却只能回答：“对不起，田科长，我不太清楚。”田科长对她的回答有点失望，不高兴地说：“你不知道谁知道，是不想告诉我吧！”张静只好说：“田科长，我真的不知道。所有人事方面的文件都是人力资源部做的，不是我们起草的。”其实张秘书说的话一半是真的，一半是假的。文件是人力资源部起草的不错，但是在经过她的手送给总经理的时候，她看到了里面的内容。接下来，田科长转移了话题，闲聊几句就悻悻地走了。看着田科长的背影，张秘书也有些难过，人事调整对田科长这些男性中层干部影响较大。但是职场的生存环境就是这么残酷，作为职业秘书，她必须严守不泄露秘密这条最基本的职业道德，否则，她的饭碗也就或许被砸掉了。

问题：

1. 张秘书拒绝透露人事调动消息，会因此得罪田科长吗？你认为接下来她应该怎样与田科长相处？

2. 秘书是否应该在领导面前帮助她喜欢或对她有帮助的人美言？

3. 张秘书明明知道人事调动的内容，她却说不知道，你认为她是个诚实的人吗？你怎样看待秘书的诚实？

4. 你认为张秘书为什么乐意假装糊涂？

第二节　秘书的职业素质

自学与自测

一、填空题

1. 秘书作为领导身边的参谋、助手，工作的特殊性决定了必须具有较高的素质。既能（　　　　　），又能熟悉和掌握（　　　　　　　），把（　　　　　　　）有机地结合起来，运用现代化办公手段，创造性地开展工作，做好综合服务，适应时代要求，充分发挥秘书职能，做好秘书工作。

2. 认识事物的能力包括（　　　　　　　）、（　　　　　　　）、（　　　　　　　）、（　　　　　　　）。

3. 语言文字运用能力包括（　　　　　　　）、（　　　　　　　）、（　　　　　　　）、（　　　　　　　）、（　　　　　　　）。

4. 组织协调社交能力主要包括（　　　　　　　）、（　　　　　　　）、（　　　　　　　）、（　　　　　　　）。

二、简答题

1. 秘书人员的政治素质包括哪几方面？

2. 秘书工作应具备怎样的职业道德？

3. 对于秘书人员来讲，业务素质主要包括哪几方面？

4. 秘书必须具备的角色意识是什么？

5. 如何培养秘书的素质？

案例分析与训练

受到责备以后

年轻的李秘书刚从大学毕业，干工作充满活力，加上他好学上进，多次受到领导表扬，在人们的记忆中，似乎他从未受过任何批评。可是有一天上午，公司的王经理急着去市里开会，需要的材料一直未拿到手，他急得团团转。有人说，材料是李秘书整理的，而李秘书刚好去了业务部。小车的喇叭声又不停地催王经理上车，于是，性急的王经理大声吼叫起来，要人立即找回李秘书。李秘书后脚跟还未进门，就听到王经理劈头盖面地吼声："你干什么去了？要的材料为什么不按时拿出来？叫我拿什么去开会？你这个秘书怎么当的？"

从未受到过批评的李秘书，对无辜的责骂立即涨红了脸，三步并两步，在王经理办公桌下的文件堆里翻出一份材料，甩在了他的面前："材料是徐秘书整理的，昨天下午就给了你，你这当领导的记性哪里去了？"这时，办公室主任赶紧催王经理上车。可是，王经理出门时回过头来说："等我开完会回来，再和你算账！"

问题：此事将如何结局？李秘书应怎样做才对？

知识提要

秘书是协助领导处理政务及日常事务，并为领导决策及其实施提供服务的人员。其活动的主要对象是领导者，根本职能是辅助管理，基本工作方式是处理信息和事务，由于这一工作的重要性，对从业人员也提出了较高的素质要求。

素质是指一个人在政治、思想、作风、道德品质和知识、技能等方面，经过长期锻炼、学习所达到的一定水平。它是人的一种较为稳定的属性，能对人的各种行为起到长期的、持续的影响甚至决定作用。

秘书作为领导身边的参谋、助手，工作的特殊性决定了必须具有较高的素质。既能深刻领会党的路线、方针、政策，又能熟悉和掌握本地、本部门的情况，把"上情"与"下情"有机地结合起来，运用现代化办公手段，创造性地开展工作，做好综合服务，适应时代要求，充分发挥秘书职能，做好秘书工作。

一、秘书的基本素质

(一)优良的思想政治素质

秘书人员的政治素质是指秘书人员在马克思主义理论知识、政治组织观念、法制意识和政策观念等方面应达到的水平。秘书人员在关键部门工作，因此，秘书工作是一项政治性很强的工作。秘书人员的政治素质包括以下几方面：

(1)具有一个普通公民的公民意识，自重并尊重他人，自觉维护国家利益并对组织忠诚。也就是说，现代秘书应具有起码的爱国意识、守法护宪意识、自由平等信念、权利与义务等，在组织利益与国家利益产生矛盾时，比如违法经营、偷税漏税、隐瞒事故等，要能坚持正义立场，在忠诚国家利益的前提下，忠诚于领导，忠诚于公司，忠诚于自己的职责。

(2)具有一定的马克思主义基本理论素质，主要包括马克思列宁主义、毛泽东思想、邓小平理论和"三个代表"重要思想，这样才能更准确地把握现行政策法规的精神实质。全面领会和辅助领导贯彻落实党和国家的各项方针政策，推动组织的自身建设和事业的发展。

(3)具有法制观念。由于秘书拥有贴近领导的特殊地位，秘书开展工作都是以领导或组织的名义进行的，为领导的权利运行服务的，是执行权利的实际运行者，所以秘书虽然没有领导权利，却隐含领导权利，这就要秘书在工作中牢固树立遵纪守法的观念。

(二)良好的职业道德

职业道德是人们从事具体职业活动所应遵守的行为规范，是道德在各行各业的具体表现，充分反映了社会对各行各业的根本要求。各行各业都有自己特定的道德规范，秘书工作也是如此。

1.热爱祖国，为人忠诚　这既是每个中华人民共和国公民最基本的人生准则和道德规范，也是秘书人员最基本的行为准则。忠于职守，既是忠于党，忠于国家和人民利益的具体表现，也是为本单位、本机关努力做好工作的要求，这两个方面从根本上是统一的，秘书人员要把他们结合起来。

2.工作积极，求真务实　服务领导是秘书工作的基本职能。市场经济瞬息万变，令人难以把握，秘书人员要强化主动服务，及时把握经济运行和社会发展变化情况。一要认真为领导决策服好务，做到知情早、晓事快、见事深、谋事准，坚持换位思考，多角度、全方位看问题；二要认真为基层群众服务，转变作风，走出机关，深入基层，听取呼声，做到下情上达，上情下传，互相沟通；三要讲求效率，求真务实。工作要雷厉风行、讲求时效，这种工作作风是我们党一直都在提倡的优良传统。

3.与人为善，团结友善　秘书工作头绪极多，同上下左右发生联系，涉及面广，往往需要多方面合作共同完成。因此，秘书人员要有团结合作的精神，与各个方面人员搞好团结，相互配合，步调一致。

4.谦虚谨慎，平等待人　秘书人员接触机要，接近领导，在人们心目中是领导机关和领导的代言人。他们的言行、道德修养、工作作风往往对群众影响很大。因此，秘书的一言一行、一举一动都要从维护领导机关的威信出发，摆正自己的位置，为领导当好参谋。

(三)扎实的业务素质

业务素质是能力的标志，也是其他素质的一种反映，又是各类素质综合发挥作用的重要条件。对于秘书人员来讲，业务素质主要包括以下几方面：

1.认识事物的能力　是指人们在时间经验基础上，对客观事物的本质和规律能够正确地了解和把握。秘书人员工作综合性强，接触面宽，经常会遇到各种事物和问题，如何去认识和解决需要较强的认识和识别能力。具体讲，需要培养以下几种能力：

(1)观察感知能力　观察的客观性和观察的敏锐性，准确地掌握好观察的目的、对象与重点、并及时将观察加以升华，形成合乎实际的理性认识，对秘书人员十分重要。秘书只有具备较强的观察感知能力，时时、事事、处处做有心人，善于观察，善于发现容易忽略的"死角”，捕捉政治经济生活中一切有价值的信息，才能变被动服务为主动服务。

(2)辨别是非能力　秘书人员工作于领导身边，又介于领导和群众之间，在提供信息、综合协调、接待来访、洽谈工作、解决问题等方面，必须明辨是非，处理得当。所谓辨别是非能力就是用辩证唯物主义认识论来观察分析事物，把握事物的本质，从而做出正确的判断。这种能力由秘书本身的政策水平、思维能力以及综合知识、社会阅历等因素决定。

(3)分析综合能力。分析综合，就是要善于透过现象看本质，从个别的事物中找出他们的内在联系和规律性。秘书人员能否较好地发挥参谋助手的作用，很大程度上取决于分析综合能力的强弱。因此，秘书要自觉以科学的理论来指导自己的工作，提高思维能力，善于从多种思路、多种方法来探求同一种事物，尽量做到举一反三，触类旁通。

(4)随机应变能力　秘书承担大量事务性工作，常会出现一些意想不到的情况，这就要求秘书人员要有遇事不慌、处事冷静的应变能力，处理问题既要符合原则，又要机动灵活。

2.语言文字运用能力　包括口头表达能力和文字表达能力。秘书部门是上下左右工作联系的枢纽，信息交汇的中心，使秘书与语言文字结下了不解之缘，秘书必须具备全面而熟练的语言文字运用能力。主要包括以下方面：

(1)阅读能力　秘书人员要经常处理大量的文字材料，因此必须善于阅读。一是要会精读，如对重要文件或经典著作逐句逐字研究，从字里行间领会其微言大义；二是要能够快读和泛读，如善于大致浏览，领会精神实质，提炼浓缩，摘要主旨。

(2)视听能力　就是要听话并理解别人的话。秘书人员要善于耐心倾听和正确理解别人的发言，并用清晰简明精练的语言加以复述。

(3)言谈能力　语言能力是秘书的基本功之一。秘书人员语言能力的基本要求是：鲜明准确，简练明晰，口齿清楚，语速适中，措辞得体，切合身份。

(4)写作能力　文字表达能力是文秘人员非常重要的基本功。秘书从事各种应用文的写作，要求熟练掌握各种应用文体的写作要领和技巧，迅速准确地撰写出观点正确、内容充实、结构严谨、表达流畅、格式规范、文笔精练的各类应用文。

(5)技能操作能力　科技的发展和办公自动化的普及对秘书提出更高的要求。它要求秘书人员必须掌握运用现代化先进办公设备的能力。主要包括熟悉计算机操作技术、复印技术、打字技术、录音技术、摄影摄像技术、微缩技术等现代办公手段，能够熟练掌握现代办公设备的使用方法。

3.组织协调社交能力　主要包括以下几方面：

(1)管理能力　秘书要为领导出主意、当参谋、搞好工作服务，就要具有较强的管理能力。秘书要充分利用自己接触全面工作机会较多的有利条件，自觉锻炼自己立足全局、综合分析的能力。判断秘书人员管理能力的强弱，在于看他是否能够满足领导工作的客观需要，在对领导交办的事情的处理上，是否能够灵活、果断、雷厉风行、协调得力。

(2)协调能力　搞好协调是秘书部门的一项经常性工作。秘书人员的协调能力是指在领导的交办下，积极主动地沟通信息，调节关系，统一步调，促进机关工作灵活运行，提高工作效率。一是对上协调，树立全局意识。要站得高，看得远，想得深。二是横向协调，树立商量意识。凡是由秘书部门主办的事情，在酝酿、处理、决策之前，都要注意及时与有关部门协商沟通。三是对下协调，要树立服务意识。在协调中要谦虚谨慎，摆正位置，搞好服务，出好主意。

(3)社交能力　现代秘书人员经常跟随领导参加一些社会活动或外出联系工作。因而应具有较强的社会活动能力，善于待人接物，真正成为承上启下、协调左右、联系内外的行家。提高这种素质，需要秘书人员不断锻炼自己的社交能力，掌握公关的技能，谙熟人际交往的知识。

(4)办事能力　秘书人员要埋头苦干、忠诚老实，但绝不是要机械被动。秘书人员所从事的管理事务，都要有秘书人员独立思考，独立完成。秘书虽不必是“专才”，但一定是能文能武、遇事不慌，繁简巨细都能应付的“通才”，具有独立办事能力和组织管理能力。

(四)健康的心理素质

秘书的心理素质是决定秘书活动和行为好坏的一个重要因素。秘书工作的职业特点决定了秘书人员必须具备多方面的心理素质。秘书心理素质的好坏，集中表现在秘书的角色意识上，角色意识对于秘书的工作具有指导意义。秘书的角色意识是指秘书个体在社会实践中发展起来的，通过思维、语言为核心的心理活动，对所从事的职业的认识和评价。秘书必须具备如下五个角色意识：

1.辅助意识　主要是指秘书人员应该认识到对领导的辅佐功能，自觉地、心甘情愿地当好领导的参谋助手，演好领导的配角。秘书活动无论从工作方法还是工作内容看，都表现出辅助管理的特性。秘书人员只有具备了辅助意识，才能在领导的管理决策过程中，沿着领导工作的方向和目标，根据领导的决策意图，随时选择有效的方法和途径，为领导管理决策提供智力和体力服务，充分发挥秘书人员的参谋助手作用。

2.信息意识　对于现代的领导来说，及时掌握准确的信息，是进行科学决策和管理的前提和基础。所谓秘书的信息意识，就是指秘书对信息作用的认识和获取信息的努力程度。秘书具有了信息意识，应能随时根据领导的意图、需求和愿望，通过理性的、合乎逻辑的方式去搜寻各种有鲜度、有价值的信息，及时准确地供领导者在管理决策活动中使用。

3.效率意识　“效率”原是一个经济术语，即用最少的劳动消费获取最大的经济效益，现在是一切工作目的的通用语，效率意识逐渐引人人们的行为规范中，成了衡量新型领导者和现代人才的标准。对秘书来说，效率意识就是他们在为领导提供有效服务时，对其成果大小的超前估价和认识，衡量秘书效率意识的强弱的标准就是看秘书活动成效的优劣。秘书效率意识的强弱程度如何，直接关系到秘书部门甚至领导部门工作效率，因此秘书如果不培养和树立效率意识，要想提高对领导的服务质量，那只能是一句空话。

4.自我意识　是人类特有的一种心理现象，是一个人对自己的评估和看法。秘书的自我意识，即是秘书个体借助内部语言和思维，对自身状态和心理变化进行感知和控制的一种心理活动，包括三方面内容：一是自我察觉，主要解决“我是一个什么样的人”、“我是怎样做的”问题；二是自称分析，主要解决“我这个人怎么样”、“我是否胜任工作”的问题；三是自称控制，主要解决“我应当是一个怎样的人”、“目前我尚须作何努力”的问题。自我意识对秘书角色的扮演是十分重要的，一些工作出色的秘书总是具有很强的自我意识。

5.创造意识　当代新思想、新事物层出不穷，秘书人员一个重要的心理素质就是必须具备勇于进取和大胆创新的精神。对秘书来说，创造意识就是要求他们打破旧观念，克服“领导咋说就咋办”的片面认识，充分发挥工作的积极性和创造性，不因循守旧，不墨守成规，冲破旧框框，提出新见解，订立新章法，采取新行动，更好地发挥他们的主观能动性，实现自我价值。

二、培养秘书素质的途径

(一)贵在勤奋学习

学习是提高秘书人员素质的基础环节，也是在当前政治、经济、文化各方面深刻变革过程中，应对新形势、新课题的当务之急。结合秘书工作，要突出抓好三个方面的学习：

(1)努力学习马列主义、毛泽东思想、邓小平理论、江泽民总书记“三个代表”重要论述，以及党的方针、路线、政策，不断提高理论和政策水平。首选要掌握党的基本理论和方针政策。其次要深刻理解理论政策的精神实质，不但要知其然，还要知其所以然。只有这样经过长期的努力，做到既深知熟记，又在处理问题时融会贯通，才算是真正地做到了理解和掌握，整体素质才能有望提高。

(2)针对办公室工作的需要，学习好经济、科技、管理、法律等专业知识，还要学习与自己工作相关的秘书业务知识。尤其要注意理论与实践的联系，从工作实践中找学问。秘书工作人员每天要和社会各界打交道，只有书本知识而没有实际经验，写文章就必然空发议论，纸上谈兵，处理问题就可能脱离实际，束手无策。因此，学习要全面，要结合自身工作情况。

(3)学习使用现代化办公设备。现在，我们已进入了办公自动化的时代，各种先进办公设备的运用，互联网技术的成熟与发展，大大提高了办公效率，把秘书人员从过去琐碎繁杂的工作方式中解脱出来，也给秘书人员提出了新的课题，作为秘书，必须努力掌握使用现代办公设备的能力，以适应新要求，协助领导顺利决策，灵活指挥。

(二)重在实践锻炼

纸上得来终觉浅，绝知此事要躬行。素质的提高仅靠学习书本是难以完成的，一个称职的高素质秘书人员必须经受实践的锻炼，才能牢固地打好基础，充分发挥参谋、助手作用。

首先，领导要在实际工作中给秘书人员交任务、压担子，尤其对一些新进秘书部门工作的人员，要在严格要求的前提下，放手把一些重要任务交给他们去办，使他们在艰苦磨炼中缩短“适应期”，迅速成长，早日成熟。这样也有利于秘书部门工作人员的新老交替，以免形成老秘书忙得团团转，新秘书在一旁看的现象，促进新老秘书的共同提高。

其次，要注意组织秘书人员深入基层，深入实际，了解情况。秘书人员由于长期在机关工作，在领导身边，纸面上的东西掌握较多，而实践经验知道的少，容易出现脱离实际的偏向，因此，要有计划地安排秘书人员到基层，深入到工作一线，了解情况，增长见识。这对于秘书人员增长感性认识，不断提高分析、处理问题的能力，是大有益处的。

(三)严于管理监督

秘书人员要具有较高的素质，除了自身努力之外，离不开工作环境、领导环境和管理三方面的影响。在良好的环境中，其受锻炼的程度就高，学到的东西就多，素质也随之提高。因此，要建立一个较好外部环境：

1.工作环境　秘书部门是各级领导机关的办事机构。作为领导的助手，其工作本身就具有其他部门和人员无法比拟的优越性和受教育的有利条件。秘书人员要充分利用、倍加珍惜这一难得的机会，努力工作，实实在在地学好本领。

2.领导环境　在影响秘书人员自我提高的诸多外部条件中，最重要的是领导者的作用。首先，领导应高度重视秘书工作和对秘书人员素质的培养。一是既要重视对秘书人员的使用，又要重视对他们的培养；二是要注意启动秘书人员的内在动力，激发他们自我提高的意识。其次，要关心支持秘书人员自我素质的提高，多帮助，多鼓励，为他们创造条件。

3. 管理环境　由于秘书工作环境的特殊，使他们自身不免会产生优越感，因此，对他们必须严格管理，严格监督，实践表明，良好的管理环境与秘书人员的素质培养和提高有直接关系。放松管理和缺乏有力监督，会使一些意志不坚定、思想不健康、作风不端正的秘书人员走上歧途。

秘书人员素质直接关系到秘书能否完成好本职工作，做好领导的参谋助手，将各项工作落实到实处，促进社会各项事业不断向前发展。造就一支政治强、作风实、业务精、素质高的秘书队伍，是建设社会主义现代化事业的客观要求，也是新时代对我们秘书从业人员提出的一项新课题，是一项长期的任务，秘书工作者要在实践中积极探索，积累经验，逐步提高。

案例分析与训练

上司外出之后

秘书李燕的上司是财务部总经理周刚。这天上午 10 点钟左右，周经理对李燕说："我现在去银行办点私事，估计个把小时回来。"他刚走，公司负责投资的副总裁刘总来电话找周经理，说有几个财务数据要请他确认一下。面对这种情况，李燕该如何处理？现在李燕有这么几种选择：

A. 告诉刘总，周经理去银行办私事了，并问刘总，周经理回来后是否可以马上与他联系。

B. 问刘总，什么财务数据需要周经理确认，是否可以把这几个财务数据告诉自己，等周经理回来后马上转告他。

C. 告诉刘总，周经理外出了，估计 1 个小时之内能回来，并对刘总说，周经理一回来我马上转告他，让他与您联系。

D. 李燕回答说，刘总，实在对不起，我不知道周经理做什么去了。

E. 马上热情地说，刘总，周经理外出办事了，我请我们部门老王跟你说说可以吗？

问题：你认为李燕采取哪种做法比较合适，请分析理由，也对其他几种做法进行分析。

Chapter 2

第二单元

求职信

知识目标

1. 了解求职信写作的准备过程。
2. 掌握求职信的特点。
3. 掌握求职信的结构与写法。

技能目标

1. 能够根据个人的实际情况，针对求职的岗位，准备求职材料，书写求职信。
2. 能够制作个人简历表。

自学与自测

一、填空题

1. 求职信是求职者以(　　　　)的方式自我举荐，陈述(　　　　)，表达(　　　　)，提出求职要求的一种信函文本。也称(　　　　)。

2. 求职信的特点主要有以下两点：(　　　　)、(　　　　)。

3. 求职信一般由(　　　　)、(　　　　)、(　　　　)、(　　　　)、(　　　　)五部分组成。

4. 求职信写作的准备过程：(　　　　)、(　　　　)、(　　　　)。

二、简答题

1. 针对求职信的要求，在大学生活中，你应该做好哪些准备？

2. 求职信中最重要的内容是什么？

3. 求职信写作应该注意的事项有哪些？

范文阅读与训练

例文1　　　　　　　　　　　自　荐　信

尊敬的广州××律师事务所王所长：

您好！

我叫××，是××××大学法学专业2006届毕业生。欣闻贵单位招聘律师助理，特慕名应聘。

做一名正直尽责的律师，是我自小立下的志愿。在四年的法学专业学习期间，我处处严格要求自己，为实现理想而不懈努力。思想上我积极上进，追求进步，并于2004年光荣加入中国共产党；学习上勤奋刻苦，成绩优异，专业基础知识扎实，2003—2005年连续三年荣获“××××大学三好学生”称号，顺利通过了大学英语四级和计算机二级考试；工作上我认真负责，先后担任班长、法学研究会副会长等，曾成功组织“××××大学法学论坛”等多项大型活动，并于2006年荣获“××××大学优秀学生干部”称号。

为进一步提高专业实践能力，2005年暑假期间，我在广州××律师事务所实习，主要负责文案写作、档案管理及来访接待工作。实习期间，我虚心学习，努力工作，得到了实习单位领导与同事的一致肯定，并荣获了“××××大学法学专业2005年优秀实习生”称号。通过实习，我进一步增强了自身专业实践能力，加深了对律师这一职业的认识，更坚定了我做一名律师的决心。

贵单位虽然成立仅有五年的时间，但以“严谨、尽责、服务”的优良宗旨在广东律师界闻名遐迩。我喜欢贵单位团结协作的工作氛围，渴望加入××团队，开创我们共同的事业。如果贵所能够接受我，我一定会努力工作，不辜负您的赏识和厚爱。贵所任何形式的回复我都视为关怀与鼓励，不胜感激。恭候您的佳音。

此致

敬礼

求职人：(亲笔签名)

2006 年 3 月 1 日

附件：个人简历及证书复印件

联络方式：　　　　　　　　　　地址：

评析：本文开篇首先自我介绍，求职理由即求职信息来源。主体部分选择有针对性的材料，突出思想积极，学习和工作所取得的成绩，社会实践经验丰富。结尾再次呼应开头，进一步强调贵公司的声誉，以示求职的缘由，并表达出十分的求职诚意。全文结构要件完整。

例文 2　　　　　　　　　　　自　荐　信

尊敬的××公司经理先生：

我叫李志义，2008 年 6 月毕业于××××大学经济学院国际会计专业。拟应聘的职位是会计。

在四年的大学生活中，学业不断进步，全面系统地掌握了工业会计学、商业会计学、银行会计学、国际会计学、西方国际会计学、管理会计学等会计知识及相关经济理论，具有独立分析问题、解决问题的能力。在学好专业课程的同时，注重提高英语与计算机水平，通过了全国计算机二级水平考试，有较强的上机操作能力，能熟练运用 OF-FICE、VFP 进行业务处理。顺应时代发展，本人英语达到较高的读、写、听、说水平，能熟练阅读各类文章，口语表达流利，顺利通过英语四、六级考试。

我积极参加社会实践活动，达到学以致用的目的。在学校组织的××××房地产开发公司的实践活动中，独立设计问卷，深入社会，对市场信息进行大量、周密的调查，努力投入每一步骤、每一细节中。在实践中锻炼自己，成绩显著，受到该公司的好评。

如今我圆满完成学业，准备接受贵公司的挑选。敬请贵单位领导对我诚恳的求职举动给予充分理解和支持，在翔实调查、考核的基础上，做出您最满意的抉择！

此致

敬礼

求职人：李志义

2007 年 12 月 5 日

附件：(略)

评析：全文从文体结构的角度分析，标题、称谓、正文内容、落款规范。正文材料的安排合乎逻辑，先写学习的专业知识及相关知识的情况和所取得的成绩。接着写社会实践活动情况，最后表述求职愿望。正文内容的表述有明显的特点，由观点句领起，段落中的内容也有恰当的过渡，全文上下衔接自然，语言准确、流畅。语言虽朴实，字里行间充满着自信与渴望。

知识提要

一、求职信的适用范围

求职信是求职者以书信的方式自我举荐，陈述求职理由，表达求职愿望，提出求职要求的一种信函文本，是求职者向用人单位展示自身知识本领、专业特长、工作能力、整体素质的媒介。

求职信的作用主要是使用人单位对求职者有一个初步的了解并感兴趣，以达到最终被录用的目的。

二、求职信的特点

求职信的特点主要有以下两点：

1. 自我推荐性　求职信是向招聘单位发出的。其目的就是推销自己，以期成功地得到自己想要的工作岗位，因此要充分展示自己的能力和业绩，尤其要把与众不同的特征展示出来，以引起用人单位的注意。

2. 求职针对性　针对性是求职信奏效与否的“生命线”。针对性就是求职者的能力、素质是否符合相关岗位或职务的要求，在求职信中有意识地展露自己的相关才能和素质。兵家说，知己知彼，百战不殆。求职信的写作要做到针对性，就要注意如下几个环节：分析目标单位及目标岗位—明确用人单位的期望能力和品质—对照自身特点，突出特长和优势。也就是说，下笔之前必须了解所应聘的公司、岗位的特点及其期望的能力或品质，对照自己是否具备这些方面的特长和优点，然后精选这些方面的经历、成绩及证明材料，按一定要求进行组织、加工，考虑表达方法和技巧。

三、求职信写作的准备过程

(一)求职调研

1. 学习本专业的教学文件　通过学习教学计划，明确适应的职业岗位及能力。

2. 搜集就业信息　了解本专业所对应岗位的社会就业形势，通过网络了解岗位需求，通过学校、亲朋好友等渠道确定就业的地点与方向。

3. 了解用人单位招聘岗位的情况，招聘考核标准　通过不同渠道，搜集你心目中的企业聘用与专业相关岗位的用人条件。

(二)求职的材料准备

1. 求职目标　根据就业形势，所应聘岗位与专业对口是最佳选择。对初次就业的大学生来说，求职原则要以锻炼为主，先适应社会，学会交际。不要过分地苛求专业对口。

2. 简要说明个人的基本情况　个人的基本情况包括姓名、性别、年龄、籍贯、政治面貌、毕业学校、毕业时间和所学专业等。

3. 说明胜任招聘岗位的条件　这是求职的核心内容，分别从以下几方面进行准备：

(1)适合所求职位的知识　一是专业知识与技能、特长，突出“硬件”内容，如专业课程、专业成绩、经过培训考核所取得证书、参加各类专业竞技的获奖证书等；二是相关知识，掌握非专业知识的水平。能够用数字详细说明情况会更加全方位、立体化地展示求职者的优势。

(2)工作经历 一是在校期间担任的社会工作等情况;二是在校期间的实习经历及打工经历;三是工作品质,如果没有工作的经历,不妨多强调自己其他方面的优点,如工作热情、作风踏实、能吃苦耐劳、承受压力、守时守信、有较强的观察分析能力、有开拓创新精神等,让招聘者感到择业者良好的工作态度和心理素质,感到是个可塑之才。

(3)其他情况 简要介绍自己的性格、兴趣和参加各种竞赛活动等。如对所求职业的素质进行分析,然后根据自身情况有针对性地进行介绍,展示自己的才艺和综合素质。

4.表达面谈的愿望 信的结尾要表明自己有应聘相应岗位的信心、诚意、决心和勇气,希望有一个面谈的机会,并且期待对方的回音。

(三)个人简历的制作

个人简历的外观形式主要有两种:表格式和条文式。这里主要介绍表格式的内容要素。

1.个人资料 又叫基本信息,包括姓名、性别、民族、出生日期、户口所在地、毕业学校、专业、学位、联系电话、联系地址、兴趣爱好、身体素质、婚姻状况等。

基本信息不一定全列出来。如果用人单位没有特别强调必须注明,建议你认为这个职位应该列出的信息你才列出。

2.求职意向 明确求职意向,写明应聘的具体部门和岗位,只有你清楚所求职位工作内容之后,才能在求职简历中突出自己的知识与专长。

现在大多数同学都这样表达求职意向:从事与本专业相关的工作,或者从事财务管理、评估分析、审计、会计电算化等方面的工作。这一类表述最大的不足是求职意向指向不专、不明、不具体,让招聘单位感到求职者对本单位的不了解和缺乏诚意。

3.教育背景 本项设置可分为专业课程及成绩、资质认证、外语及计算机水平、表彰奖励证书。有的只写就读学习经历,对于大学毕业生,这样的内容可不写。

4.社会实践 强调你适合这个职位的成功经验和经历。如果能说明得比较专业,那就会给用人单位眼前一亮的感觉。

5.兴趣爱好与个性 个性要与所应聘的工作相适应。有人会随手写下不少兴趣爱好,如绘画、唱歌、排球、篮球、计算机、读书、交际。兴趣爱好不能随便写,否则容易在面试时出纰漏。如果真有特别突出的个人特长,也可强调写出,如以下描述:

2000—2003年,为校排球队和院篮球队主要成员,多次参加全国和湖北省排球赛及校级篮球比赛,为球队多次赢得优秀成绩;2000年湖北省武汉地区高校男子排球比赛第一名。

建议:个人简历项目应按招聘单位的要求设置,重点突出与工作相关的内容。

个人基本简历

姓名:李西

民族:汉族

户口所在地:湛江

身材:163 cm

求职意向:贸易类 跟单、业务等

个人工作经历

1.2007/8—2008/1 广州荣诚鞋业有限公司 协理助理

负责协助采购协理处理各项事务，兼负ISO事务之责；监督与控制本部门的预算情况，以及对相关材料的不良处理问题和ERP系统订购材料欠单问题予以紧密跟踪和统计。

2. 2007/5—7　香港衡泰实业有限公司　跟单。

负责订单的跟踪、相关信息的回传，对客户所下订单的数量及质量进行相关的监督，及时反馈客户的意见，确保客户的交货期。

教育背景

毕业院校：广东外语外贸大学公开学院　国际贸易　本科

最高学历：本科　毕业　2007-07-01

所学专业：国际贸易

荣誉证书：

1."优秀学生"(广东外语外贸大学公开学院 2005/6)

2."优秀毕业生"(广东外语外贸大学公开学院 2007/6)

3. 全国计算机等级考试(一级 Microsoft Office)合格证书

主修课程

国际贸易、国际市场营销学、企业经济统计学、管理系统中计算机应用、外贸函电、国际商务英语、外贸英语写作等。

语言能力

外语：英语　良好

普通话水平：精通　粤语水平：良好

工作能力及其他专长

1. 计算机水平：熟练掌握VFP6.0软件和Office办公软件的操作，能充分利用网络资源以及及时完成日常编辑工作。

2. 语言能力：能够撰写和回复英语商业信函，具有良好的读写能力；精通普通话，并备有一定的粤语水平。

个人亮点

1. 扎实的专业技能，良好的协调、适应能力，力求上进，注重团队合作。

2. 做事认真负责，勤奋踏实，自信自律，注重细节，有较好数字概念。

四、求职信的结构与写作

求职信一般有标题、称呼、正文、落款、附件五部分组成。

1. 标题　求职信的标题通常只由文种名称组成，即在第一行中间写上"求职信"三个字。有时可写作"自荐信"或"应聘信"。

2. 称呼　要顶格写上公司名称、部门名称、领导姓氏、职务，称呼后加冒号，如"尊敬的××公司人事部李经理："；或直接写单位名称"尊敬的×××领导："、"××公司："等。

如若有明确单位的求职信，为了拉近求职者与用人单位之间的距离，在称谓中明确地指出用人单位的全称及其人事部门负责人姓名，以表示尊重。

3. 正文　这是求职信的重点，它是求职者个人情况的精要概括和展示。包括个人基本情况、专业知识与专业技能、工作经历、性格、爱好与兴趣、特长等。在叙述或说明情况时，语言要精练、准确，既有文采，又不失实。必要的数据最有说服力，把定性的介绍和定量的介绍搭配好，效果会非常好。总之，该部分的详略要处理好。

(1)开头　先写问候、寒暄之语，如“您好！感谢您在百忙之中阅读我的这封求职信。”然后进行简短的自我介绍，表明求职目标或应聘的岗位。自我介绍最好用一句话表明自己的身份，如“我是××××大学法学专业2006级毕业生”。

有的求职信在开头先表明求职的信息来源，然后进行自我介绍。

(2)主体　求职信的主体部分要针对有关用人单位的招聘广告或求职者了解到的有用信息，介绍自身的优越条件，即所谓“自我推销”。

文体写作前要对主体内容的安排进行构思，从用人单位对求职者考察的重点开始写，大致分三个层次：一是专业知识与专业技能情况以及相关知识学习情况；二是工作经历；三是综合素质方面。

语言表达要求既要有说明和叙述，又要有议论，议论是对学习态度、工作能力、人格品质的评价，在写作风格上叫作虚写，说明和叙述是对求职者个人的情况和学习、工作经历的表述，在写作风格上叫作实写，如“思想上，我积极上进，追求进步，并于2004年光荣加入中国共产党。”每一位求职者都可以写自己“积极上进，追求进步”，而“2004年光荣加入中国共产党”这句话很有说服力地说明求职人思想好的特点，这也是求职人的特色之处，优势所在。

在每一部分总结性、概括性语言的后面，要适当增加一些属于应聘者自己优势与特长的具体内容。毕业生可以在求职信中说明自己的实习、实践情况。在说明的时候，可以指出具体的时间、地点，从事何种岗位工作，以增加可信度。

(3)结尾　在求职信中，可以适当对用人单位作一个总体评价，再表达求职者的信心和强烈的愿望要求。这样可以说明求职者对用人单位的发展情况非常关心，并有一定的了解，能够较好地拉近与用人单位的距离，同时在这样的前提下表明愿望也非常自然，如“热切盼望贵单位肯定的答复”，或“盼望贵公司的录用通知”，或“希望给予面试的机会”等。

4.落款　在正文的右下方，签上求职者的姓名及求职信成文的日期。

5.附件　信末应注明随信附上的有关材料，如联络方式、毕业证书、结业证书、技能证书、荣誉证书、推荐表、个人简历、有关人士的推荐信，有关证明等，这可以给对方办事缜密，考虑周全的良好印象。附件的位置在落款的下一行。

五、求职信的写作要求

1.真实客观　写求职信时，实事求是地介绍和评价自己，任何虚假东西都不能写。介绍自己情况时要尽量做到实在、具体。如说自己成绩优秀，不如说名次。说有一定的社会经验，不如说参加什么社会实践活动并取得成绩。说组织能力强，不如说组织过哪次大型活动等。从求职信中看到的不只是一个人的经历，还有品格。

2.突出重点　求职信要突出自己的特点，把在校期间最辉煌的部分突出展示给对方，让自己的闪光点吸引、打动对方，使对方了解、认识到你的智慧与才能。特别是要了解用人单位所需要的专业、能力、特长，求职信中有针对性地介绍自己这些方面的专长，会达到较好的效果。

3.篇幅简短，语言准确　求职信不宜过长，用人单位在招聘时因材料多，不会过细研读，所以求职信要尽量简洁，一页纸就够了。语言要言简意赅，朴实无华，不宜有文字上的错讹。

4. 文面整洁　文面要做到工整、清洁、美观，让人感到愉快和舒畅。求职材料布局安排合理，版面要进行设计，给人以整体的和谐、优美、得体的感受。

写作技能训练

一、比较下面两封信的开头方式，说明它们选取的不同内容

A. 颂扬对方　　B. 交代求职的缘起　　C. 介绍自我　　D. 概括总起　　E. 诉说心愿

1. 我是南宁职业技术学院即将要毕业的一名会计专业的学生。从《南宁信息港》这份报纸杂志中获悉贵公司要招聘会计职位。我对贵公司的发展一直非常关注，并对会计这个工作岗位抱有极大的兴趣，十分乐意为贵公司的发展尽一份微薄之力。我很荣幸有机会向您呈上我的个人资料。（　　）

2. 我是××大学××校区的一名应届毕业生，专业是财务会计，我希望能到您单位做会计及其相关的工作。（　　）

二、综合实训

德容集团公司经过一段时间的组建、人才招聘等，现在公司已经进入正常运营阶段，吴宇任分公司总经理。因工作需要，公司办公室和各部门招聘了 12 名新秘书，吴宇总经理要求李芳秘书负责 12 名新秘书的培训。为了让新秘书对秘书职业有更深入的了解，在学习了秘书基本知识的基础上，进行一次以“我眼中的秘书职业”为话题进行演讲比赛。

要求：

1. 每个同学拟写一分秘书专业的求职信。

2. 拟写一份以“我眼中的秘书职业”为话题演讲稿。

3. 进行一次班级演讲比赛。

模块二　秘书办文

第三单元　秘书办文
第四单元　应用文写作基础知识与技能
第五单元　党政公文写作技能
第六单元　事务文书写作技能

Chapter 3

第三单元

秘书办文

知识目标

1. 掌握发文的程序以及秘书应该做好的各项工作。
2. 掌握收文的程序以及秘书应该做好的各项工作。
3. 掌握档案归档的流程以及具体事务性工作。

技能目标

1. 能够熟练掌握计算机的Office办公软件的相关技能。
2. 能够掌握办文的流程和方法。
3. 能够对文件进行阶段性的管理工作。

第一节　发文程序

自学与自测

一、填空题

1.发文办理的过程分为两个阶段:第一阶段称为制文阶段,也是发文办理的重点阶段,包括(　　　　)、(　　　　)、(　　　　)、(　　　　)。第二阶段称为制发阶段,包括复核、(　　　　)、用印、(　　　　)、核发。

2.拟稿任务一般由(　　　　)承担。但对于业务性较强的文稿,则由(　　　　)代为起草。重要文件的起草,(　　　　)亲自动笔。

3.审核亦称核稿,核稿是文件草稿在呈送上司审批签发之前,对文稿进行审核把关。核稿是提高公文质量的一个重要环节,其任务是对文稿从(　　　　)、(　　　　)到(　　　　)等方面进行全面审核检查。

4.印制就是由(　　　　)制成(　　　　)、(　　　　)、存本的过程。

二、简答题

1.秘书如何草拟文稿?

2.秘书调查工作的主要内容是什么?

3.起草文稿的基本要求有哪些?

4.核稿主要是做好哪几项工作?

5.核稿发现问题时,主要采取的处理方法有哪些?

6.秘书在印制的过程中,如何做好文书的校对工作?

7.核发的具体操作程序是什么?

案例分析与训练

李秘书为何受苦

小李是一位分配到×××学院秘书部门工作不久的大学毕业生。一天,办公室王主任根据学院领导的指示,要他起草一份《××学院情况简介》。在交代任务的同时,王主任主动地授意他,《简介》的内容应包括四个部分:一是学院的历史沿革与发展;二是学院的教学改革与经验;三是重点学科的建设与学术水平;四是科技开发和科技队伍状况。当时,小李很想认真倾听,也打算将领导的意图记录下来。但又怕主任看不起他,误认为他的写作水平不高。

第二天,初稿按照小李自己的想法和构思写完了。不曾想主任审阅后,在初稿上画了四个问号，提出了四条批评意见：①没有写清学院的变迁；②忽视了教学过程的实践环节；③未能反映出重点学科的学术水平；④科技开发与科技队伍脱离学院的实际情况。主任还当面指出，《简介》一定要按照他昨天的交代进行修改。

面对迎面泼来的一盆“冷水”，小李不知所措：按昨天的授意修改吧，可他没有听进去；再请教主任吧，又怕丢面子。思来想去还是决定闭门造车，我行我素。他仍按自己的主观设想，将初稿修改了一遍，又交了上去。当他拿到退回来的二稿时，只见文稿上的四个问题一个也没有减少，批语是：“务按交办意见修改”。就这样，小李经手起草的这份《简介》，整整用了两周的时间，先后修改了五次，仍不符合领导意图。最后，在小李无法修改下去的情况下，竟自作主张把第五稿交文印室打印了，并直送主管院长。院长看到刚刚印好但不符合要求的《简介》，十分不满，并责令王主任对小李进行批评教育。正在这时，上级机关打来电话：因对外交流的需要，《简介》必须立即上报。主任见此情形，只好亲自动手修改，然后打印上报，这才使小李渡过了难关。

分析：小李要怎样做才能完成《××学院情况简介》的写作任务？

知识提要

中共中央办公厅和国务院办公厅 2012 年 4 月 16 日联合印发的《党政机关公文处理工作条例》第二十四条和第二十五条，分别规定了发文办理和收文办理的程序。发文办理是各单位答复来文或根据需要向外单位主动发出文件的过程。发文办理的过程分为两个阶段：第一阶段称为制文阶段，也是发文办理的重点阶段，包括拟稿、审核、签发、注发。第二阶段称为制发阶段，包括复核、印制、用印、登记、核发。

一、制文阶段

（一）拟稿

拟稿，就是起草文件初稿。起草文件初稿是发文处理工作的重要环节，是文件形成前最基础的工作，这一环节的工作做得如何，直接关系到文件的质量和效率。拟稿任务一般由秘书人员承担。但对于业务性较强的文稿，则由职能部门代为起草。重要文件的起草，上司本人亲自动笔。草拟文稿在通常情况下，一般需要经过如下步骤：

1. 明确发文的目的与要求　要领会和理解上司意图。上司意图，是制发文件的基本思想，是拟稿人草拟文稿的依据。

搞清弄懂上司的意图，主要指四个方面：第一，制发文件的目的，包括实际情况、存在的问题和需要解决的问题；第二，指导思想，包括提出文件的总观点，解决问题的总要求和基本方式；第三，主要内容，包括要写哪些问题，反映什么情况，提出哪些措施与要求，以及每个问题的主要观点等；第四，具体要求，包括使用什么文种，发送什么对象与范围，时效上有何要求等。

2. 进行调查研究　拟稿人领会了上司意图之后，就要熟悉和收集有关情况和材料，进行必要的调查研究。这一阶段的工作主要有两个方面：第一，收集和研究书面材料，包括市场、消费者、客户反映的情况、问题、数据；查阅单位过去的有关文件，主要看过去已有什么要求和规定，目的在于与过去衔接起来，保持决策的连续性；参阅经营同类产品单位的有关材料，了解他们在同类问题上有些什么可供借鉴的经验与做法。第二，深入实际，进行调查研究。要选择典型的、有代表性的议题亲自去调查研究，直接掌握第一手材料。在这个过程中，尽可能取得解决实际问题的办法等，并要务求全面，力戒片面；务求实事求是，力戒主观臆断。

3. 拟写提纲，安排结构　对所要起草的文件事先有一个总的构想，也就是说把“大框架”勾画出来，使文件所要反映的问题，说明的情况，提出的措施与意见等条理化，使文件的开头、主体、结尾、层次、段落等有个大致安排。

4. 起草文稿　起草文稿的基本要求：一要做到条理清楚，文字精练。拟订文稿必须条理清楚，层次分明，中心突出，逻辑严谨，使人一目了然。努力做到开门见山，语句通顺，用词准确，朴实无华，简洁明快。二必须符合规范化要求。拟定文稿必须符合统一的格式，按规范化、标准化的要求进行，文稿要使用固定格式纸。人名、地名、数字、百分比、专用术语等要准确规范，按要求写，不得随意简化，不写不规范的字。三是与文稿有关的材料，如拟稿的依据文件、上司的批示、协商会签有关方面的意见等，要在进行整理后，附在文稿后面，尤其是上司的批示要保持原样，不能随意勾画和涂抹。

5. 反复检查，认真修改　文件初稿起草完之后，秘书或拟稿人员应本着严肃认真的态度对初稿进行反复检查和修改，以纠正初稿拟写时的错漏。只有通过对文稿的反复修改，才能不断提高观察问题、分析问题的能力。

修改文稿主要从以下几个方面考虑：第一看主题是否正确，论述是否集中。第二看材料与观点是否统一，材料能否阐明观点。第三看结构是否合理、匀称，是否需要做出调整。第四看文字是否简明、精练、庄重、朴实，是否在表达上准确无误。第五看格式是否规范化、标准化。

以上关于拟稿的步骤与方法是就一般情况而言，一些比较简单的文稿拟写，则可根据实际情况灵活掌握，省略不必要的步骤。

从秘书办文工作来说，拟稿是发文的第一个环节，拟稿是对秘书水平的检验。

(二)审核

审核亦称核稿，核稿是文件草稿在呈送上司审批签发之前，对文稿进行审核把关。核稿是提高公文质量的一个重要环节，其任务是对文稿从内容、文字到体式等方面进行全面审核检查。这项工作由富有工作经验、文字水平较高的文书工作人员或秘书部门负责人完成。核稿把关工作必须严肃、认真、细致，字斟句酌，反复推敲。核稿主要是做好如下几项工作：

1. 把好行文关　一个文件从拟稿到发出，不仅要经过诸多环节，耗费很多人力、物力，而且收文单位还要进行处理。首先要本着精简文件的原则，确定是否有必要行文，以防滥送文件。

2. 把好内容关　任何文件都应做到观点正确，符合实际，有的放矢，切实可行。因此，对文件的全部内容必须认真审核，检查文件标题是否能概括内容，所反映的问题是否准确，理由是否充分，材料与观点是否统一，措施意见是否具有可行性，涉及有关方面的问题是否协商一致，前后之间有无矛盾、疏漏，与本公司以前的有关文件是否衔接等。不能把内容空洞、不切实际、执行不通，甚至前后不一、自相矛盾的文件发出去。

3. 把好程序关　行文应按程序办事，必要的程序不能简化，对程序没有走到或逆程序的文稿，要按规定办理，完善程序。比如，有的事情需经特定的会议讨论决定，未经会议协商不能行文；有的文件需要事先报请上司批准，未经批准，不能擅自发文；还有的文件涉及有关部门工作内容，需要进行协商会签，并取得一致意见，方可行文，等等。

4. 把好文字关　要检查文稿的文字是否全面、准确地表达了所要反映的意图；是否简明扼要、通俗易懂，有无空话、套话；是否合乎语法、逻辑严密，标点符号使用是否正确；语气、措辞是否得体；所涉及的数字、人名、地名和其他专用名词有无错漏。

5. 把好文体格式　文件的格式要符合规范化的要求，核稿要检查文种使用是否得当，附件、引文等是否注明，数字、名称的表达是否前后一致，时间、专用术语写法是否规范，等等。

6. 处理核稿发现的问题　①核稿人认为没有必要行文，应提出意见，征得拟稿人员同意后，退回处理。②文稿涉及有关负责部门，但不是部门负责人签字的，应完善协商。③文稿中的重大问题需作修改时，核稿人应提出意见，退回修改。④对于文稿中的一般性问题需作修改时，可由核稿人修改后征求拟稿人意见，或者与拟稿人共同研究修改。第五对于文字技术方面的改动，在不伤原意的基础上，由核稿人负责修改。

总之，文稿在经过全面审核修改，认为没有问题之后，核稿人方可签署意见呈送上司审批、签发。

(三)签发

机关领导人将呈批的文稿经过最后审定，认为可发，直接签署意见，是领导人行使权的表现。文稿一经签发，即可生效，签发人应对签发的公文负完全责任。签发是制文阶段的关键环节，一份文稿是否制发，主要决定于领导是否签发。

签发的权限：①重要的或者涉及面广的，必须由正职或者主持日常工作的副职领导人签发。②以部门名义发文的，一般公文应由部门领导人签发。③几个机关联合行文，由联合行文机关主管负责人进行会签。④经授权，有的公文可由秘书长或办公厅(室)主任签发。

签发的要求：①对拟签公文进行全面审定(从政策到文字)。②签发公文要规范。领导人应在“公文拟稿纸”的“签发”栏目内，填上明确的签署意见，并写上姓名和审批时间。签发意见应明确、简练、可写“发”、“同意发出”、“照发”或“修改后发出”、“请××同志审阅后发出”等。千万不能写模棱两可的意见，也不能只画“○”或“√”。签署姓名应完整，不能只写姓或只写名。签署时间要写年、月、日。

(四)注发

注发具有承上启下的作用。也就是说，注发是制文阶段的最后一个环节，是制文阶段的结束，又是制发阶段的起始，制发阶段的很多环节，都是根据“注发”的要求办理的。

注发主要包括以下项目：标题、发文字号、附件、发送机关或发送范围(可分为报、送、发)、公文的紧急程度、公文的秘密等级、公文的印制单位和份数、起草人、核稿人、打印、校对等。

附表：发文稿纸

标题：			附件：
文号：	密级：		急度：
发送机关：			
主办部门：	会签：	领导人签发：	
撰稿人：	办公室核稿：		
负责人草签：	送签人：	年 月 日	
打字：	校对：	印刷：	份数：

二、制发阶段

(一)复核

复核是指公文正式印制前，文秘部门应当进行复核，这是发文过程中的第二次审核。复核的内容：审批的手续是否完善、签发、附件材料是否齐全、文件格式是否统一和规范等。经复核需要对文稿进行实质性修改的，应按程序复审。实质性修改是指涉及文稿内容的修改，要按发文办理的程序重新送审、签发。

(二)印制

印制就是由定稿制成正本、副本、存本的过程。

打印要求：字体、字号要适当；排版的版面要规范、美观、大方；用纸要合乎规格；末页避免无正文等。

秘书在印制的过程中，要做好文书的校对工作。校对是对制作出来的公文校样根据领导签发的原稿进行核对校正，保证打印出来的公文与原稿相符，准确无误。它是对公文制发质量的最后把关。其基本原则是忠实于原稿。如果发现原稿中有明显错误或可疑之处，必须找撰稿人或核稿人研究，确实证明原稿有错误，经撰稿人或核稿人同意方可修改，不能自以为是，自作主张。对一些重大的原则性修改，校对人、核稿人和撰稿人都不能自行决定，要将修改意见送签发领导审查，待批准后才可以改动。

(三)用印

用印是指在有必要加盖印章的文书正本上加盖机关或领导人印章的过程。在文书上盖印是证实公文效用的一种标志。文书印章盖在正文落款处，叠印在发文机关署名和日期上。要注意以下几点：一是印章名称要与发文机关名称一致，否则要加以说明；二是印章字迹要清晰，印章要端正，位置要准确，一般落款要“骑年盖月”；三是印章只盖在公文正本上。

(四)登记

发文登记，即将欲发出的公文按照规定的项目进行文字记载。

登记的内容和形式：发文登记的内容一般包括发文字号、公文标题、发往机关、件数、秘级等。发文登记的形式多种多样。有簿册式(账簿式)、卡片式、联单式等。目前用得最广的是簿册式。关于账簿登记,因机关大小不同,发文量不同,其登记账簿的繁简有异。一般而言,较大机关采用发文目录账簿和发文明细账簿相结合的形式登记;较小机关采用发文登记账簿的形式登记。发文目录账簿是发出公文总的记载。发文明细账簿是发出公文的具体记载,它载明了该文发至的每一个机关。发文登记簿见下表。

顺序号	发文字号	成文日期	文件标题	收文单位	份数	密级	其他

(五)核发

具体操作程序及注意的事项:

1. 写封　发往机关名称要写法定全称或规范化简称;发往某机关的公文,要写机关或机关办公室收,而不要写机关某领导同志或业务部门收。有密级要求的文件,要有戳记标明。

2. 填写回签单据　凡应收回的文书,发文时要注明收回日期,以保证按时收回;凡要回执的文书,要预先在文书封套背面贴上回执单,注明发文字号。

3. 装封　将公文装入发往机关的信封或封套内。如给一个机关发文很多,也可用包装的办法发出。密封前,要查公文正文份数,查有无附件及附件份数,查是否盖了印,查文件内的受文机关与封套上的是否一致。

4. 加封　封口的方法是:粘封、缝封、轧缝、捆扎等。对发出的机密文件应密封。

5. 传递　传递的形式有:邮局传递、派专人传递、电报电传传递。现代机关文书传递,可综合运用多种途径:凡发往外地的密件,应走机要通信,不允许经普通邮传;同城机关之间发文,可派人直送或组织文件交换;不带密级的文书发往外地,可通过邮局寄发;要件须寄挂号;急件可交邮局进行特快专递,也可先行传真,使对方开展工作,再及时寄出原件。

秘书实务训练

曹秘书应按哪位领导的意见办

某商业公司的孙副经理与童副经理有点小隔阂。一天,该公司的曹秘书去向管商品购销的孙副经理请示了一项业务处理意见后,在返回的路上碰到负责广告宣传的童副经理,于是,曹秘书又向这位副经理谈了这件事。童副经理听了以后也作出指示,结果,曹秘书左右为难,两位领导人矛盾加深。孙副经理责怪曹秘书多事,不按他的意见办,加之平时孙与童有些矛盾;孙又认为曹秘书与童关系亲近些,曾在一些事情上支持过童。这样,孙副经理意见更大,认为曹秘书有意与他作对,而童副经理则认为,此业务是他引介的,曹秘书应先同他通气。对此,曹秘书有如下方案可供选择:

A. 按孙副经理意见办事，因为他是主管这项业务的。

B. 按童副经理意见处理，因为他是业务引介人。

C. 建议孙童通气协商，形成统一意见后，再作处理。

D. 找主要决策人——总经理裁定后，按其意见处理，这是按组织原则办事。

问题：这四种行为究竟哪种较为正确呢？请分析理由。

第二节 收文程序

自学与自测

一、填空题

1. 收文处理分为收进和阅办阶段。收进包括（　　　）、拆封、（　　　）、（　　　）、传阅；阅办包括（　　　）、（　　　）、（　　　）、（　　　）、催办、办复、注办、暂存。

2. 登记的范围：凡属（　　　）、（　　　）、机关内部使用的文件和（　　　）等，都要进行登记。

3. 拟办承担者是（　　　），拟办意见一般提出（　　　）批示。如“请××领导批示”、“拟请××部门办理”、“拟请××部商请××部办理”。

4. 承办是（　　　）或（　　　），根据领导人的批办意见，按照来文的内容和要求，对公文予以具体办理和处理。承办兼跨（　　　）和（　　　）两大程序。

5. 催办的方式：（　　　）、（　　　）、催办单（卡）催办、登门（当面）催办、（　　　）。

二、简答题

1. 秘书签收文件时注意哪些事项？

2. 拆封时应注意哪些事项？

3. 批办意见应包括哪些内容？

4. 承办的任务与要求是什么？

案例分析与训练

小何是这样开始从事文书处理工作的

小何刚开始做文书处理工作时，对文书处理的手续掌握不严，文件的传、借全无记载。因此，工作不到三个月的时间，就有两次调不出文件来，影响了工作。事实使她认识到，文书处理工作是一项重要和细致的工作，要求从业人员具备一定的业务水平和办事能力；同时，要建立并严格执行文书处理制度，以保证工作质量。

于是，她采取了一系列的措施：首先固定文书处理人员。由她们负责全局文件的工作，并专门设一个监管人员负责把关。其次，建立了责任制。简化手续，只用收文簿和借阅卡片两种。具体做法是：来文在收文簿上登记，传阅文件交给该处室管理人，并在此簿上注明“已办”。借阅文件都要卡片。另外，建立时间制度。规定时间传、借文件，文件收回后，一般是即时归档，文件归档后，在收文簿上写“存”。在各方面的协作努力下，小何出色地完成了文书处理工作任务。

问题：通过案例谈谈你对文书处理工作有什么认识？

知识提要

凡是由外机关或外部门送给本机关的文件，统称为收文。收文处理分为收进和阅办阶段。收进包括签收、拆封、登记、分发、传阅；阅办包括审核、拟办、批办、承办、催办、办复、注办、暂存。

一、收进阶段

（一）签收

签收就是收件人收到送达本机关、本部门的有关公文，经过认真清点后，在送件人的投递单上签名或盖章的行为过程，或者说是所履行的一种手续。这种签收手续对送件人来说是完成公文传递任务的凭证，对收件人来说是表示收到文件的标志，其目的是确保文件安全可靠，明确交接双方责任。

秘书签收文件时要注意三点：第一，查看文件封套上所注的收文机关部门或姓名，是否是本机关，如有误投，应及时退回或转投，发现有散包、被拆等现象应立即追查原因。第二，清点、检查无误之后，收件人便可在投递单上或送文簿的收件人栏内签字，证明文件无误收妥。第三，收件时间一栏，一般写明月、日即可，急件应注明月、日、时、分。

（二）拆封

拆封，一般情况对于写明由本机关、本部门收启的封件，可由本机关或本部门的文书人员启封；对于写明由机关领导人“亲收”、“亲启”的封件，应交本人或本人委托的秘书启封，文书人员不得拆封启封；密件应交机要室或机关指定管理机要文件的人员启封。

拆封时应注意的事项：第一，拆封之后，应先检查内件是否齐全，有无错发、缺页、缺少份数等现象；第二，附有回执单的，应在清点以后签收，并将回执单退回发文单位；第三，拆下的信封和包装封皮，一般均无必要保存，如果是第一次通信的机关，封皮写有关地址、电话号码、电报挂号、邮政编码等，可保留封皮或将以上各项另行登记，以便于日后进行联系，或有重要作者的亲笔信封，也可酌情保存，方便复函时使用；第四，在检查中发现文件有漏写日期和发文机关不详的，应根据封皮上书写的发文机关和邮戳日期（或收到日期）予以注明，以备查考。

拆封时要保持公文的完好，千万不要剪断封内文件或信函，要保持封套上发信机关名称、邮政戳记的完好。取净封内公文，不可遗漏。

(三)登记

收文中的登记,是将外机关或外单位寄送来的文件,通过拆封以后,用文字记录其存在、来源、去向、时间、编号、内容和处理情况的行为过程。它是收文的总账目。

登记的范围:凡属公文、正式来往行文、机关内部使用的文件和会议文件等,都要进行登记。不需登记的一般为公开发表的、日常义务性的、无保密要求的内部刊物等公文。

收文登记主要采用簿册式登记形式,也就是事前将表格装订成册的登记形式。登记的具体内容:收文号、收文时间、来文机关、文件标题、发文字号、密级、份数和处理情况等。格式化下:

编号	收文日期	发文字号	标题	收件人	密级	处理情况	备注

(四)分发

分发的原则:亲启件直接送有关收件人;属于方针政策性的、关系本机关工作全局的、重大问题的公文及文书人员不能判定由哪个部门承办的公文,均应送办公厅(室)主任或秘书部门负责人批办,然后按批示的意见分发;对属于已有明确分工的、日常业务问题的公文,可按主管业务的分工范围,分送有关部门或承办人办理;送去批办的公文,应附上文书处理单。

(五)传阅

传阅是指单份或份数很少的公文,需要经各位领导人和许多部门阅知时,由文书人员组织在他们中间传递与阅读。

传阅先后顺序:一般应优先送给机关的主要领导、主管负责人和主管业务部门阅读,然后送其他有关阅知对象。一时无暇阅读时,应适当调整其传阅顺序。传阅应注意事项:

第一,为了避免发生漏阅、积压和公文下落不明,各传阅对象收退文件均应直接向组织传阅的文书人员交接,切忌传阅对象之间直接相互传递和交接。

第二,有条件的单位可设阅文室,由文书人员及时通知各传阅对象尽可能到阅文室阅文,以加快传阅速度和节省传递时间。

第三,传阅文件应附上“文件传阅单”,阅文人阅文后须签注姓名和时间,不能只画一个圈。

附文件传阅单：

<table>
<tr><td rowspan="2">来文单位</td><td colspan="2">来文日期</td><td colspan="2">来文字号</td></tr>
<tr><td colspan="4">标题</td></tr>
<tr><td>事由</td><td colspan="4">附件</td></tr>
<tr><td colspan="5">拟办
签字： 日期：</td></tr>
<tr><td colspan="5">批示：
签字： 日期：</td></tr>
<tr><td colspan="5">处理结果：
签字： 日期：</td></tr>
<tr><td rowspan="2">阅读人签字：</td><td></td><td></td><td></td><td></td></tr>
<tr><td></td><td></td><td></td><td></td></tr>
</table>

二、阅办阶段

阅办，即阅读和办理公文，或称处理公文。

(一)审核

审核是收到由下级机关上报的需要办理的文件，文秘部门应当进行审核。审核的重点是：是否应当由本机关办理；是否符合行文规则；内容是否符合国家法律、法规及其他有关规定；涉及其他部门或职权的事项是否已协商、会签；文种使用、公文格式是否规范。

经审核，对符合办文要求的公文，文秘部门应当及时提出拟办意见送负责人批示或者交有关部门办理。

(二)拟办

拟办是指文书部门或承办部门负责人对除了阅知之外尚需具体处理的收文，提出初步办理方案和意见，以供本机关领导人批办时进行参考。这种初步意见相当于“请示”与“建议”，它还不是决定，但是它的提出有助于领导决策，减轻领导人的负担，使文件得到及时妥善的处理，能够体现文秘部门的参谋和助手作用。

拟办承担者是文书部门负责人，拟办意见一般提出主管领导批示，如“请××领导批示”“拟请××部门办理”“拟请××部商请××部办理”。

(三)批办

批办指机关主要领导和主管领导人等，就某份公文应如何办理做出明确的批示意见。批办的作用使收文处理开始进入实质性阶段。批办这一环节，有利于加强对收文处理工作的领导。

写批办意见时，应包括以下一些内容：第一，简明扼要，只指出如何办和由谁办；第二，明确承办部门和时限；第三，在批示意见之后，签署批办人姓名和批办时间，批办人姓名应写全，不要只写一个姓，更不能在文书处理单上只画一个“○”或“√”，批办时间至少要写月、日。签署是批办意见生效的标志，一定要严肃认真对待。

批办的意见通常写为:“同意拟办意见”“请××办理”“请××审阅(阅示)、”“请××查复’等;或在确定承办部门的同时,对如何办理提出原则性的意见(要件、急件还应规定具体时限),并签署姓名与日期。

(四)承办

承办是文书人员或有关部门的工作人员,根据领导人的批办意见,按照来文的内容和要求,对公文予以具体办理和处理。它是公文处理的核心和关键环节。承办这一环节具有特殊性和兼跨性。因为承办的主要任务在于复文或根据收文要求,结合本机关实际,拟制新的落实公文。这样,承办就兼跨“收文处理”和“发文处理”两大程序。它既是收文处理程序中“阅办阶段”的实质性终结,又是发文处理程序中“制文阶段”的起始。

承办的任务:落实文件精神;起草回复公文,包括对请示的批复、对来函的复函、对商洽意见和建议采纳与否的回告等;整理各种文字材料;需特殊处理的事项。

承办的要求:承办的原则是有批示的文件,按批示的意见办理,无批示的文件,按文件内容与要求并参照以往的惯例办理;做好会签工作;分清轻重缓急;填写办理结果。

(五)催办

催办是文书人员或有关部门对需要办复的公文,根据紧急程度和承办时限的要求,对承办单位或承办人进行检查督促,以防止公文积压,延误工作。

催办的任务:督促对公文的承办工作,对公文的传阅、批办等环节,也要进行督促。所以,催办也有一定的跨越性。

催办的方式:电话催办、信函催办、催办单(卡)催办、登门(当面)催办、开会催办。

(六)办复

办复是收文机关对来文机关要求回复的公文(包括来电、询问等)给予答复。

办复的要求:

要认真办复,凡是需要办复的公文,应力争做到事事有回音,件件有着落,特殊情况特殊处理。有些外机关来文,来函请示或商洽的问题,是短时期内难以答复的,可先用电话或函件打个招呼,告之正在与有关部门联系、协商或正在办理之中,等事情有了结果再正式行文回复。要注明办复情况,包括办复人员的姓名、办复时间、办复形式和办复的简要内容等。办复后的情况注明,是今后检查工作的凭证。

(七)注办

注办指承办人将公文的处理结果,在文稿末尾或文书处理单上做出简要注明,以备日后查考。注办的作用便于查考责任,便于文书的整理、立卷和归档。

(八)暂存

暂存的目的是为事后本机关查阅公文提供方便条件,为今后的立卷和归档工作奠定基础。其方法是把处理完的收文放在专用的公文夹或公文盒内,要注意不能同正在处理的公文混在一起。

秘书实务训练

某县政府办公室收到了上级人民政府转发国家安全生产管理部门关于加强煤炭安全生产,严防人身伤害事故发生的紧急通知,此文件版头部分还有秘密的标识。办公室严主任阅读此文后立即提出拟办意见，报县政府主要领导和分管领导批阅。领导认为这一文件十分重要，对全县正在开展的整顿小煤矿、加强安全生产工作有重要意义。领导要求秘书部门尽快将此文下发有关部门及全县煤矿企业，要求认真贯彻执行。政府办公室严主任根据县政府领导的批示意见，责成办公室负责文件收发的刘秘书按领导意见传递这一文件。

问题：

1. 请认真阅读这一案例，分析对这一文件的处理是否符合收文处理的规范要求？

2. 刘秘书应按怎样的要求传递这份文件？

第三节　整理与归档

自学与自检

一、填空题

1. 归档文件整理方法和步骤：(　　　　)、(　　　　)、(　　　　)、(　　　　)、(　　　　)、装盒。

2. 整理单位：以(　　　　)为整理单位，进行文件级整理。一般以每份文件为一件，文件(　　　　)为一件，(　　　　)为一件，(　　　　)为一件，转发文与被转发文为一件，报表、名册、图册等一册(本)为一件，(　　　　)可为一件。

3. 目前常见的装订方式除传统的线装外，还包括：(　　　　)、(　　　　)、变形材料、铆接式等。

4.《归档文件整理规则》选择(　　　　)、(　　　　)和保管期限作为通用的分类方法。

5. 件号即文件的排列顺序号。件号分为(　　　　)和馆编件号(件号应逐件编制)。

6. 编目：《规则》规定，“归档文件应依据(　　　　)和(　　　　)编制归档文件目录”，即应按照(　　　　)、排列结果，逐类逐件编制目录，以系统全面地揭示归档文件的全貌。

7. 档案盒盒脊项目：根据摆放方式不同，在盒脊或底边设置各检索项，包括(　　　　)、年度、(　　　　)、(　　　　)、起止件号、盒号等。

二、简答题

1. 文件如何修整？

2. 归档文件目录的项目内容？

案例分析与训练

收集档案不及时，土地损失五十亩

某区直属机关在20世纪80年代初期，将一块面积近五十亩的土地借给西安市某肉联

厂。随着事业的发展和员工的增加，90 年代初，该机关想收回该厂借出去的土地，但找遍了全机关的档案材料，就是找不到有关当时办理及借地的手续的文件材料。据机关干部的几位老同志回忆，当时将土地借给肉联厂时，有关材料保管在老局长手里。时隔不久，老局长就调离了机关，由于当时机关档案室的工作人员没有及时收集这些文字材料，造成了档案的缺失。由于某机关拿不出证据，肉联厂又不肯承认，因而也就收不回那块借出去的土地。该机关曾想借助法律，通过打官司的办法讨回，但苦于没有档案作为凭证，只好作罢。按土地市场价格估算，白白损失了几百万。

分析：该机关土地损失的原因。

知识提要

一、文书整理与归档的概念

2000 年 12 月 6 日，国家档案局发布了中华人民共和国行业标准 DA/T 22—2000《归档文件整理规则》，该文件在吸收传统立卷方法合理因素的基础上，对归档文件整理的原则和具体方法作了规定，是我国机关档案工作的一次改革。

文书整理与归档是指处理完毕的、具有一定查考利用价值的文件材料，按照它们在形成过程中的联系，以“件”为单位进行装订、分类整理，并进行装盒、归档，使之有序化的过程。文件整理与归档的本质在于便于保管和查找利用文件材料，也为档案管理工作奠定了基础。

二、归档文件整理方法和步骤

归档文件整理的步骤：装订、分类、排列、编号、编目、装盒。

(一)装订

1. 整理单位　以“件”为整理单位，进行文件级整理。一般以每份文件为一件，文件正本与定稿为一件，正文与附件为一件，原件与复制件为一件，转发文与被转发文为一件，报表、名册、图册等一册(本)为一件，来文与复文可为一件。

注意：“来文”与“复文”是对联系密切的来往性质文件材料的概括性表述，也包括“去文与复文”，从文种上看，包括请示与批复、报告与批示、函与复函、通知与报告等。此类文件可以作为一件，也可以分别各作为一件，故采用“可为一件”的表达方式，“为一件”是指在实体上装订在一起，编目时也只体现为一条条目。

2. 文件修整

(1)修裱破损文件。修裱是指使用黏合剂和选定纸张对破损文件进行“修补”或“托裱”，以恢复文件的原有面貌，增加强度，延长寿命。修裱工作主要针对有重要保存价值的归档文件，无须移交进馆的档案一般保持原貌即可。

(2)复制字迹模糊或易褪变的文件。

(3)超大纸张折叠。要注意尽量减少折叠次数，同时折痕处应尽量位于文件、图表字迹之外。此外，文件页数多时，宜单张折叠，以方便归档后的查阅利用。

(4)去除易锈蚀的金属物(订书针、曲别针、大头针等)。

3. 排序　一般顺序如下：正本在前，定稿在后；正文在前，附件在后；原件在前，复制件在后；转发文在前，被转发文在后；复文在前，来文在后；汉文本在前，少数民族文字文本在后。不同文字的文本，无特殊规定的，中文本在前，外文本在后。有文件处理单的，可放在最前面。

4. 装订

(1)装订前应将“件”内的各页按一定方式对齐，便于将来翻阅利用。一般来说，采用左上角装订的，应将左、上侧对齐；采用右侧装订的，应将右、下侧对齐。

(2)装订方式和用品的选择《归档文件整理规则》中并未进行统一规定，只提出“装订材料应符合档案保护的要求”。具体选择时应考虑以下要求：①符合档案保护要求。装订用品必须对归档文件无害，不影响档案的保存寿命。装订方式应能较好地维护文件的原始面貌。②选用装订用品应尽量降低成本，装订方式应简便易行。

目前常见的装订方式除传统的线装外，还包括粘接式、穿孔式、变形材料、铆接式等。

(二)分类

《归档文件整理规则》选择年度、组织机构(问题)和保管期限作为通用的分类方法。

1. 年度分类法

(1)文件有多个时间特征的，分年度时，一般应以文件签发日期即落款日期为准，据以判定文件所属年度。取消了原有的按针对年度归类的做法。

(2)跨年度形成的文件，如召开会议、处理案件等，如跨年度，则往往统一在办结年度归档，分类时也归入办结年度。

(3)几份文件作为一件时，“件”的日期，应以装订时排在前面的文件的日期为准。

(4)文件没有标注日期(内部白头文件)，要推断准确日期或近似日期。

(5)有专门年度的分类方法，按专门年度进行。

2. 机构(问题)分类法　机构分类法与问题分类法不能同时采用，而应根据机关归档文件的实际情况选择其中一种。

机构分类法是按文书形成或处理的承办单位进行分类。一般一个机构设置一个类，机构名称就是类名。一般领导机构、综合性机构排在最前面，再依次排列各业务部门，如先排办公室，后排业务处室、后勤部门等。

实际工作中，大多参照本单位内部组织机构的职能性质来设置类别。问题分类法主观性较强，应慎重采用，特别是不要轻易打乱组织机构而先按问题分类。

3. 保管期限分类法　文件保管的具体期限。机关文书档案的保管期限定为永久、定期两种。定期一般分为30年、10年。

(三)排列

1.《规则》规定强调“事由原则”　即同一事由的相关文件应当排列在一起。按事由排列归档文件，是“遵循文件的形成规律，保持文件之间的有机联系”这一整理原则的体现。

事由是一个比较原则性的概念，界定有较大的灵活性。事由是一件具体的事、一个具体的问题、一项具体活动、一项具体工作、一次会议、一项工程、一次纠纷、一个案件等。

2. 排列方法　《规则》规定：在分类方案的最低一级类目内，按事由结合时间、重要程度等排列。会议文件、统计报表等成套性文件可集中排列。分两步：先按照事由原则，将属于同一事由的文件按一定顺序排列在一起。再采用一定的方法对不同事由的文件进行排列。

(四)编号

归档文件应依分类方案和排列顺序逐件编号,在文件首页上端的空白位置加盖归档章并填写相关内容,归档章设置全宗号、年度、保管期限、件号等必备项,并可设置机构(问题)等选择项。

1.全宗号　档案馆给立档单位编制的代号。

2.年度　文件形成年度,以四位阿拉伯数字标注公元纪年,如 1978。

3.保管期限　归档文件保管期限的简称或代码。

4.件号　文件的排列顺序号。件号包括室编件号和馆编件号,分别在归档文件整理和档案移交进馆时编制。室编件号的编制方法为:在分类方案的最低一级类目内,按文件排列顺序从“1”开始标注。馆编件号按进馆要求标注。

5.机构(问题)　作为分类方案类目的机构(问题)名称或规范化简称。归档章式样如下:

(全宗号)	(年度)	(室编件号)
(机构或问题)	(保管期限)	(馆编件号)

(五)编目

《规则》规定:“归档文件应依据分类方案和室编件号顺序编制归档文件目录”,即应按照分类、排列结果,逐类逐件编制目录,以系统全面地揭示归档文件的全貌。

编目应以“件”为单位进行,在目录中一件也只体现为一条条目。如来文与复文作为一件时,在目录中只对复文进行编目。

1.归档文件目录的项目

(1)件号。

(2)责任者　应使用全称或通用简称,不能使用“本部”、“本局”、“本公司”等。

(3)文号。

(4)题名。

(5)日期。

(6)页数　以文件中有图文的页面为一页,空白页不计。大张的文件或图表折叠后,仍按未折叠前图文的页面计算页数。来文与复文,正本与定稿等作为一件时,统计页数应将构成该件的各文件页数相加作为该件的页数。

(7)备注。

2.归档文件目录的格式　表格可用横式也可用竖式,目录封面的格式应与目录的编制方式一致。目录及封面用纸幅面尺寸统一为 A4 型。格式如下:

归档文件目录

全宗号　　　　　　　　　　　　　　10 年—2012

件号	责任者	文号	题　名	时间	页数	备注

(六)装盒

1.装盒要求　归档文件应严格按照件号的先后顺序装入档案盒。盒脊项目的设置必须与盒内文件归档章的项目相对应。

具体要求：

(1)不同形成年度的归档文件不应放入同一档案盒。

(2)不同保管期限的归档文件不应放入同一档案盒。

(3)分机构(问题)的情况下,不同机构(问题)形成的归档文件不应放入同一档案盒。

注意以下两点:应视文件的厚度选择厚度适宜的档案盒;档案盒只是归档文件的装具,不具备保管单位的作用。

2.档案盒

(1)规格　处形尺寸 310 mm×220 mm(长×宽)。厚度可设为 20 mm、30 mm、40 mm 等。

(2)档案盒　按摆放方式的不同,可以分为竖式和横式两种。从长远看,档案盒横放更有利于档案的保护。

(3)档案盒封面　使用全称或规范化简称标明全宗名称(即立档单位名),下加双横线。

(4)档案盒盒脊项目　根据摆放方式不同,在盒脊或底边设置各检索项,包括全宗号、年度、保管期限、机构(问题)、起止件号、盒号等。

注意:起止件号栏填写盒内排在最前和最后的归档文件的件号,其间用"-"连接。

(5)档案盒制成材料　要求采用无酸纸制作。

(6)备考表　放在盒内所有归档文件之后,用以对盒内归档文件进行必要的注释说明。备考表是机关档案部门对归档文件进行动态管理的有效措施。项目有盒内情况说明、整理人、检查人和日期。

秘书实务训练

大华公司是集团公司下属的一家分公司,一天,总经理指示行政部季主任查一下上半年集团总公司给本公司的"批复"件中规定的关于 WH-6 今年减产的具体数字是多少。季主任吩咐文书人员查找,结果文书人员只查到本公司要求减产的请示文件,却怎么也找不到集团总公司的批复文件,有关人员都受到了处分。

分析：

1.有什么办法可以重新得到这份文件吗？

2.该公司的文件管理存在什么问题？该如何解决？

Chapter 4

第四单元

应用文写作基础知识与技能

知识目标

1. 掌握应用文主题的表现特点与表现方法。
2. 掌握应用文对主题、材料、结构、表达的要求。
3. 掌握应用文材料的收集途径。
4. 了解应用文主题的提炼原则。
5. 了解应用文材料的分类。
6. 掌握结构内容与模式。
7. 掌握表达的方式及种类。

技能目标

1. 能够根据材料,分析、归纳主题。
2. 能够按照主题的要求,选择材料。
3. 能够分析文章的结构模式,能够对文章结构进行合理的排序,符合应用文文体的结构要求。
4. 能够根据应用文语体要求,结合实际,准确表述客观事物。

第一节　主题与材料

自学与自测

一、填空题

1.主题又称主旨，是写作主体在（　　　　）、（　　　　）或（　　　　）时，通过文章具体材料所表达的（　　　　　）或（　　　　　）。

2.应用文是为解决工作、生产、生活中的实际问题，写作者常常为完成指定性任务，代（　　　），代（　　　　），是以集体之意为主，受动性的一面较为突出，往往（　　　　）。因此，应用文特别强调因事行文，主题先行，（　　　　）。

3.应用文是党和国家、企事业单位以及人民群众为了处理各类公私事务而运用的语言载体，其主题必须符合（　　　　）。

4.应用文主题的表达要求（　　　　）、（　　　　）、（　　　　）、（　　　　）。

5.为确保应用文主题精神的知照与执行，客观要求主题内涵鲜明地凸显出来，（　　）就是应用文主题表现的特点。

6.材料对应用文的作用可以用三句话概括：材料是形成文章的（　　　　），是提出观点的（　　　　），是表达主题的（　　　　）。

二、简答题

1.简述应用文与文学作品主题提炼的区别。

2.应用文主题的表现特点与表现方法是什么？

3.应用文对主题、材料有哪些具体要求？

4.应用文如何选材？

范文阅读与训练

例文1

我在苹果公司工作时，曾有一位刚被我提拔的经理，由于受到下属批评，非常沮丧地要我再找一个人来接替他。我问他：“你认为你的长处是什么？”他说：“我自信自己是一个非常正直的人。”我告诉他：“当初我提拔你做经理，就是因为你是一个公正无私的人。管理经验和沟通能力是可以在日后工作中学习的，但一颗正直的心是无价的。”我支持他继续干下去，并在管理和沟通技巧方面给予他很多指点和帮助。最终他不负众望，成为一个出色的管理人才。

与之相反，我曾面试过一位求职者。他在技术、管理方面都相当出色。但是在谈话之余，他表示，如果我录用他，他可以把在原来公司工作时的一项发明带过来。随后他似乎觉察到这样说有些不妥，特作声明：那些工作是他在下班之后做的，他的老板并不知道。这一番谈话之后，对于我而言，不论他的工作能力和水平怎样，我都肯定不会录用他。原因是他缺乏最基本的处世准则和最起码的职业道德："诚实"和"讲信用"。如果雇用这样的人，谁能保证他不会在这里工作一段时间后，把这里的成果也当作所谓"业余之作"而变成向其他公司讨好的"贡品"呢？这说明，一个人品不完善的人是不可能成为一个真正有所作为的人的。

——摘自李开复《一封写给中国学生的信》

评析：这是一封书信，属于应用文。作者采用正反两方面实例清晰地表达主题，语言表述正确，简明，有深度。

请你阅读后指出本段话的主题并回答它是应用文主题的哪种表现方法。

例文 2　　国务院关于大力推进职业教育改革与发展的决定

一、深刻认识职业教育在社会主义现代化建设中的重要地位

二、推进管理体制改革，促进职业教育与经济发展、社会发展紧密结合

三、深化教育教学改革，适应社会和企业需要

四、采取切实措施，加快农村和西部地区职业教育发展

……

评析：这篇决定的主题完全以小标题的形式来表现的。每个层次之间逻辑严密，从认识到具体的体制改革、教育教学改革、措施等，下文则从不同方面推进职业教育。

知识提要

一、主题

(一)主题的含义

主题又称主旨，是写作主体在说明问题、发表主张或反映生活现象时，通过文章具体材料所表达的中心思想或基本观点。主旨或指行文的目的、意图；或指基本的思想、观点；或指主要问题、内容；或指解决问题的根本态度、办法、主张。主题是文章的统帅和灵魂，决定着文章的质量、价值和作用。

(二)主题的提炼

任何文章主题的形成都有一个过程，主题的形成过程也就是主题的提炼过程。应用文是为"应"付生活，"用"于实务，这一文体特点决定应用文与文学作品的主题有着明显的区别。

文学创作的动因有着明显的偶发性，甚至意外性。文学创作是以个人之意为主，是有感而发，因情生文，作者在创作过程中可以不断深化甚至修改对生活的认识，因此，文学创作反对"主题先行"；应用文是为解决工作、生产、生活中的实际问题，写作者常常为完成指定性任务，代群体立言，代组织立言，是以集体之意为主，受动性的一面较为突出，往往"奉命写作"。因此，应用文特别强调因事行文，主题先行，"意在笔先"。

每篇应用文都有其特定的写作意图，这种写作意图反映在应用文上即为一篇文章的主题。应用文主题的提炼、深化过程是在写作者与其他参与者之间进行，并不完全取决于作者

本人。应用文主题的提炼应遵循以下原则：

1.符合党和国家的政策法规　党和国家的方针、政策、法律、法规集中体现了人民的根本利益，是确立应用文主题的理论依据。应用文主题的提炼必须依据这一点，一切违背党和国家的方针、政策、法律、法规的文章的主题，都会破坏正常的社会秩序，给党、国家和人民的利益造成损害。例如，在签订经济合同时，明知合同内容违反合同法的规定，还要进行交易，这样就会造成市场经济秩序的混乱。

2.符合单位的群体意志　应用文往往是一个单位群体意图的反映，其主题必须符合单位的群众意志。一些内容重大或涉及范围较广的文章，必须符合领导集团的观点、主张和各种会议决定。如请示、报告、可行性研究报告、招标投标文书等；各种规章制度，要事先发提纲、草稿，听取各方面的意见，修改后再正式成文；写作者个人在写作过程中有所思考，有所发现，如涉及相关部门领导及人员，一般要征求对方意见。总之，应用文主题的形成要经过自上而下或自下而上等几个环节的斟酌、推敲和检验。所以提炼应用文主题的过程具有复杂性。

3.符合工作客观实际　应用文是党和国家、企事业单位以及人民群众为了处理各类公私事务而运用的语言载体，其主题必须符合客观事实。应用文主题的提炼必须从现有的材料出发，结合实际，如实地反映情况，遵循客观规律，对客观事物做出正确的判断，切实地提出解决问题的观点、方法和措施，使主观符合客观，思想符合实际。

(三)主题的要求

应用文主题的表达要求正确、集中、深刻、鲜明。

1.正确　主题正确，这是应用文写作最基本的要求，也是最终的要求。所谓正确，是指符合党和国家的方针政策、法律法规，符合客观实际情况，正确反映揭示事物的本质规律。其提出的观点、意见，采取的办法、措施要求合理、现实，经得起实践检验。如某企业要上一个大型的建设项目，必须对这个项目的各方面条件进行可行性研究，对承接单位的资金、设备、人力、技术水平等多方面做出正确的评估，对产品的消费市场做出准确的预测。

2.深刻　是指文章能够透彻地揭示事物的本质，准确反映客观规律，善于抓住问题的要害，具有深刻的思想意义和丰富的内在意蕴。如写作财经新闻，要求报道的内容是能够推进社会发展的方案，要能够揭示事物隐含的最有价值的思想意义。特别是通讯、调查报告、总结等应用文体对主题深刻性的要求更高。

3.集中　是指应用文的主题要单一，一篇应用文只能有一个基本思想，重点要突出。清·李渔："宾可多，主无二，文之道也。"公文是代表国家机关、团体、组织说话，坚持公文一文一事。主题集中，人们才知道应该贯彻什么，执行什么，制止什么等，由此才会提高办事效率。如果应用文所传达出的信息呈现多向性，其语言材料就会夹杂不清，使读者无从把握。

4.鲜明　是指应用文表达的观点清晰明确，直截了当。首先，应用文是以实用为目的，具有现实的针对性，是有的放矢的立言表意；其次，作者的态度要鲜明。作者赞成什么，反对什么，提倡什么，禁止什么，都必须明确地表达出来；第三，用语要显明，直述不曲，使读者易于理解和执行，不然就会给实际工作造成不良影响。

(四)主题的表现特点与表现方法

为确保应用文主题精神的知照与执行，客观要求主题内涵鲜明地凸显出来，直白显露就是应用文主题表现的特点。应用文的实用性决定其主题必然直接陈述，无须隐晦。故开门见山，直奔主题，是应用文表现主题的最佳方法。常用的主题表达方法：

1.标题现旨　在应用文写作中，用标题来揭示主题，是应用文突出主题的重要方法之一。行政公文、调查报告等文种常采用这种方式。如《国务院关于控制城镇房屋拆迁规模　严格拆迁管理的通知》(国发〔2004〕46号)，这篇公文的标题中“控制城镇房屋拆迁规模　严格拆迁管理”就直接点明了主题，让人一看就大致明白了文章的主要内容，主题十分显露。

2.开门见山　这种方式是在文章的开头或每一段落的开头用简短的语句陈述主题，使主题凸显出来。开门见山有两种形式：一是使用关键句。在应用文中明白准确地表达主旨的句子叫主旨句。公文中常以介词结构“为了……”作为特征。二是不使用专用语，直接阐明作者的意图、主张或基本观点。

例1　浙江省人民政府关于防治“非典”期间对部分行业采取扶持政策的通知

为了减轻“非典”疫情给省部分行业的生产经营所带来的影响……结合本省实际情况，省政府研究决定，在防治非典期间，对部分行业采取扶持政策。

例2　卫生部、财政部、农业部
关于建立新型农村合作医疗制度的意见

建立新型农村合作医疗是新时期农村卫生工作的重要内容，是实践“三个代表”重要思想的具体体现，对提高农民健康水平，促进农村经济发展，维护社会稳定具有重大意义。

3.片言居要　出自陆机的“立片言以居要，乃一篇之警策”，意思是说写文章时概括出一句重要的话语，并把它放在关键之处，作为全文的纲领眼目，这是使文章主题明确的一个诀窍。片言往往是一句话概括出层次或段落的观点，它常处在段首、段尾或章节转折之处。

例3　民主　服务　稳定——济南市提升城市社区建设水平的调查

随着社会转型和体制的转轨，城市社区建设在我国社会发展过程中的重要作用日益凸显。完善城市社区自治，已成为解决社会转型期所产生的新矛盾、新问题，提高社会整合能力，维护社会稳定，促进社会发展的一条行之有效的途径。几年来，济南市委市政府结合济南经济发展的实际，把加强城市社区建设作为一件大事来抓，从2000年6月开始，经历了部署启动阶段、全面推进阶段和深化拓展阶段。在各个阶段，始终以民主、服务、稳定为目标，采取一系列有效的措施强化城市社区自治功能，推动了社区建设的健康快速发展，使济南市社区建设取得了显著成效。

这是一则调查报告的开头，段尾的主旨句领起全文。

4.篇末点题　这种方式是在文章的结尾之处点明文章主题。在篇末提出请求、建议、处理意见，归纳观点。行政公文的请示多在篇末提出具体的请求，调查报告常在篇末提出具体的建议或应对措施，如学术论文《金融不是虚拟经济》在篇末写道：

所以，与一味地强调“严格控制金融的发展，管住金融业”的思路相比较，建立一个发达的金融市场和公平、公正、有效的金融监管体系是一种更为积极的金融发展战略，一种更为有效的防范金融风险的方法。或许我们的全部讨论的意义就在于此。

这是对文章主题的篇末归纳。篇末点题，归纳主旨，有利于文章的收结，也能强化读者的阅读印象。

5.小标题贯通式　用小标题揭示主题是把文章分解成几个部分，每部分由小标题概括领起，每个小标题皆从不同方面、不同层次对主题加以揭示。如果说篇首点明主题是点明文章的“纲”，那么，以小标题揭示主题则是揭示文章的“目”。用小标题揭示主题常见于内容复杂、篇幅较长的文章。常见于市场调查报告、学术论文、经验总结等。如经济通讯《抱团消费：想说爱你不容易》开篇点明主题：“近来，汽车‘团购’再一次成了被人关注的焦点。不过，记者也听到了越来越多的反对的声音。”接着，作者便分四部分用四个小标题揭示四方面的反对声音。这四个小标题如下：

消费者：行动成本太高

经销商：最终损害消费者利益

生产厂家：会引起行业恶性竞争

业内人士：要走出“团购”的误区

二、材料

(一)材料的含义

所谓材料，是文章作者为了某一写作意图，从现实生活和文字资料中搜集、摄取的生活事实和理论依据。材料有广义、狭义之分。广义的材料是指动手写作之前搜集到手、未经整理加工的大量生活事实和理论知识，又称依凭材料；狭义的材料是指经过作者选择而写进文章中，作为文章内容并用来表现主旨的生活事实和理论依据，又称摄入材料。

材料是应用文的基本要素之一。如果说主题是文章的灵魂，那么材料则是文章的血肉。材料对应用文的作用可以用三句话概括：材料是形成文章的基础，是提出观点的依据，是表达主题的支柱。而充实的材料，会使主题得到充分的体现。

(二)材料的分类

从文章写作的角度给材料进行综合分类，划定其归属，反映出材料的不同性质、特点，以便于记录、存储、整理和选用。根据不同的标准，应用文的材料大致有以下几种分类方式：

1.按材料的特点分类

(1)事实材料　客观存在的具体事物、情况或是书籍报刊中记载的具体事实，如经济活动、经济事件、统计数字等。

(2)理论材料　来源于实践，或在实践中验证了的观念，包括理论、政策、法规、原理、定理、定义、格言、谚语等。此类材料多为文章开头处采用。

2.按材料的来源分类

(1)直接材料　又称第一手材料，为写作者亲自观察、调查和亲身体验获取，而非别人转述、转引而来的。应用文非常重视直接材料，例如，市场调查报告，若作者不亲自参与，实地考察，反映情况的真实度便大打折扣。

(2)间接材料　阅读书报，检索文献资料，或由他人提供第二手资料，可作为直接材料的补充。间接材料在写作中是不可或缺的，使用时要尽可能认真查对，防止以讹传讹。

3.按材料的范围分类

(1)综合材料　也叫面的材料，把一些同类的个别材料加以集中、归纳，从而反映事物整体概况的材料。

(2)个别材料　又叫点的材料或典型材料，是反映具体事实的单个材料，但它不是孤立地只反映个别情况，而能代表一般的反映事物本质的材料。

综合材料反映事物的广度，个别材料反映事物的深度。两种材料结合在一起，能增强问题解决的力度。

4.按材料的性质分类

(1)正面材料　具有积极、先进、经验性的特点，可供表扬、褒奖的材料，如总结中用来反映成绩、经验的材料。

(2)反面材料　具有消极、落后的特点，用来吸取教训的材料，如某中队在一份公文中写道：

对于新三大条令，一中队雷厉风行，认真贯彻落实，进步快，效果明显。三中队反应迟钝，贯彻落实抓得不紧，不但没什么进步，反而有退步的迹象。

此例一正一反，组合使用，对比强烈，使文章的观点更有说服力。

5.从材料的详略分类

(1)具体材料　具有翔实生动的特点，反映局部与细节，能给人以具体印象，对于理解事物的深刻性有一定的作用。

(2)概括材料　具有笼统简约的特点，重在勾画轮廓，能给人以总体印象，对于把握事物的全面性有一定的作用，如《××师特招大学生干部情况的报告》：

大学生干部在谈到入伍初衷时，除了有人想到部队接受锻炼、干一番事业外，90%的学生都不回避有“自我设计”：有的想到能充分发挥知识优势的机关或科研单位，有的想以部队为“跳板”继续深造，还有的感到地方政府机构改革、许多企业不景气等，难以找到合适的单位，准备先到部队“观望”几年再说。如清华大学毕业的双学士冯连亭尽管学的是热门专业，不乏条件优越的单位接受，但他最终选择了军营……

以上材料两方面组合运用，使作者的观点突出，既简练又有力度，具体材料详翔实充分。

6.按材料的时间分类

(1)历史材料　距离写作时间较远，反映过去情况发生、变化的材料。

(2)现实材料　距离写作时间较近，反映事物现状和结果的材料。

为了深刻认识一个事物，就必须把现实材料和历史材料结合起来，以便了解事物的全过程，通过对比分析找到解决问题的方法。

(三)材料的收集

21世纪是知识经济时代，社会成员应具有较强的信息收集、整理、加工、开发和运用的能力。只有具备了信息处理和运用的能力，才能在政治、经济、文化等领域更好地完成本职工作。在写作实践的过程中收集材料，正是培养信息处理能力的需要。收集材料的主要途径有三种：从日常生活中观察感受；从调查采访中收集储存；从文字资料中采集积累。

1.观察感受　观察的目的是获取信息，积累感性材料，为写作创造条件。观察的方法有：

(1)整分观察法　即由整体到局部再到整体对客观事物进行观察，以掌握某一社会现象、社会活动的全貌和它的内在联系。

(2)横向观察法　即把多种相近、相关甚至相反的工作情况、经济现象作比较观察，以判明某一工作情况或现象的特征，从而得出正确的结论。

(3)纵向观察法　即从不同的时间、地点对同一社会现象和事物情况作跟踪观察，以了解它的发生、发展和变化情况，从而把握其规律。

(4)全方位观察法　即对某一现象或情况从不同角度、不同侧面、不同层次进行观察，以了解它的发生、整体面貌和构成状态，把握其中的种种关系。

观察不仅要用眼睛看，还要用心去感受和体验，用心去思考。这样获取的材料不仅是感性的，而且也是理性的，是通过理解所积累的第一手材料。

2.调查研究　调查采访的目的是有目的地、有对象地深入实际进行观察并向有关人员了解询问有关情况，积累第一手材料。写作财经应用文，调查是必不可少的步骤，如市场调查报告、市场预测报告需在调查之后，才能动笔。调查的方法多种多样，常见的有：

(1)正面调查和侧面调查相结合　调查采访既要从正面接触调查对象，也要从侧面间接了解调查对象。从侧面调查时，接触面要宽，既要找持赞同意见者，也要找持反对意见者。调查面越宽，了解情况越多，就越能对调查对象做出准确的评判。

(2)开调查会和个别访问相结合　开调查会要注意两点：一是参加人员不宜过多；二是主持人要善于启发引导。有些在调查会上不易得到的情况须通过个别访问，作深入了解。个别访问要以诚相待，以打消对方顾虑，说出真情。

(3)调查情况和分析研究相结合　对调查获取的材料要认真分析研究，如发现问题，应及时补救，调整方法，把调查采访步步深入下去。

(4)收集主要事实和细节材料相结合　调查采访在获取主要事实的同时，也要注意积累有关数字、人物语言、环境场面等细节材料，以备后用。

3.积累查阅资料　查阅资料主要是通过阅读书籍、报刊、各种文件等文字资料采集积累。资料存储的方法：一是在网上查阅的信息，按关键词、作者姓名转入个人信箱或文件夹存储。二是从各类书、报、刊上查阅的资料，采取卡片式摘要、提纲式摘录等方式，将获得的资料分类保存。

以阅读的方式采集积累资料，通常有两种情形：一种是有了明确具体的写作意图或写作任务后，再去收集材料，是现用现收集。另一种是平时的日积月累。作者往往根据自己的工作性质、工作任务、业务范围、阅读兴趣，有计划地长期坚持收集材料，积累材料，这样收集积累的材料，量多面广，不仅为今后的文章写作打下基础，而且在收集阅读中增长了见识，提高了分析鉴别能力。

在阅读中采集资料要注意两点：一是阅读面要宽。阅读面宽，视野就开阔，积累的知识和材料就丰富；二是注意分类整理。阅读要养成剪存抄记资料、写读书笔记的习惯。

(四)选择材料的要求

选择材料直接关系到主题的表达与文章质量的好坏。应用文选择材料要求如下：

1.选择材料要切题　切题，就是围绕主题，根据文章主题的需要来决定材料的取舍。要把那些与主题联系紧密的材料，能够有力地表现、说明主题的材料作为重点，用好写好。对此，俄国一位作家有一个很生动形象的说法，他认为要在大理石上刻出人脸来，无非就是把这块石头上不是脸的地方都剔掉罢了。这里所说的“不是脸的地方”，就是与主题无关的材料。

2.选择真实准确的材料　真实就是实有其人，实有其事，所叙述的现象、事例、数据、问题都是生活中的客观存在，经得起核查，它能反映事物的本质。

值得注意的是，有的材料从它本身孤立地看是真实的，是客观生活中发生的真人真事。

但透过现象看本质，这个真人真事未必反映了生活的本质。如一份反映某校积极开展勤工助学的简报，选用了教师上街卖冰棍这个事例。这个个别的、偶然的现象没有反映出学校的本质，所以不能够作为真实的材料。

所谓准确，就是可靠无误，数据要准，事件要准，如某县一个工作总结的初稿写道：

新中国成立以来，我县的教育事业发展很快。不但办起了中、小学，还办起了中专、技校，甚至大学；在校学生人数已占全县人口的1/4，专职教师已逾两千。还聘请了不少有实践经验的兼职教师。全县乡级以上领导干部和科技人员中，80%是新中国成立后的学校培养出来的。

后来改为：

新中国成立以来，我县的教育事业蓬勃发展。新中国成立前，全县仅有一所中学、十几所小学，现在已有小学635所、普通中学40所、职业中学4所、中专技校10所、高等学校4所；各级各类在校学生已达23万人，专职教师共2 300多人；适龄儿童入学率达99.6%，全县1980年已普及初等教育；幼儿教育、特殊教育、成人教育也都有较大发展。

很明显，为了说明“我县教育事业蓬勃发展”这个论点，两段例文选用的材料优劣显见。前一段例文中，办起了各类学校这个材料模糊，在校学生数占总人口的比例也不能准确说明观点，最后一句虽然生动，但并不能针对观点说明这是该县教育的成绩，整个材料也显得单薄。而后一段例文中，选用的例文比较具体、准确、充实，给人以清晰深刻的印象。

3.选择典型材料　所谓典型，就是指能揭示事物本质，具有广泛代表性和强大说服力的材料。收集材料时要以十当一，选用材料时要以一当十。典型材料可以是一个具体的事例，一些有说服力的数据和一些带有普遍性的现象。如市场调查报告《“小解放”为何俏销湖北》，在说明“优质服务获得良好口碑”这一经验时，采用了这样一则事实材料：

去年10月的一天傍晚，河南省郑州市某单位的一辆小解放牌车在去广州途经武汉时，在武汉黄鹤楼处出现问题，求助电话打到了该销售中心，中心经理立即亲自带队迅速赶到现场，发现该车是用户对后驱动桥端面螺丝没拧紧而发生齿轮油漏尽，导致差速器锥齿烧损。当维修人员在后半夜将修好的车交给用户时，用户激动地说：“虽然我们不属于该省管辖，又没带保修手册，并且问题又是因我们使用不当所致，你们还这样及时周到的服务，太让我们感动了！‘小解放’走到哪服务到哪，此言不虚，以后再买车，还买‘小解放’”。

这一材料就是一则很能表现主题的材料，是典型的材料。

4.选择生动新颖的材料　所谓新颖，指材料新鲜而有创意。应用文的材料新颖有两层含义：一是指材料本身新颖，是指那些反映客观事物的发展变化趋势、说明客观事物的最新面貌、回答现实生活中人们最关心的、最迫切的问题，即反映新人、新事、新成果、新数据、新经验、新思想等；二是指对旧材料的活用，即突破固有的思维定式，从不同角度揭示材料的意义，使老树开新花。材料新颖，具有时代气息，新鲜异活，就能增加文章的魅力，吸引读者。如：

《法警背起生病被告》一文中，通过一位法警背一名戴手铐行走不便的生病被告出庭的新奇事件，来反映我国司法体制改革的方向和进程，有效地传递出了深层次的理性信息，这篇文章不失为一篇宣传中国人权现状的好报道。

《做一天和尚撞一天钟》一文，将“和尚撞钟”释为“尽职”、“认真”之意，认为对此“不但不应指责，相反应该提倡”，“假如每个人都能像和尚那样，一丝不苟地尽到了自己的职责，我们周围就没有那么多渎职现象了”。这是从新的角度活用旧材料，用新的方法研究旧材料，从而化腐朽为神奇，给读者以富有时代精神的新启示。

写作技能训练

一、阅读下面这则信息，并从给出的选项中选出一项填在括号里作为此文的标题，以彰显其主题

（　　　　　　　　　　　　　　）

最近日本商人发现在一些缺水的阿拉伯国家水比油还贵，于是他们经过反复研究，找到一种比出口淡化海水更简单更省钱的方法：出口雨水。从多雨的日本海接到雨水，用轮船运到阿拉伯国家，多种费用加在一起，每吨成本不到 1 美元，赚头可观。第一个接受这种特殊商品的是阿拉伯联合酋长国，该国计划每年进口 2 000 万吨雨水用来灌溉和开垦荒地，种植农作物。

为了保证出口雨水的质量，防止污染，日本三菱公司还专门成立出口雨水的专业公司。日本专家还研究出了一种清除轮船内石油废渣的方法，利用油轮运载雨水，往返不空驶，大大降低了出口雨水的成本，增加了外汇。

选项：

A. 阿拉伯国家水比油还贵

B. 日本研究出保证出口雨水质量防止污染的方法

C. 出口雨水，赚头可观

D. 进口雨水用来灌溉农田

E. 开动脑筋，科学经营

二、情境写作：在来到学校的第一次班会上，同学们踊跃发言，作自我介绍，你怎样更好地介绍自己呢

要求：

1. 一定要有特色地展示自我，给人留下深刻的印象。

2. 要准备哪些材料，时间 2 分钟以内。

第二节　结构

自学与自测

一、填空题

1. 结构，即文章的组织方式和内部构造。通常也称（　　　　　）、（　　　　　）。是作者（　　　　）和（　　　　　）相结合的产物，它既是文章内容的重要表现形式，也是作者思路在文章中的具体体现。

2.结构要素包括(　　　　)、(　　　　)、(　　　　)、(　　　　)、段落、过渡、照应等。

3.应用文常见标题有(　　　　)、(　　　　)、(　　　　)、(　　　　)。根据标题的多少分为(　　　　)和(　　　　)。

4.常见的应用文开头方式有:(　　　　)、(　　　　)、(　　　　)、(　　　　)(　　　　)、(　　　　)等。

5.应用文常见的主体结构模式有以下几种:(　　　　)、(　　　　)、(　　　　)、(　　　　)(　　　　)、(　　　　)等。

6.应用文大致有以下几种结尾模式:(　　　　)、(　　　　)、(　　　　)、(　　　　)、(　　　　)等。

二、简答题

1.应用文如何构思全文?

2.应用文结构应遵循的原则与要求有哪些?

范文阅读与训练

例文1　　关于××同志擅离职守造成火灾事故的通报

×发〔2004〕4号

2004年4月2日晚,××家具厂青年工人××在木材烘房值班时违反"值班人员不得离开烘房"的规定,同另外三名青年工人到远离烘房××米的传达室打牌。由于火势无人控制,逐渐增大,于××时××分发生火灾,烧坏木材××立方米,造成直接经济损失××万元。

经调查证实,这次事故纯属××同志擅离职守造成的。厂里已决定给予其行政记大过处分,并责其赔偿经济损失××万元。为了从中吸取教训,现在全局予以通报。希望各单位加强对职工进行岗位职责、劳动纪律、安全生产的教育,严格各项规章制度的贯彻执行,以防止类似事故的发生,确保国家财产和人民生命的安全。

××市××区工业局(印章)

二〇〇四年四月二十日

评析:这是一份(　　　　)。主题是(　　　　　　　　)。围绕这一主题,从结构方面安排,应先写事故发生的经过,侧重写原因;然后分析原因,说明处分决定;并提出要求。

例文2

我一生有三幸。第一幸,我是中国人,是中华民族的一个成员。中华民族是世界上最为悠久的民族,她对世界的文明做出了巨大贡献。第二幸,我身处当代,经历了新、旧两个中国,又跨越了两个世纪,是中国动荡、发展、迈进的目击者和参与者,而且始终是社会进步力量的成员。第三幸,我是一名教师。教师是阳光下最灿烂、最神圣的职业。在这个岗位上,我结识到了尊敬的师友,这是我的幸运。

——选自景克宁《八十寿辰座谈会上的即兴演讲》

评析:这段致辞,作者把漫长的一生用充满深情的三句话加以概括,首先用一句话领起一段。然后每一句话都表达出作者的情感。一是表达了对祖国的深爱之情;二是见证并参加了祖国的发展、建设;三是热爱教师职业。即兴演讲是有感而发的讲话,所以构思的过程要快,而且语言表达精练,并充满感情、哲理。

知识提要

一、结构与要求

(一)结构的含义

结构,即文章的组织方式和内部构造。它是文章部分与部分、部分与整体之间的内在联系和外部形式的统一。通常也称布局谋篇、篇章结构。它是作者思路和事物客观规律相结合的产物,是文章内容的重要表现形式,也是作者思路在文章中的具体体现。

(二)结构的原则与要求

一篇好文章,结构所起的作用功不可没。布局谋篇是每一位应用文撰写者下笔前面临的一个基本问题,它对全文的成败起着关键的作用,因此,应用文的结构安排应遵循以下原则:

1.符合客观规律和人们的认识规律　客观事物自有其发展、变化的规律,人们对客观事物的认识也有一定的规律。所以,应用文的结构必须遵循这两条规律,反映客观事物的内在联系。

2.为主题服务　应用文的结构必须为主旨服务,主旨是全文的“纲”,它统帅全篇,能突出表现主旨的结构才是好结构。

3.不同的文种必须有其相应的结构　应用文因其使用的范围、条件、对象的不同,结构形式也不相同,在写作时应该注意这些不同文种的结构特点。

综上所述,应用文在结构安排上有三个方面的要求:

1.突出主题　主旨是贯穿全文的“线”,应用文的结构要有助于突出主题,这主要表现在应用文的写作规范上。它一般在标题或开头点明主旨,再围绕主旨安排层次和段落,有的还在结尾加以总结,升华主题,照应开头。

2.要求要素完整　应用文要求各组成部分必须完整,不能省略或缺漏。要求齐全,开头结尾,过渡照应,不可或缺。

3.符合文体特点　各种应用文都有符合自身特点的格式,不能随意混用。例如工作报告、会议纪要等陈述性文体,大多根据管理活动、管理对象的发展变化及特征来组织文章结构;行政法规、合同和协议书等文体,侧重说明根据、规则、措施,常用条款式、表格式组织结构;调研报告、学术论文等说理性的文体则要运用论据对论点进行论证,其结构一般按提出问题、分析与论证问题、解决问题的次序组织。

二、思路与构思

写作过程是思维的过程,写作者思维运行的路线反映到文章中,就是思路。思路在文章中的表现形态是把文章的全部材料连接成一个有机整体的基本脉络。按照这个思路写作,就形成了文章的篇章结构。作者的思路如何，直接影响着文章的结构，思路严密清晰，文章才可能贯通流畅，井然有序。所以，安排结构，首先要理清思路，需要对文章主题的确立、材料的选择、框架的构建等进行周密思考，这就是构思。

构思应做到三步：

第一步，考虑写什么。目的是使主旨进一步明确，即为什么写，要解决什么问题。

第二步，构思怎么写。它包括定体、布局、择法。首先，定体是根据主旨考虑选择、优化应用文的文体，构思时在确定一种文体后，再根据要求继续运思。其次，布局，又称结构，是应用文的合理架构，其本质是客观事物的内在联系与主体的写作主旨，以及应用文不同的文体特征在文中统一的集中体现。从表现形式看，布局时就应明确其开头、主体、结尾，以及段落、过渡、照应等细处，要体现应用文的完整性。最后，择法就是选择表述的方法、技巧。应用文的结构方法、表达方法，因文体而异。在行文的过程中要结合实际，选择恰当的方法。

第三步，编列提纲。提纲可列简短的词语提示层次段落，作为全篇的轮廓和导引即可。或者编列详纲，将大小标目，各部分、各段落的内容概要安排好，形成一个准备好的对位材料的框架结构。

三、结构要素与模式

从写作过程来看，结构的安排在应用文中占有及其重要的地位，结构安排的好坏是应用文写作成败的一个关键因素。结构的模式化是应用写作的一大特点。模式是某种事物的标准形式或使人可能依照的标准样式，它是一个相对固定的范本。文章结构虽然不会千篇一律，但各种结构所包含的基本要素是一致的，这些要素因不同的文体有不同的表现形式及要求。从外观样式看，结构分为文字式、表格式、文表结合式；从段落的多少看，分为单层式和多层式。本文主要从结构内容看，结构要素包括标题、开头、主体、结尾、段落、过渡。

（一）标题模式

应用文常见标题有公文式、文件式、文章式、文种式。根据标题的多少分为单标题和双标题。

1. 公文式标题　由制发机关、事由、文种三部分组成，可分为完全式公文标题和非完全式公文标题。常用于行政公文。如：

《共青团××市委关于要求补助××青少年活动中心设施添置费的请示》，属于完全式公文标题，要素齐全。

《关于加强和规范禽流感防治工作的通告》，属于非完全式公文标题，本标题省略了制发机关。

2. 文件式标题　由单位名称、时间、内容、文种四部分组成，在不同的文体中可以省略单位、时间，常用于事务文书、经济文书，如：

《××公司 2009 年度营销计划》

《××市农产品市场调查报告》

3. 文章式标题　概述文章内容和主要观点，常用于消息、学术论文，如：

《平常心乃投资理财之本》

《转变观念从小做起　擦鞋店也能做成连锁店》

《本市手表销售是继续下降，还是回升?》

4. 文种式标题　直接以文体为标题，如通知、启事、借条、申请书。

根据标题的多少分为单标题和双标题。单标题要准确、简要地反映文章的核心内容、中心观点或主要问题，双标题一般由正题和副题两部分组成，正标题往往揭示文章的主要内容或基本观点，副标题则从某方面对正题进行补充说明。常用于论文、调查报告、新闻等文体。如：

《"长江"资金管理模式——武汉均县电厂用活资金的调查》

(二)开头模式

文章开头即作者立言之始，是展开主题的起点，是文章的有机组成部分。应用文不同于文学作品，"进门向壁，曲径通幽"，而是开门见山，下笔入题。常见的应用文开头模式有概述式、交代式、结论式、提问式、表态式、致意式。

1. 概述式　这是应用文写作中较为常见的方法，直接写出基本情况，主要问题或工作的大致进程。多用于总结、调查报告、会议纪要等文体。

××地区税务局关于2007年税收宣传月工作情况报告

今年4月是第16个全国税收宣传月。我局根据省局统一部署和要求，以机关作风教育整顿活动为契机，紧紧围绕"依法诚信纳税，共建和谐社会"这一主题，在宣传手段多样化、主体多元化、内容典型化、效果明显化上下功夫，以简朴的形式，较大的效应，求新、求变、扎实地开展一系列内容丰富、形式多样的宣传活动，形成强大的税收宣传声势，为全面推进税收工作的开展营造了良好的外部环境。现将我局2007年税收宣传月活动情况报告如下：

本文概述式开头的优点在于直接写出工作情况与取得的成绩，使读者有一个总的要领、印象，起到提纲挈领的作用，为正确理解主体部分打下基础。

2. 交代式　交代撰写应用文的依据，包括交代目的、原因、背景、意义、根据等，是行政公文、计划等文体最常见的开头方式。我们分别举例说明。

(1)目的式　交代撰写应用文的目的。它要求作者用简洁的语言说明撰写该文的目的。常用"为"、"为了"等介词来组织句子。这一模式常被计划、方案、通知、经济合同、制度类文书等所采用。

××省关于扶持少数民族地区旅游业发展的意见

为充分发挥少数民族地区旅游资源和区位优势，推动少数民族地区旅游业快速、健康、持续发展，促进我省少数民族地区经济发展和社会进步，提出以下意见：

这样的开头通过"充分发挥、推动、促进"三个关键词领起，直接阐述行文目的。

(2)原因式　交代撰写应用文的动因和理由，直接阐明开展某项工作的条件、必要性。常用"因为"、"由于"、"鉴于"等词语。

关于在承包任务时必须承包安全生产的通知

由于全体干部职工的努力，2002年我厂在安全生产方面取得一定的成绩。但存在不少问题，有些部门在接受厂外加工任务时，由于未承包安全生产，只赶任务而忽视安全生产，造成了职工手指折断和设备部件坠落等事故。根据市人民政府和市机械工作管理局关于"承包各项任务时，必须承包安全"的指示精神，结合我厂的具体情况，特作如下规定：

(3)背景式　阐明撰写应用文的背景，加强读者对取得工作业绩的理解，为下文做了明确铺垫。

×× 公司 ×××× 年生产工作总结

×××× 年是公司与美国 JDG 意向合作进入最后签约阶段的一年。国际化合作的背景变化影响到公司体制改革、生产标准国际化、生产线复杂多样化等诸多变化。对我们生产部来说，变化和挑战也是巨大的。在这种背景下，我们的工作取得了很多成绩，也存在着一些问题。现将一年来的情况分述如下：

用简练的语言写明了×××× 年复杂而又有挑战性的工作背景。

(4)意义式　阐明意义是强调所开展工作的重要性。这一模式常用于公文的开头。

关于加强同发展中国家经贸关系的若干意见

大力加强我国同发展中国家的经贸关系，扩大相互之间的经贸合作与交流，对增加我国国民经济发展的动力和后劲，落实“走出去”的开放战略，维护我国国家利益和安全，促进祖国统一，支持和帮助发展中国家发展经济，推动建立国际政治经济新秩序，具有十分重要的战略意义和现实意义。

(5)根据式　阐明撰写应用文的依据，加强读者对主体内容的理解，从而提高办事效率。常用“根据”、“据”、“按照”等词语。

关于二〇〇一年正常晋升工资和
离退休人员增加离退休费的实施意见

根据浙江省人事厅浙人薪〔1997〕241 号文件第五条和全省工资会议及人事厅领导讲话精神，结合我市实际提出如下意见，请贯彻实施。

交代式开头的不同方式有时综合运用在一篇文章的开头中，有表目的之后写做法，现状之后写目的，有根据、目的等几种内容组合在一起。

千名企业家培训工程实施方案

为认真落实省委、省政府主要领导“关于加强新型企业家队伍建设”指示精神，根据《××省人民政府关于加强新型企业家队伍建设指导意见》(×政发〔2007〕3 号)，努力打造新型企业家队伍，推动企业管理升级，提升企业软实力，促进企业不断发展壮大，决定实施“千名企业家培训工程”。现制定如下方案：

“为”表明方案制定的目的，“根据”表明依据，方案目的细化，语言简洁、写作规范。

3. 结论式　在应用文开头直接点明作者的看法、观点，得出结论。总结、可行性分析报告、市场调查报告等都常采用这一方式。

扩大就业是改善民生的根本之策
——对金融危机冲击下我市保就业保民生的调研与思考

就业是民生之本。去年下半年以来，受国际金融危机的冲击，我市经济出现下行态势，使本来就严峻的就业形势更加逼人。今年 3～4 月份，我认真调研和走访了一些企业、院校以及人民群众，就业问题已成为一个重大的民生问题、突出的社会问题、潜在的稳定问题，党和政府为之忧心，社会各界为之关心，广大求职者为之焦心。

4.提问式　在文章开头提出切合实际的问题，引起读者的注意。

核心竞争力——企业制胜的根本

在激烈的市场竞争中，一个企业制胜的根本是什么？为什么有的企业能长盛不衰，有的企业只能成功一时，而有的企业却连一点成功的机会都没有？笔者一直为这些问题所困惑。

5.表态式　在公文的开头表明作者的态度。

国务院办公厅转发水利部关于加强嫩江松花江近期防洪建设若干意见的通知

水利部《关于加强嫩江松花江近期防洪建设若干意见》已经国务院同意，现转发给你们，请认真贯彻执行。

6.致意式　贺信、感谢信和讲话稿多以这种方式开头，目的是给人以亲切感，渲染气氛。

××副市长在“五一”房地产博览会上的讲话

各位来宾、同志们：

五月的××，花团锦簇，激情飞扬。在这美丽的东方湿地之都，在这迷人的鹤舞鹿鸣之乡，××市区“五一”房地产博览会隆重开幕了。我谨代表××市人民政府，对本次房展盛会的顺利举行表示热烈的祝贺！对辛勤工作的全体组委会人员表示亲切的问候！向光临展会的各位来宾、各界朋友表示热烈的欢迎和衷心的感谢！

在实际写作中，开头方式灵活多样，除上面所讲的几种方式外，还有比较式开头、引用式开头等多种方式，这里只介绍至此。

(三)主体层次模式

应用文主体部分的结构安排要充分考虑到材料对主题的表现，考虑到材料本身的内在逻辑关系。应用文的主体要以层次、段落的形式安排材料，反映内容。

层次是文章思想内容的展开次序。它体现作者的思路，一篇文章的内容是否具有逻辑性，是否能恰当地表现主题，主要看层次的安排是否合理。

应用文结构模式，习惯上统称叫纵式结构和横式结构，我们采用较为具体的说法。常见的有连贯式、递进式、并列式、因果式、独段式、综合式六种。

1.连贯式　这是一种按照管理工作的阶段和事件发生的时间先后为序的方法。各类事故报告，举办庆祝、纪念、竞赛等活动，进行情况总结，都适宜于采用这种方法。这种结构常用于内容单纯、叙事性强的文种，如：

某单位《××关于市新华书店书库重大火灾事故的报告》，在介绍火灾发生、蔓延到扑灭时，就采用了连贯式，简明地反映了火灾事故的全过程。

某单位撰写的《××公司试行全员劳动合同制工作计划》，其主体部分就是按照工作发展阶段的层次来安排结构的。它的结构提纲是：一、准备阶段；二、实施阶段(签订劳动合同)；三、总结完善阶段。

2.递进式　递进式是安排结构时以逐步深入的事理关系为序，从提出问题、分析问题到解决问题，环环相扣，步步深入，或者从表象到实质，层层推进，或以点带面，提高升华。这种结构方式的条理性依赖于事物内在的逻辑关系，如：

《关于重庆市巫山县部分乡镇铲苗种烟违法伤农事件调查报告》，这是一篇揭露问题的调查报告，结构首先叙述"铲苗种烟，违法伤农"这一事件的基本情况，然后深刻分析了发生事件的经济和政策方面的原因，最后调查组提出对这一问题的看法。

3. 并列式　并列式也称横式结构，是安排材料时按并列关系，横向展开，或以空间方位为顺序，或按事物本身的结构组成划分层次，依次交代。如产品说明书。有的是一个问题的几个方面，有的是一种事物的几种存在形式，有的是一个部门的几个典型，这些方面、形式、典型之间存在一定的联系，形成应有的条理性。并列式结构是应用文较常用的结构模式。

关于住房装修情况的市场调查

一、消费市场：房屋装修需求量大，居民支付能力有限。

二、供给市场：装修公司是主力军，质量服务尚待加强。

三、房屋装修：不同家庭各具特点，装修材料选择不一。

这种结构方式是以调查报告的主要问题为主线来安排主体部分的内容，在每一个问题中结合调查的有关情况进行详细分析。这种结构易于作者掌握，也便于读者把握文章的整体内容。

4. 因果式　因果式结构是以事物之间的逻辑关系为序，侧重揭示事物产生原因，在写作中把事物的前因后果分析清楚。

塑料薄膜充气玩具为何如此畅销

结构提纲：结果，塑料薄膜充气玩具热销。原因有：一是色彩鲜艳、造型生动、形象逼真、品种较多；二是价格适中；三是安全卫生。在这里，作者采用因果逻辑顺序模式，把调查结果置于开头，然后分析产生这一结果的三个原因，进而说明塑料薄膜充气玩具是当今市场上较为热销的产品这一调查结果。

其结构就是按照从结果到原因的逻辑顺序安排层次的。

5. 独段式　在应用文中有一些文体内容单一，段落少，只有一个层次。出现层次、段落合一的形式。各类条据、申请书、启事、一般事务性通知等。

××市粮食工业公司门市部开业启事

本市门市部翻修工程已顺利完工，自即日起营业。本门市部向您提供自产各式面包，价廉物美，营养丰富；堂内供应各式饮料，可堂吃也可外卖，方便、经济、实惠。

营业时间：9:00—21:00

门市部地址：××路××号

6. 综合式　综合式是把几种结构方式交错起来使用。在实际写作中，通常在一些长篇文章中，大层次按一种结构形式安排，而每个层次内段落之间则采用另一种形式。

以上所述只是应用写作中常见的几种主体结构模式。这一规律在学习的过程中，要求阅读大量应用文，总结提炼出文章的提纲。

层次的表述方法：

一是用小标题表示，如《2004年度电修车间工作总结》一文各个层次间即用下述小标题表示：一、克服困难，确保生产设备正常运转；二、能修不换，确保经营指标控制下降；三、以人为本，确保安全工作扎实有效；四、方向明确，确保党建、工会工作为生产经营保驾护航。

二是用数量词表示，如“一、二、三、……”

三是用词、词组提示，如《××学校文秘专业实习安排》主体内容：一、目标和任务；二、时间安排；三、实习安排；四、组织领导与实习管理；五、实习要求。

（四）结尾模式

结尾又称收尾，是文章内容发展的必然结果。它和文章的开头、主体一样重要。好的结尾使文章结构匀称完美，主题得到强调，并给读者留下深刻的印象，带来启发，产生新的思索。应用文常见的结尾模式有号召式、归纳式、建议式、说明式、专用语式、自然式等。

1. 号召式　提出要求，发出号召，展望未来，用概括性语言表达良好的祝愿及对今后工作的信心和努力方向。

×省人民政府关于表彰2008年度安全生产先进企业和单位的通报

希望受表彰的企业再接再厉，以科学发展观为指导，建立安全生产长效机制，深入开展安全生产工作，力争新的一年取得更大的成绩。全省所有企业和单位都要向先进学习，认真贯彻执行党中央、国务院和省委、省政府关于安全生产工作的一系列方针政策，坚持以人为本，真抓实干，切实搞好安全生产工作，促进全省安全形势进一步好转，为陕西经济发展和社会稳定做出积极贡献。

2. 归纳式　这种结尾在篇末概括总结全文的基本观点，与开头相呼应，给读者留下一个完整的印象，以便加深对文章主题的理解。这种结尾模式常见于会议报告、典型先进事迹、重大事故报告、综合性经济调查等。

“菜篮子”工程调研报告

正确的政策是开展工作的前提条件和重要保证。只要我们认真实行这些政策，农民种菜的积极性会被调动起来，蔬菜的生产将会有长足发展，“菜篮子”工程建设必能取得又好又快的效果。

3. 建议式　即对调查、研究和文中所关涉的问题提出一定的建议和愿望。这种结尾方式在市场预测报告、经济活动分析报告、求职信中经常使用。

贵州农民养猪效益情况调查报告

诸多原因引发今年生猪价格上涨，农户养猪的积极性很高，但要注意引导，避免价格回落伤农。据业内专家分析，国内肉猪价格在经历了前半年的快速增长，进入一段高峰平稳期后将可能高速下跌。各级政府要搞好引导工作，调整好布局，切忌一哄而上，盲目补栏。业务部门要加强培训，在良种、饲料、科学饲养以及经营策略上，指导农民发展优质、高效、安全的肉猪生产，利用优质的产品参与市场竞争，抵御市场风险。

建立商品服务体系

我们县从服务体系入手抓商品生产，已收到了明显的效果。但是，到目前为止，我们有许多问题还是没有解决或是没有完全解决：一是如何搞好服务体系内部的利益分配问题，我们把握还不准;二是对服务过程中可能出现的合同纠纷如何处理,我们研究得还不透。这些问题有待于我们在农村第二步改革的过程中认真探索。

4.说明式　对与主题内容有关但性质不同的问题或事项作补充交代、说明,以保证内容的完整性,如公文结尾交代施行日期、执行范围、传达对象、与该文不符的原有规定如何处置等。

5.专用语式　有的公文只以专用语结尾,如"特此通知"、"特此函复"、"以上请示,请批准"等。

6.自然式　在应用文的主体部分写完以后,无须再做说明与议论,就自然收束全文。这种方式在应用文中较为常见。

(五)段落

段落又称自然段。段落是表达内容完整意思的最小意义单位。段落要求保持相对的完整性与单一性。单一是指把一个意思说透,完整是指一个内容说全。一般情况,段落是小于或等于层次。

段落表达的思想叫段意,表示段意的句子叫观点句。围绕观点句展开段落,是写好应用文的关键。段落的表现形式如下:

1.解释法　对主句提出的要领、定义、主张或观点进行解释和阐述。

2.实例法　举例来陈述、证实、说明主句,可用具体事例或概括性例子。

3.递进法　由浅入深层层推进,逐步深入说明事物本质属性或事理。

4.因果法　既可由因及果,又可由果溯因。

5.数字法　通过数字说明主句。这种方法有利于具体、准确地说明客观事物的现状及其变化。

6.过渡法　通过前后意思的转变开展段落。

7.总说分述法　即先综述后分说,实质上是总分思路在段落中的体现。综述要概括、准确,分说要善于铺陈,必要时可用序号,使分说条理更清楚。

中共中央组织部关于建立民主评议党员制度的意见

学习教育。对党员普遍进行在新形势下坚持党员标准的教育。这项教育要同形势教育结合起来。学习内容以《中国共产党章程》、《关于党内政治生活的若干标准》等文件为主。学习方法可以多种多样,要讲求实效。

段落的具体形式由于受到文章的主题、结构以及语言表达的特殊要求,有时几种形式综合运用。

(六)过渡

过渡是指文章的层次、段落之间的连接承转,使上下文自然衔接,结构更加严谨。常见的过渡方法有:

1.关联词语　在意义转折不大的情况下,采用过渡词语进行过渡提示,如"首先、其次、最后","以上所述","总而言之","由此可见"等。

2.过渡句　在前一段的末尾或后一段的开头,用富于提示性的句子进行过渡。如公文和事务文书常用:"经研究,函复如下:"、"现将有关事宜通知如下:"、"现总结如下:",还可以提出问题过渡等。

3.过渡段　在上下文转折、跳跃性大的情况下,采用承上启下的过渡段。

(七)照应

照应指文章前后内容的照顾与呼应。它能使文章中内容之间互相补充、加深,并使全文线索清楚、严密周到。常用的方式有:

1.首尾照应　使文章首尾圆合,内容前后呼应,前有交代,后有结果,前有提问,后有答案。如论文、调查报告等,开头把总的观点、主要工作、主要结论做以概述,然后在结尾部分再归纳总结。如《毛泽东著作选读》下册:

人的正确思想是从哪里来的?是从天上掉下来的吗?不是。是自己头脑里固有的吗?也不是。人的正确思想只能从社会实践中来,只能从社会的生产斗争、阶级斗争和科学实验这三项实践中来。

2.句群照应　就是说在句群内部后面的句子要与前面句子相呼应,前面有提示,后面则有回应。各句群前后脉络相连,谨严周密,如:

×××自××××年×月担任采购、保管工作以来,利用工作之便,伙同他人,将原材料低价买进,高价卖出;次品购进,正品销出,以次充好;涂改发票,私改账目。在短短的三年时间内,用各种手段贪污公款上百万元,给国家造成重大损失。公安机关已将其拘留。

这一句群交代了所承担职务、所犯罪行、所作所为的必然结果,这份通报的事实叙述清晰,来龙去脉清楚,这是句群的内部线索照应。

3.题文照应　行文与标题内容的照应。这种方法突出主旨、加深读者印象的有效手段。

写作技能训练

一、下面的应用文采用的是哪种开头模式

1.根据教育部《关于制定中等职业学校教学计划的原则意见》(教职成〔20××〕2号)的精神,结合园林专业特点,制订本教学计划。　(　　)

2.我受中共××有限责任公司第一届纪律检查委员会的委托,向大会做工作报告,请代表们审议。　(　　)

3.为了进一步加强办公室的管理,确保各项工作的顺利展开,营造一个良好的办公室环境,特制定本制度:　(　　)

4.公元2003年6月29日15时40分,在中国神农架林区发生了迄今为止最新的一次目击野人事件。自1977年中国首次组织野人考察以来,该地区已有300多人、60多次目击过这种似人非人、似猿非猿的奇异人形动物。"6·29"最新目击事件的发生,在科学界和社会上引起巨大反响,神农架野人作为世界自然之谜,再度成为人们关注的焦点。　(　　)

5.如果你在路上捡到一个蛋,希望它会孵化出什么?2007年圣诞节即将上映的美国影片《尼斯湖怪:深水传说》中,寂寞的男孩无意中捡到一个蛋,而蛋中竟然孵出一只前所未有的奇怪动物!在这个"怪物"朋友的带领下,男孩展开了一连串奇幻刺激的冒险。对湖怪感兴趣的人,一定不要错过这部电影。　(　　)

6.随着社会主义市场经济的不断深入发展,会计工作也不断拓宽,过去那种单一会计知识结构已远远不能适应会计管理工作的需要,会计人员作为企业经营管理的重要的专门人

才必须相应地提高自身的专业素质，改变原来那种单一的知识结构，以适应市场经济发展的需要。因此，培养造就一批复合型会计人才是当前会计工作的一项重要任务，也是企业发展向现代化迈进的关键所在。（　　）

二、调整下面材料顺序，并简述理由

1. 我乡××小学，由于入学儿童逐年增加，原有教室远不够用。
2. 经乡政府研究，准备新建一栋教学楼，并对原有教室加以修缮。
3. 如不尽快整修，势必危及师生安全，影响教学工作正常进行。
4. 特请求县政府解决上述项目所需经费××万元。
5. 而且因年久失修，有的教室漏雨，有些墙壁已经倾斜。

三、请阅读下文，回答问题

关于（　　　　　　　　　　　　）的通知

各省、自治区、直辖市人民政府，国务院各部委、各直属机构：

《国务院关于进一步深化城镇住房制度改革　加快住房建设的通知》（国发〔1998〕23号）发布五年来，城镇住房制度改革深入推进，住房建设步伐加快，住房消费有效启动，居民住房条件有了较大改善。以住宅为主的房地产市场不断发展，对拉动经济增长和提高人民生活水平发挥了重要作用。同时应当看到，当前我国房地产市场发展还不平衡，一些地区住房供求的结构性矛盾较为突出，房地产价格和投资增长过快；房地产市场服务体系尚不健全，住房消费还需拓展；房地产开发和交易行为不够规范，对房地产市场的监管和调控有待完善。为促进房地产市场持续健康发展，现就有关问题通知如下：

一、提高认识，明确指导思想（略）

二、完善供应政策，调整供应结构（略）

三、改革住房制度，健全市场体系（略）

四、发展住房信贷，强化管理服务（略）

五、改进规划管理，调控土地供应（略）

六、加强市场监管，整顿市场秩序（略）

地方各级人民政府要认真贯彻国家宏观调控政策，从实际出发，完善房地产市场调控办法，建立有效的协调机制，并对本地房地产市场的健康发展负责。省级人民政府要加强对市、县房地产发展工作的指导和监督管理。国务院有关部门要各司其职，分工协作，加强对各地特别是问题突出地区的指导和督查。国家发展改革、财政、国土、银行、税务等部门要调整和完善相关的政策措施。建设部要会同有关部门抓紧制定经济适用住房管理、住房补贴制度监督、健全房地产市场信息系统和预警预报体系、建立全国个人住房贷款担保体系等方面的实施办法，指导各地具体实施并负责对本通知贯彻落实情况的监督检查。

中华人民共和国国务院（印章）

二〇〇三年八月十二日

问题：

1. 请根据文中内容，在括号里填写事由。
2. 分析本文开头、主体、结尾模式。

第三节　表达与语言

自学与自测

一、填空题

1. 由于受到应用文文体的特点和写作目的的制约，应用文常用的是（　　　　）、（　　　　）、（　　　　）三种表达方式。

2. 应用文与议论文中的议论有着明显的区别，应用文的议论不是靠言论的雄辩，而是以（　　　　）、（　　　　）等为依据。议论方式更注重于（　　　　），做出论断。

3. 叙述即运用（　　　　）的语言，对（　　　　）、（　　　　）变化和（　　　　）过程作介绍和交代。多数应用文常用的叙述方式有（　　　　）、（　　　　）。

4. 应用文常用的说明方法主要有（　　　　）、（　　　　）、（　　　　）、（　　　　）、（　　　　）、（　　　　）（　　　　）。

5. 应用文写作语言表达要求（　　　　）、（　　　　）、（　　　　）（　　　　）。

6. 应用文用词准确才能反映出事物之间的细微差别，那么用词就要斟酌这些词义在（　　　　）、（　　　　）、（　　　　）等各方面的细微区别。

7. 朴实即文风（　　　　），（　　　　），强调（　　　　）。朴实的语言应该达到“三易”的要求，那就是（　　　　）、（　　　　）、（　　　　）。

8. 得体即指应用文语言适应不同文体需要，说话讲究（　　　　）、（　　　　）。

二、简答题

1. 应用文对语言有哪些要求？
2. 如何做到应用文语言准确恰当？
3. 如何做到应用文语言得体？

三、评析题

这是两份报告的开头部分，你认为其语言表述有什么特点。

1. 我是怀着对教育的梦想到××学校任职的，我心中经常在追问，什么是真正的教育。因为有了这些追问，才使我的工作和我的生命更有意义，在××学校工作的两年多来我非常幸福，我觉得这小小的几十亩土地上有做不完的工作，在这里，我可以用我的知识、智慧、情感和我一生中最旺盛的精力和体力，为这所学校留下一些或许对未来有用的东西，我的心中充满快乐。过去的一年对××学校来说非同寻常。（以下略）

2. 2003 年即将结束，一年来在党委领导及同志们的帮助下，通过自己的努力，在思想上、业务工作水平上都有了很大的提高，圆满地完成了全年的工作、学习任务，并取得了一定的成绩。现将一年来的思想、工作情况汇报如下：（以下略）

范文阅读与训练

××××年5月26日下午5时44分，我市三名儿童在锦江河九眼桥下玩耍时，不慎失足跌入水深湍急的回水涡，生命危在旦夕。青年工人何国治听到呼救，毫不犹豫地第一个跳入河中抢救，奋力将溺水儿童推向浅处。何国强等几名青年也随后相继跳入河中，齐心协力救起三名儿童。在抢救中，何国治英勇牺牲。他们见义勇为、舍己救人的英雄事迹，谱写了一曲社会主义精神文明的壮丽凯歌，受到全市人民的热情赞扬。

何国治同志生前是成都市房地产经营公司职工，共青团员。他热爱祖国、热爱人民，时时处处学雷锋、树新风，工作勤奋，埋头苦干，勤俭节约，珍惜国家财产，勇于同坏人坏事做斗争，在平凡的岗位上做出了不平凡的事迹，表现了一个共青团员献身社会主义事业的崇高信念和优秀品质。

评析：这是《中共××市委××市人民政府关于在全市开展向何国治烈士学习活动的决定》的片段，300字已经浓缩了英雄光辉的一生和舍己救人的英雄事迹，体现了应用文概叙事实材料的写作特征。文中的议论句对主人公的事迹进行了精要的分析和评价，体现了一定的理论高度。

知识提要

一、表达

表达是指在写作中运用语言来反映情况、描述事件、说明问题、探索规律、阐明观点的具体方法和手段。简单地说，是为实现写作目的所使用的方式方法。表达方式主要有：叙述、议论、描写、说明、抒情五种。由于受到应用文文体的特点和写作目的的制约，应用文常用的是说明、叙述、议论三种表达方式。

(一)说明

说明即以简明而准确的文字，对事物或事理的性质、状态、特点、成因、构造、种类、关系、功能等进行阐释和解说。说明的目的在于授人以知，应用文写作中对定义、概念的阐述，背景材料的交代，自然情况和有关人物的介绍等都离不开说明这一表达方法。这种表达方式在公文、合同、经济活动分析、说明书中广泛应用。常用的说明方法主要有定义说明、诠释说明、举例说明、比较说明、分类说明、数字说明、图表说明。如《2005年大学生择业状况及心态调查》其中的第一点是这样写的：

研究生薪金期望逐年下降

不同学历的大学生在择业时要求的“理想月薪”有明显的差异。大专生以1 000～2 000元和2 000～3 000元两个等级为主要的理想月薪水平，薪金期望比前两年有所增加。有56.1%的本科生以2 000～3 000元为理想月薪水平。硕士研究生的理想月薪集中在4 000～6 000元的水平上，但薪金期望有逐年下降的趋势。在广东求职的外省大专生较省内的大专生对月薪有更高的期望值。

本段文字以翔实的数字材料说明了大学生的工资要求及其区别。

(二)叙述

叙述即运用陈述性的语言，对人物的经历、事件的发展变化和工作开展过程作介绍和交代。多数应用文内容都涉及事实材料，发生事件或工作开展过程，采用叙述手段陈述事实、交代背景、表述经过、揭示原因等。叙述的目的是以事实为观点依据，为决策的依据，如经济活动分析报告、调查报告、会议纪要、总结等；常用的叙述方式有顺叙、概叙。应用文的叙述主要以概括的叙述、轮廓性的叙述为主，它所要求的是概要地叙述事实本身，不求面面俱到。在运用叙述表达方式的同时，经常与说明、议论结合使用，如：

市××仓库506库房保管员李××于200×年7月3日晚上值班时，违反仓库规定，带了五岁女儿私自燃火烧煮食品，9时许又抱了女儿外出采购食物。1小时后，当他匆匆回到仓库时，只见506库房吞没于滚滚浓烟之中，火舌还频频上窜，他顿时手足失措，呆立一旁。当总值班等人闻讯赶到，立即打电话呼救，大火才得以熄灭，但库房已化为灰烬，××损失××万千克，给国家造成×万元的巨大经济损失。

200×年7月3日，市××仓库保管员李××，在506库房值夜班时，违反规定，私自燃火烧煮食品后，又因私自离岗，以致酿成火灾。事发后，在慌乱中未能及时报警，失去抢救时机，后果严重，给国家造成×万元的巨大损失。

前一个表述由于采用大量描写性的文字，面面俱到地叙述火灾事件的全过程，使事件的表达再现为纯客观化，头绪繁多，致使批评的色彩淡化。而且叙述的自然情况过多，极易给人该单位防火工作做得不够细致主动的印象，产生负面影响。后一个表述由于采用了事务语体，将事件的内容进行过滤提纯，逼真化再现，使文章的内容集中，批评的主题色彩明显，取得明显的实效性。

要做到逼真化，前提条件就是要充分占有材料，然后有所取舍，才能使客观事实有针对性地转变为文字，实现写作文章的目的。

(三)议论

议论即对客观事物或某个问题、事件进行分析、评论，表明所持观点、意见或态度的一种表达方式。应用文与议论文中的议论有着明显的区别，应用文的议论不是靠言论的雄辩，而是以所叙述的事实和现象、数据材料等为依据。议论方式更注重于直接表态，做出论断。如经济活动报告《三季度物价水平》一文中，对该季度的物价水平转降的情况分析：

三季度，居民消费价格总水平同比上涨0.8%，涨幅比二季度缩小0.8个百分比，其中9月已转为下降，同比下降0.1%；社会商品零售价格总水平同比下降0.9%，已连续4个月处于下降之路中，并且降幅在不断增大；工业品出厂价格指标同比下降1.7%，降幅比二季度增大1.4个百分点。各种物价总水平再次全面转降在很大程度上是外生性涨价因素所致，但这也清晰地表明困扰我国经济的紧缩和总需求不足问题并未真正消除，而只是被外生性涨价因素掩盖起来了。一旦政策支持力度减弱，经济就会再次下降。

这段文字在议论时采用了大量的数据材料，材料充分，议论切合实际，得出的结论很有说服力。

二、语言

应用文的语言受不同文体性质、目的、内容的限制，应用文写作语言表达要求庄重严谨、准确恰当、朴实得体、简明生动。

(一)庄重严谨

应用文中的公文代表机关发言,具有法定的权威性,经济文书中内容涉及非常严肃的问题,其用语应当严谨、庄重,以体现出公文的严肃性,因此,既不宜使用口语,也不宜运用文学语言。具体要求是:

1.使用规范化的书面语体　规范化的书面语言词义严谨周密,正确使用它可使读者准确理解应用文内容、不产生歧义从而能认真执行。如“校合唱队于本月12日下午4时在礼堂排练。”

口语与书面语体表达有很大的区别,学习者要多读范文,在应用文写作中正确使用书面语。如“改革开放后,农民的钱包一年比一年鼓,日子越过越好,就像吃甘蔗由尾吃到头越吃越甜。”这就是用口语语体表达内容,要把这样的意思写入应用文章,就得改为:“改革开放后,农民的收入年年增加,生活越过越幸福。”这样的书面语言才显得端庄、郑重。

2.使用专用词语　长期以来,人们在公文中、日常礼仪等文书中沿用一些使用频率较高的专用词语。如“根据、遵照、为、由于”等开头用语,“特此通告、请审批”等结尾用语,“现将、责成、参照执行”等经办用语,掌握这些词的准确用法,增加语言的庄重色彩。

(二)恰当准确

应用文语言的表述必须符合客观实际,符合逻辑,即概念准确而恰当,还要符合语法修辞的规范。文面上要准确无误,应该正确使用标点符号,不写错别字,不生造词语。

1.用词准确　用词准确才能反映出事物之间的细微差别,那么用词就要斟酌这些词义在范围大小、程度深浅、分量轻重等各方面的细微区别。如近义词的选用“成绩与成就”,“成果与成效”,“事情与事件”,“反应与反映”,“坚决与坚定”,“顽固与固执”等。

应用文的语言表意必须是确定的,如果表意模糊,必然会使应用文体处理事务、解决问题的效果大打折扣。如一则规章制度的内容:“缺勤3天以下者,每天罚款50元;缺勤3天以上者,扣发当月全勤奖。”上述语言模棱两可,在阅读的过程中,让人感觉少点什么,缺勤正好3天怎么执行呢?给读者的理解制造了不少麻烦。

当然有些内容不可能说得十分具体,它需要一些特定的模糊词语才能准确表达语意。如“通过学习,大家思想触动很大,受到极大的教育。”表达清楚明白。“很大、极大”是模糊词语,但有积极作用。不过使用模糊词语时,要注意对客观实际作恰当的估计,以避免超度,造成不真实。

2.造句合乎语法和逻辑

(1)成分完整,搭配合理。句子成分残缺与多余现象,相关词语搭配不当,不仅在作文中存在,就是社会上乃至新闻媒体中也常常出现,如:

在社会实践中,使大学生们了解了社会。

此句为缺主语句。

三年中,这个县的粮食总产量,以平均每年递增20%的速度,大踏步地向前发展。

此句属主谓搭配不当,“总产量”不能说“发展”,只可以说“提高”,应该把“大踏步地向前发展”改成“大幅度地提高”。

……不得损害国家主权、安全和社会公共利益。

此例属相关词语搭配不当,一动多宾,宾语里的“安全”与动词“损害”不能搭配。可改为“不得损害国家主权和社会公共利益，不得危害国家安全”。

张生勤私扩院基、无偿占用职工劳力盖私房的问题至今仍未得到成功解决，更没有受到任何处分。

此例中的成功是多余的，应删去。

(2)语序规范。

这次会议对节约原材料问题也广泛交换了意见。

此句属语序不当，“广泛”应作状语，修饰动词交换，改为“广泛地交换了意见”。

(3)合乎逻辑。从语法上分析，有的句子主谓宾齐全，而事理上却难于通过，这主要是违背了逻辑性，也是我们应当注意的，如：

验收的标准是：领导班子是不是能够正确贯彻党的路线、方针、政策……

产品质量的好坏是企业生存和发展的必要条件。

这是两个联言判断，联言判断只有每个支判断反映的事物情况都是真，整个联言判断才是真的。联言不当主要是指在联言判断中包含一个假判断。这里的假判断是“验收的标准是领导班子没有能够正确贯彻党的路线、方针、政策……”“产品质量坏是企业生存和发展的必要条件”显然以上两个判断都不能同时判定为真。前者应删去“是不是”，后者应删去“的好坏”。

(三)朴实得体

朴实即文风朴实无华，语言实在，强调直接叙述、陈述。

一般来说，应用文的读者对象较固定，他们习惯了明白如话的表达，不适应文学作品那种通过形象隐晦地表达主题的审美形式。朴实的语言应该达到“三易”的要求，那就是易看、易读、易懂。国务院在 2004 年 2 月 20 日发布的《关于 2003 年度国家科技奖励的决定》的最后一段：

全国科学技术工作者要向刘东生、王永志同志以及全体获奖者学习，发扬中国载人航天工程中形成的“特别能奉献”的载人航天精神，团结协作，顽强拼搏，奋力攀登，勇于创新，不断加强研究开发，大力推动技术创新，加速科技成果向现实生产力转化，为不断提高我国的综合国力和国际竞争力、加快实现全面建设小康社会奋斗目标做出更大贡献。

这里使用的语言明明白白，质朴通俗。

得体即指应用文语言适应不同文体需要，说话讲究分寸、适度。

语言的运用，总是受特定的内容和目的、特定的对象和条件限制，为特定的需要服务。既要准确地反映客观实际，达到预期行文目的，又要促使有关的受文对象，产生与行文目的一致的心理效应：或亲切温暖，或震慑警觉，或严肃庄重，或欢欣鼓舞等。这就是所谓语言得体。

语言得体大致包括两方面：

一是适应不同文体的需要，确定语体风格。由于行文内容、目的不同，语体风格也各不一样。

欢迎、欢送辞，需要表现作者的情感或热情洋溢或依依惜别，如《欢迎××来校讲学的讲话》开头：

今天，我们有幸与××欢聚一堂，感到十分荣幸。××是我们大家所熟悉的。他在研究国际政治问题方面取得了巨大的成就，久负盛誉。首先让我代表今天出席会议的全体同志，向远道而来的贵宾表示热烈的欢迎和衷心的感谢。

指令性应用文，要谨慎郑重。如《广东省人民政府关于加强水污染防范工作的通知》结尾：

各地、各部门要将水污染防治的重大项目纳入国民经济和社会发展计划，并在基本建设、技术改造、城市建设、水利开发等方面优先保证水质保护需求……通过政策引导污染者、开发者成为防治污染的投资主体。拓展环境投资渠道，增加环保的投入占同期国内生产总值的比重。

二是从行文目的来说，执行需严格，规章需严明，教育则严肃，批评则严厉，如《进出校门制度》：

学生在上课期间和晚上熄灯以后一般不得出校门。如有特殊情况，需出示学生科的批假条，或经门卫同意并履行登记手续，方可出校门。

为体现应用文庄重性特点，公文恰当运用文言句式，如：

值此贵社创刊三十七周年之际，谨以××市旅游事业管理局和我个人的名义向贵社表示最诚挚的祝贺。

凡多次违反店规店章，经教育仍然不改者，企业经理有权对其警告和实施停职检查。

这是一份贺电，其中"值此……之际"、"谨以……名义"、"贵社"、"凡……者"都是文言句式。既体现应用文的庄重文雅，表达特殊意义或庄重严肃的感情，又可以使语言凝练、匀称，在一些公文文件、规章制度和日常应用文中，较多地保留了古语词。

（四）简明生动

用少量的文字表达丰富的内容，言简意赅，如《中国金融：信用是扩大积累的有力杠杆》：

从财政学的观点来说，财政的钱只能一个顶一个用，决不能把张三的钱交给李四支配，反之亦同。信贷资金则不同，张三把一笔钱存入银行，银行把这笔资金贷给李四，李四就取得了对这笔资金的支配权；李四归还贷款后，银行又可以把这笔资金的支配权交给第三者，如此等等。

在此，作者用简洁、通俗的语言准确地解释了财政资金和信贷资金的区别。

其实现代应用文语言的朴实和生动也并不矛盾。虽然应用文不能像文学作品那样生动含蓄、文采飞扬，但也可多几分生动，多一些活泼，如一份计划生育的宣传材料：

如果每个人在电视荧屏上亮相两秒钟，则需要66年才能完成；如果把我国10亿人口分成4个人一组，像叠罗汉那样，一个站在另一个人的肩上，底下4个人站在地球上，最上面4个人已经到了月球上；如果10亿人都填写出生证，那么，这些出生证叠起来，足有12个珠穆朗玛峰那么高；如果10亿人手拉手可以绕地球25圈。

这是用换算的修辞方法，说明10亿人口之多，10亿这个枯燥的数字变得形象生动，而且说理深刻。

乐山大佛身高71米，头高14.7米，宽10米。

佛像有30多层楼高，耳朵有4人高，每只脚背上可以停5辆解放牌汽车，大脚趾上可以摆一桌酒席。

这两段文字都用了数字，但第二段的说明运用直观形象的客观事物作参照物，比单调的数字说明更加形象化了，大佛的高大形象仿佛就在眼前。

应用文语言为了精炼地概括事实或分析认定问题的性质，还常常使用富有概括力的成语或熟语。如江泽民同志 2002 年 5 月 28 日在中国科学院第六次院士大会上的讲话中，就用了"辛勤耕耘、顽强拼搏、开拓创新、与时俱进、奋力攀登、茁壮成长、率先垂范、实事求是"等数十个成语与熟语，使语言简洁有力。

另外，有些应用文体的语言也要求形象、生动，具有感染力，比如感谢信、演讲稿、广告词等。

三、应用文专门用语

1. 领叙用语　用于说明发文目的、缘由、意义、根据或介绍背景材料及情况等，如：

为、为了；根据、按照、遵照、依照；鉴于、关于、由于；目前、当前

2. 承启用语　用于连接开头与主体部分，起承上启下的作用，如：

根据……决定；根据……特通告如下；依据……公告如下；为了……现决定；为……通报如下；为此，现就……问题请示如下；现将……报告如下；现就……问题提出如下意见；经……批准（同意），现将有关事项通知如下。

3. 引述用语　批复或复函引述来文作为依据的用语，如：

悉、收悉、电悉、文悉、敬悉、欣悉

4. 批转用语　用于批转、转发、印发通知时的用语，如：

批示、阅批、审批、批转、转发、印发

5. 称谓用语　对各机关称谓的简称，如：

我（部）、贵（局）、你（省）、本（部门）、该（处）

6. 经办用语　表明工作处理过程或情况，如：

经、业经、兹经、未经

拟办、拟、拟订

施行、暂行、试行、执行、参照执行、贯彻执行、研究执行

会议听取了、会议讨论了、会议认为、会议指出、会议强调指出、会议通过了、会议决定、会议希望、会议号召、会议要求、会议恳切呼吁

7. 表态用语

不同意、原则同意、同意

不可、可办、照办

批准、原则批准

8. 结尾用语

用于请示：当否，请批示；如无不妥，请批转各地执行；妥否，请批复

用于函：请研究函复；盼复；请予复函；不知尊意如何，盼函告；望协助办理，并尽快见复；特此函复

用于报告：特此报告、请审阅

用于知照性公文：特此公告（通告、通报、通知）

写作技能训练

一、请经过认真阅读分析后，指出这段文字所用的表达方式有哪几种？括号内填写正确答案

急性阑尾炎是一种常见的外科急腹症，(　　　　)诊断并不困难。(　　　　)××地区卫生院胡××工作马虎，处理草率，在没有明确诊断以前，滥用麻醉剂，掩盖了临床症状，延误了病人的治疗时间，造成较为严重的医疗事故。(　　　　)这种对人民生命财产极不负责的做法是十分错误的。(　　　　)

二、评析题，根据有关应用文语体的知识，分析下面公文在语言上存在的问题

1.1998年7月6日深夜，乌云密布，雷声隆隆，大雨倾盆而下，刹那间，美丽富饶的鱼米之乡被一片汪洋吞没。接连几天如注的暴雨，淹没了田野、冲毁了村庄和工厂，交通、通信、电力一度中断。这一百年不遇的特大洪涝灾害，给我乡造成了不可估量的损失。为了将灾害造成的损失降低到最低限度，乡党委、政府采取了果断措施，动员全乡广大干部群众自力更生、艰苦奋斗，尽快恢复生产、重建家园……

2.《中共中央关于接受宋庆龄同志为中国共产党正式党员的决定》中写道："她一贯是共产党的最亲密的战友，是中国各族人民包括台湾同胞和海外侨胞衷心敬爱的领袖之一，是爱国主义、民主主义、国际主义和共产主义的伟大战士，是保卫世界和平事业的久经考验的前驱，是全体中国少年儿童的慈爱的祖母……。"能否将其中的"同胞"改为"兄弟"、"战士"改为"闯将"、"祖母"改为"奶奶"等与原来意思相近的词，并请说明理由。

三、下面是一篇通报中的一段话，语言表达不符合应用文体应有的庄重色彩，请你加以修改，重写这段话

2007年4月2日下午两点来钟，我厂设备科老李和老黄偷偷把三吨铲车开出厂大门，打算干点私活捞点外快。车子开到解放路口，看见前头有辆卡车卸货挡住道路，老李一慌，猛打方向盘，用力太大，一下子把站在车上的老黄甩到车下，老黄当时就昏过去了，马上送到医院抢救，到现在人还没醒过来。老李后悔莫及，躲在家里暗自垂泪。

Chapter 5

第五单元

党政公文写作技能

知识目标

1. 了解党政公文的适用范围、特点、种类，了解党政公文的行文规则。
2. 掌握党政公文格式。
3. 了解通报的适用范围、种类。
4. 掌握表彰通报、批评通报的写法。
5. 了解报告与请示的适用范围、种类。
6. 掌握请示的写法与注意事项。

技能目标

1. 熟练掌握党政公文文本格式及计算机排版技能。
2. 能够根据材料写作通报、请示。

第一节　党政公文概述

自学与自测

一、填空题

1.党政机关公文是党政机关实施领导、履行职能、处理公务的具有(　　　　　)和(　　　　　)的文书,是传达贯彻党和国家方针政策,公布(　　　　　),指导、布置和(　　　　　)工作,(　　　　　)问题,(　　　　　)和交流情况等的重要工具。

2.党政公文的作者是依法成立并能以自己的名义(　　　　)和(　　　　)的国家机关、社会团体、企事业单位。

3.《党政机关公文处理工作条例》规定,公文主要有(　　　　)种。按照行文关系和行文方向不同,可将公文分为(　　　　)、(　　　　)和(　　　　)三类。

4.请示应当(　　　　)。不得在报告等非请示性公文中夹带(　　　　)。受双重领导的机关向一个上级机关行文,必要时抄送(　　　　)。

5.公文格式各要素划分为(　　　　)、(　　　　)、(　　　　)三部分。

6.公文版头部分包括份号、秘密等级和保密期限、紧急程度、(　　　　)、(　　　　)、(　　　　)和分隔线等要素。

7.发文字号由(　　　　)、(　　　　)、序号三部分依次组成。年份应标全称,用(　　　　)括入。

8.签发人是指最后审定公文文稿签字印发的机关领导人。签发人内容只有在(　　　　)时才标注。

9.公文的主体部分包括(　　　　)、(　　　　)、(　　　　)、附件说明、(　　　　)、(　　　　)、附注等。

10.公文的成文日期用(　　　　)。

11.公文版记部分包括(　　　　)、(　　　　)和印发时间等组成要素。

二、简答题

1.党政公文有哪些特点?

2.党政公文文本格式分三部分,主要包括哪些具体内容?

公文文稿录入技能训练

技能要求:请确定这两篇例文的行文方向,按国家党政公文格式内容与排版要求,在计算机上进行录入。

例文1

中共××进出口公司委员会
关于表彰卢××同志不畏强暴
勇斗歹徒的通报

共产党员卢××同志是我公司青年外销员，2012年10月派驻香港。今年“春交会”他到广州参加贸易洽谈。2013年4月19日晚上9点多，他在结束同外商贸易谈判后回宾馆途中突遇两名歹徒。当歹徒逼其交出随身所携皮包时，他临危不惧，正气凛然，痛斥歹徒违法犯罪恶行。歹徒在遭到卢××同志严词拒绝后拔出凶器，凶残地在他身上猛戳。卢××同志在面对凶恶的歹徒，孤立无援，处境十分危险的情况下，首先想到的是保住包里的公款以及签约的供货合同等重要资料。他一面拚命抱住皮包不放，一面与歹徒展开搏斗，最后在他的呼喊声中巡警及时赶到，擒获了歹徒。卢××同志被送到医院抢救，经查，他身上共被戳了7刀，缝了47针，其中一刀离心脏仅2厘米。

卢××同志今年25岁，自工作以来表现突出，成绩显著，连续两年被评为先进工作者。此次，他为了保护公款和重要资料不被抢劫，在身负重伤的情况下，不顾生命安危，勇斗歹徒，表现了一个共产党员勇敢无畏的精神和高度的责任心。

鉴于卢××同志的一贯表现，特别是在生与死的关键时刻又经受了严峻考验，特予以通报表扬。希望各级党组织要发动党团员和广大青年，学习卢××同志为维护党和人民利益，不畏强暴，坚决同违法犯罪分子做斗争的英勇事迹；学习他热爱本职、恪尽职守，出色完成党交给他艰巨任务的高贵品质，在党的十四届五中全会指引下，为现代化建设做出更大的贡献！

中共××进出口公司委员会（印章）
2013年5月10日

例文2

关于为发展小椒出口业务
申请进口化肥的请示

××字〔2007〕5号　　签发人：李正

总公司：

上海出口小椒由于质地优良，肉嫩味辣，深受日本、美国及我国港澳消费者欢迎。据统计，前几年，我公司仅向美国出口数达××吨。过去出口货源由江苏省东启、海门两县调供。从去年起，江苏省自营出口，货源即告中断，以致价格剧升，由每吨××元涨至××元。

为了满足国内外需要，我们计划在市郊各县利用闲散地及农民自留地种植上海小椒，供出口销售。经向崇明、金山等县的种椒乡、村调查了解，对此，群众积极性普遍很高。如金山县××乡共有××户，计划每户种植100棵，约可产椒干××千克，增加收入××元。崇明县税务所反映，该所辖区三个乡×年部分农民利用自留地种植，收获××担。金山县农业局已要求解决种子问题，准备动员群众大量种植。

为了鼓励群众种椒积极性，我们准备比照江苏省奖售办法，以40%化肥换购。今年计划收购×吨出口，估计可创汇××美元，除支付进口化肥××吨所需××美元之外，可净创汇××美元。为此，拟进口化肥×吨。上述意见当否，请批示。

××进出口公司（印章）
2007 年 4 月 10 日

附注：联系人：李正 联系电话：×××××××××

知识提要

一、党政公文的适用范围

2012 年 4 月 16 日中共中央办公厅、国务院办公厅颁布的《党政机关公文处理工作条例》中指出："党政机关公文是党政机关实施领导、履行职能、处理公务的具有特定效力和规范体式的文书，是传达贯彻党和国家方针政策，公布法规和规章，指导、布置和商洽工作，请示和答复问题，报告、通报和交流情况等的重要工具。"它是通用于国家机关、社会团体、企事业单位公务活动的体式完整、规范、固定的文件。

我们把党政机关的公文又称作党政公文或公文。它的使用范围非常广泛，不仅在国家各级行政机关内通用，而且还通用于各级各类企业、事业单位和合法组织。因此公文写作，对于高职生来说，就显得十分重要。

二、党政公文的特点

（一）高度的权威性

党政公文传达制发机关的决策和意图，其权威性是由制发机关的职权决定的，制发机关职能权限的大小决定着公文权威性大小。制发机关的职权范围越大，其公文的权威性就越强，作用的范围也越广。

（二）作者的法定性

党政公文的作者是依法成立并能以自己的名义行使职权和担负义务的国家机关、社会团体、企事业单位。

党政公文的制发，必须是法定的机构及其代表人，其机构的部门或个人无权制发公文。另外，党政公文因公务活动和管理的需要而制发，而管理是分层次并有职权分工的，因此，法定作者也必须在自己法定的职权范围内行文，超越自己职权范围制发的公文是无效的。

（三）体式和程序的规范性

公文的格式必须统一，任何单位都必须执行标准的公文格式。公文规范体式，一是指我国撰写公文所采用的语体，即现代汉语语体，二是指文件的格式，即公文结构与公文各组成部分的文字符号在载体上的排列形式。如果一份公文格式不全或格式不规范，就会影响公文的执行效力，甚至根本就没有法定效力。

公文的制发还必须经过一定的处理程序，各个程序之间的先后次序是固定的，不能颠倒或错乱。公文由法定作者制发，在撰写和制发的过程中，它受公文处理程序的制约。如公文的制发，必须经过起草、核稿、签发等一系列程序，其目的是保证公文的制发质量，以维护公文的法定效力和机关的权威性。

随着科学技术的发展，公文的信息载体已由纸介质向电子介质过渡。但无论载体如何变化，都要遵循规范的处理程序和统一的体式。

（四）阅读对象的确定性

普通文字作品的阅读对象是不确定的，谁都可读可不读。而公文的读者是特指的，或者是一个单位，或者是一些单位，或者是一定范围内的人员，该读的就必须读，而且读了还要遵照执行。

三、党政公文的种类

（一）从文种分类

《党政机关公文处理工作条例》规定，公文主要有15种：

1.决议　适用于会议讨论通过的重大决策事项。

2.决定　适用于对重要事项做出决策和部署、奖惩有关单位和人员、变更或者撤销下级机关不适当的决定事项。

3.命令（令）　适用于公布行政法规和规章、宣布施行重大强制性措施、批准授予和晋升衔级、嘉奖有关单位和人员。

4.公报　适用于公布重要决定或者重大事项。

5.公告　适用于向国内外宣布重要事项或者法定事项。

6.通告　适用于在一定范围内公布应当遵守或者周知的事项。

7.意见　适用于对重要问题提出见解和处理办法。

8.通知　适用于发布、传达要求下级机关执行和有关单位周知或者执行的事项，批转、转发公文。

9.通报　适用于表彰先进、批评错误、传达重要精神和告知重要情况。

10.报告　适用于向上级机关汇报工作、反映情况，回复上级机关的询问。

11.请示　适用于向上级机关请求指示、批准。

12.批复　适用于答复下级机关请示事项。

13.议案　适用于各级人民政府按照法律程序向同级人民代表大会或者人民代表大会常务委员会提请审议事项。

14.函　适用于不相隶属机关之间商洽工作、询问和答复问题、请求批准和答复审批事项。

15.纪要　适用于记载会议主要情况和议定事项。

（二）从行文关系分类

依照行文关系可分为上行文、平行文和下行文三类。下级向上级行文为上行文，如报告、请示等；上级向下级行文为下行文，如命令、决定、决议、公报、通知、通报、批复等；平级互相行文为平行文，如函、议案等。行文方向比较灵活的文种有公告、通告、意见、纪要等，各级国家机关、企事业单位、社会团体行文关系，应依照各自隶属关系和职权范围确定。

（三）从紧急程度分类

有特急件、急件和平件。

（四）从秘密等级分类

有绝密件、机密件和秘密件。

四、党政公文的行文规则

行文规则主要是指行文关系的准则。为了保证公文迅速、准确地发送，提高工作效率，在《党政机关公文处理工作条例》(本文简称《条例》)中对行文规则作了明确规定。《条例》第十三条首先强调制发公文要考虑："行文应当确有必要，讲求效用"；第十四条又指出："行文关系根据隶属关系和职权范围确定。"行文关系是指行文时发文机关与受文机关的关系；隶属关系是指机关之间在工作与业务方面形成的领导与被领导或管辖与被管辖的关系；职权范围是指机关级别权力、职能的界限和所辖领域。据此，《条例》对行文规则做了如下具体规定：

(一)上行文规则

(1)原则上主送一个上级机关，根据需要同时抄送相关上级机关和同级机关，不抄送下级机关。

(2)党委、政府的部门向上级主管部门请示、报告重大事项，应当经本级党委、政府同意或者授权；属于部门职权范围内的事项应当直接报送上级主管部门。

(3)下级机关的请示事项，如需以本机关名义向上级机关请示，应当提出倾向性意见后上报，不得原文转报上级机关。

(4)请示应当一文一事。不得在报告等非请示性公文中夹带请示事项。

(5)除上级机关负责人直接交办事项外，不得以本机关名义向上级机关负责人报送公文，不得以本机关负责人名义向上级机关报送公文。

(6)受双重领导的机关向一个上级机关行文，必要时抄送另一个上级机关。

(二)下行文行文规则

(1)主送受理机关，根据需要抄送相关机关。重要行文应当同时抄送发文机关的直接上级机关。

(2)党委、政府的办公厅(室)根据本级党委、政府授权，可以向下级党委、政府行文，其他部门和单位不得向下级党委、政府发布指令性公文或者在公文中向下级党委、政府提出指令性要求。需经政府审批的具体事项，经政府同意后可以由政府职能部门行文，文中须注明已经政府同意。

(3)党委、政府的部门在各自职权范围内可以向下级党委、政府的相关部门行文。

(4)涉及多个部门职权范围内的事务，部门之间未协商一致的，不得向下行文；擅自行文的，上级机关应当责令其纠正或者撤销。

(5)上级机关向受双重领导的下级机关行文，必要时抄送该下级机关的另一个上级机关。

(三)联合行文规则

同级党政机关、党政机关与其他同级机关必要时可以联合行文。属于党委、政府各自职权范围内的工作，不得联合行文。

党委、政府的部门依据职权可以相互行文。部门内设机构除办公厅(室)外不得对外正式行文。

五、党政公文的格式

为提高党政机关公文的规范化、标准化水平，2012 年 6 月 29 日，国家质量监督检验检疫总局、国家标准化管理委员会发布了《党政机关公文格式》国家标准（GB/T 9704—2012）。该标准于 2012 年 7 月 1 日起正式实施。对组成公文的各格式要素的正确标法及其应标位置都做了严格规定。公文制作时，应按规定标识，准确规范。

（一）公文用纸及印装格式

1. 公文用纸采用 A4 型　其成品幅面尺寸为 210 mm×297 mm。

公文用纸天头（上白边）为 37 mm±1 mm。

公文用纸订口（左白边）为 28 mm±1 mm。

版心尺寸为 156 mm×225 mm（不含页码）。

2. 公文印装要规范　公文排版正文用 3 号仿宋字，一般每面排 22 行，每行排 28 个字。特定情况可以作适当调整。

公文文字从左至右横写、横排。

公文应左侧装订，不掉页。张贴的公文用纸大小，根据实际需要确定。骑马订或平订的公文应当订位为两钉外订眼距版面上下边缘各 70 mm 处，允许误差±4 mm。

（二）党政公文的格式内容及排版规则

《条例》中关于公文格式内容是这样规定的："公文一般由份号、密级和保密期限、紧急程度、发文机关标志、发文字号、签发人、标题、主送机关、正文、附件说明、发文机关署名、成文日期、印章、附注、附件、抄送机关、印发机关和印发日期、页码等组成。"

《党政机关公文格式》中规定："公文格式各要素划分为版头、主体、版记三部分。公文首页红色分隔线以上的部分称为版头；公文首页红色分隔线（不含）以下、公文末页首条分隔线（不含）以上的部分称为主体；公文末页首条分隔线以下（含分隔线）、末条分隔线以上的部分称为版记。"

1. 版头　包括份号、秘密等级和保密期限、紧急程度、发文机关标志、发文字号、签发人（会签人）和红色分隔线等要素。

（1）份号　是公文的份数序号。如需标注份号，一般用 6 位 3 号阿拉伯数字，顶格编排在版心左上角第一行。

（2）密级和保密期限　秘密等级是指划分公文保密的级别。可分为三个等级：绝密、机密、秘密。绝密文件指涉及党和国家最核心机密的文书；机密文件指涉及党和国家重要机密的文书；秘密文件指涉及党和国家一般秘密的文书。

保密期限是对文件保密时效的限定。

如需标注密级和保密期限，一般用 3 号黑体字，顶格编排在版心左上角第二行；保密期限中的数字用阿拉伯数字标注。如"机密★1 年"。密级和期限之间用"★"分开。

（3）紧急程度　是指对文件送达和承办的时限要求。紧急公文分为"特急"和"急件"两种。有的文件要限时送达，则在文件封套上标注时间。

如需标注紧急程度，一般用 3 号黑体字，顶格编排在版心左上角；如需同时标注份号、密级和保密期限、紧急程度，按照份号、密级和保密期限、紧急程度的顺序自上而下分行排列。

（4）发文机关标志　由发文机关全称或者规范化简称加"文件"二字组成，也可以使用发文机关全称或者规范化简称。

发文机关标志居中排布，上边缘至版心上边缘为 35 mm，推荐使用小标宋体字，颜色为红色，以醒目、美观、庄重为原则。

联合行文时，如需同时标注联合发文机关名称，一般应当将主办机关名称排列在前；如有“文件”二字，应当置于发文机关名称右侧，以联合发文机关名称为准上下居中排布。

(5)发文字号　由发文机关代字、年份、序号三部分依次组成。如《国务院关于加强城乡规划监督管理的通知》这一文件的发文字号是“国发〔2002〕13 号”其中“国”是发文机关国务院的代字；“2002”是发文年份；“13 号”是序号，是指 2002 年国务院 2002 年发的第 13 个文件。

发文字号用 3 号仿宋标识，编排在发文机关标志下空二行位置，居中排布。年份、发文顺序号用阿拉伯数字标注；年份应标全称，用六角括号“〔〕”括入；发文顺序号不加“第”字，不编虚位(即1 不编为 01)，在阿拉伯数字后加“号”字。上行文的发文字号居左空一字编排，与最后一个签发人姓名处在同一行。

(6)签发人　是指最后审定公文文稿签字印发的机关领导人。签发人内容只有在上行文时才标注。由“签发人”三字加全角冒号和签发人姓名组成，居右空一字，编排在发文机关标志下空二行位置。“签发人”三字用 3 号仿宋体字，签发人姓名用 3 号楷体字。

如有多个签发人，签发人姓名按照发文机关的排列顺序从左到右、自上而下依次均匀编排，一般每行排两个姓名，回行时与上一行第一个签发人姓名对齐。

(7)分隔线　发文字号之下 4 mm 处居中印一条与版心等宽的红色分隔线。

2.主体　公文的主体格式包括标题、主送机关、正文、附件说明、成文日期、印章、附注等。

(1) 标题　由三要素组成：发文机关名称、发文事由、文种。

一般用 2 号小标宋体字，编排于红色分隔线下空二行位置，分一行或多行居中排布；回行时，要做到词意完整，排列对称，长短适宜，间距恰当，标题排列应当使用梯形或菱形。

(2)主送机关　指公文的主要受理机关，应当使用全称、规范化简称或者统称。

编排于标题下空一行位置，居左顶格，回行时仍顶格，最后一个机关名称后标全角冒号。如主送机关名称过多导致公文首页不能显示正文时，应当将主送机关名称移至版记。

(3)正文　公文首页必须显示正文。一般用 3 号仿宋体字，编排于主送机关名称下一行，每个自然段左空二字，回行顶格。文中结构层次序数依次可以用“一、”“(一)”“1.”“(1)”标注；一般第一层用黑体字、第二层用楷体字、第三层和第四层用仿宋体字标注。

(4)附件说明　附件就是附属于公文正件的有关文件或材料。如有附件，在正文下空一行左空二字编排“附件”二字，后标全角冒号和附件名称。如有多个附件，使用阿拉伯数字标注附件顺序号；附件名称后不加标点符号。附件名称较长需回行时，应当与上一行附件名称的首字对齐，如：

附件：1.××××××

　　　2.××××××

(5)发文机关署名、成文日期和印章　成文日期一般右空四字编排，印章用红色，不得出现空白印章。

单一机关行文时，一般在成文日期之上、以成文日期为准居中编排发文机关署名，印章端正、居中下压发文机关署名和成文日期，使发文机关署名和成文日期居印章中心偏下位置，印章顶端应当上距正文(或附件说明)一行之内。

联合行文时，一般将各发文机关署名按照发文机关顺序整齐排列在相应位置，并将印章一一对应、端正、居中下压发文机关署名，最后一个印章端正、居中下压发文机关署名和成文日期，印章之间排列整齐、互不相交或相切，每排印章两端不得超出版心，首排印章顶端应当上距正文(或附件说明)一行之内。

成文日期中的数字用阿拉伯数字将年、月、日标全，年份应标全称，月、日，不编虚位(即 1 不编为 01)。

当公文排版后所剩空白处不能容下印章或签发人签名章、成文日期时，可以采取调整行距、字距的措施解决。

(6)附注　附注就是附带说明，是用来注明文件的阅读、传达范围和行文有关事项。所谓阅读、传达范围是指公文发至的机关级别和传达对象的范围，如“此件发至省军级”。在一般情况下，无须标注，只有密级的下行文则必须标识。此外，使用“请示”这一文种时应在附注处注明发文机关联系人的姓名和电话号码。

公文如有附注，用 3 号仿宋体字，居左空二字加圆括号标注在成文日期的下一行。

(7)附件　附件应当另面编排，并在版记之前，与公文正文一起装订。“附件”二字及附件顺序号用 3 号黑体字顶格编排在版心左上角第一行。附件标题居中编排在版心第三行。附件顺序号和附件标题应当与附件说明的表述一致。附件格式要求同正文。

如附件与正文不能一起装订，应当在附件左上角第一行顶格编排公文的发文字号并在其后标注“附件”二字及附件顺序号。

3.版记　公文版记部分包括抄送机关、印发机关和印发时间等组成要素。

(1)版记中的分隔线　与版心等宽，首条分隔线和末条分隔线用粗线(推荐高度为 0.35 mm)，中间的分隔线用细线(推荐高度为 0. 25 mm)。首条分隔线位于版记中第一个要素之上，末条分隔线与公文最后一面的版心下边缘重合。

(2)抄送机关　指除主送机关以外需要执行或知晓公文的其他机关，应使用全称、规范化简称或统称。

如有抄送机关，一般用 4 号仿宋体字，在印发机关和印发日期之上一行、左右各空一字编排。“抄送”二字后加全角冒号和抄送机关名称，回行时与冒号后的首字对齐，抄送机关之间用逗号隔开，最后一个抄送机关名称后标句号。

如需把主送机关移至版记，除将“抄送”二字改为“主送”外，编排方法同抄送机关。既有主送机关又有抄送机关时，应当将主送机关置于抄送机关之上一行，之间不加分隔线。

(3)印发机关和印发日期　一般用 4 号仿宋体字，编排在末条分隔线之上，印发机关左空一字，印发日期右空一字，用阿拉伯数字将年、月、日标全，年份应标全称，月、日不编虚位(即 1 不编为 01)，后加“印发”二字。

版记中如有其他要素，应当将其与印发机关和印发日期用一条细分隔线隔开。

(4)页码　一般用 4 号半角宋体阿拉伯数字，编排在公文版心下边缘之下，数字左右各放一条一字线；一字线上距版心下边缘 7 mm。单页码居右空一字，双页码居左空一字。公文的版记页前有空白页的，空白页和版记页均不编排页码。公文的附件与正文一起装订时，页码应当连续编排。

版记置于公文的最后一页纸面上，其最后一个格式要素位于最后一行。

党政公文格式模板

下行文示例

0000001
机　密★一年
特　急

×××文件

×××〔2013〕1号

关于××××的通知

××、××：

××××××××××××××，××××××××××××××××××。×××××××××××××××。

……

××××××××××××××××××××××××××××××××××。

附件：1. ×××××××××

2. ×××××××××

×××××××

2013年×月×日

（附件：××）

抄送：××，×××。

××××　2013年×月×日印发

上行文示例

机　密
特　急

×××文件

×〔2013〕1号　签发人：×××

关于××××的请示

××：

××××××××××××××，×××××××××××××××××。××××××××××××××。

××××××××××××××××××××××××××××××××××。

附件：1. ×××××××××

2. ×××××××××

×××××××

2013年×月×日

（附件：联系人×××　电话：××××××）

抄送：××。

××××　2013年×月×日印发

链接

公文的特定格式

一、信函格式

发文机关标志使用发文机关全称或者规范化简称，居中排布，上边缘至上页边为30 mm，推荐使用红色小标宋体字。联合行文时，使用主办机关标志。

发文机关标志下 4 mm 处印一条红色双线(上粗下细)，距下页边 20 mm 处印一条红色双线(上细下粗)，线长均为 170 mm，居中排布。

如需标注份号、密级和保密期限、紧急程度，应当顶格居版心左边缘编排在第一条红色双线下，按照份号、密级和保密期限、紧急程度的顺序自上而下分行排列，第一个要素与该线的距离为 3 号汉字高度的 7/8。

发文字号顶格居版心右边缘编排在第一条红色双线下，与该线的距离为 3 号汉字高度的 7/8。

标题居中编排，与其上最后一个要素相距二行。

第二条红色双线上一行如有文字，与该线的距离为 3 号汉字高度的 7/8。

首页不显示页码。

版记不加印发机关和印发日期、分隔线，位于公文最后一面版心内最下方。

二、命令(令)格式

发文机关标志由发文机关全称加“命令”或“令”字组成，居中排布，上边缘至版心上边缘为 20 mm，推荐使用红色小标宋体字。

发文机关标志下空二行居中编排令号，令号下空二行编排正文。

签发人职务、签名章和成文日期的编排：单一机关制发的公文加盖签发人签名章时，在正文(或附件说明)下空二行右空四字加盖签发人签名章，签名章左空二字标注签发人职务，以签名章为准上下居中排布。在签发人签名章下空一行右空四字编排成文日期。

三、纪要格式

纪要标志由“×××××纪要”组成，居中排布，上边缘至版心上边缘为 35 mm，推荐使用红色小标宋体字。

标注出席人员名单，一般用 3 号黑体字，在正文或附件说明下空一行左空二字编排“出席”二字，后标全角冒号，冒号后用 3 号仿宋体字标注出席人单位、姓名，回行时与冒号后的首字对齐。

标注请假和列席人员名单，除依次另起一行并将“出席”二字改为“请假”或“列席”外，编排方法同出席人员名单。

纪要格式可以根据实际制定。

写作技能训练

一、指出下面发文字号的错误，并予改正。

1. ×燃煤(08)第169号
2. ×政办字〔2005〕15
3. 〔2006〕×电办第8号
4. ×商办〔2007〕十一号
5. ×政发〔二〇〇四〕字第9号

二、阅读下面这份公文，从格式角度判断正误，并加以修改。

××市税务局文件

×税(2005)31号

关于开展税收业务竞赛和珠算比赛的通报

各科室(队)、税务所：

根据中央、省市税务局、团委要求，结合我局实际，积极开展"学先进，比贡献，争当税务系统青年标兵"活动，于2005年6月21日在我局举行了由团支部牵头、各有关科室参加的税收业务竞赛和珠算比赛……，现将比赛结果通报如下：

税收业务取得前三名的是市直、城关、高庄税务所。取得前三名的个人是李××、孙××、王××。

珠算比赛取得前三名的单位是城关、市直、杨柳镇税务所。详见附表。

2005年7月3日

抄送：省税务局，××市税务局，市委宣传部，市财委团委，市直党委。

提示：本文字号相对缩小。通报是下行文，根据公文格式的三部分内容及位置、字体、字号的要求，进行对照，查找不当之处并修改。

第二节　通报

自学与自测

一、填空题

1.通报是用于表彰先进,(　　　　　),传达(　　　　　)或者情况的一种公文。通报是(　　　　)。

2.通报根据其适用范围,可分为(　　　　)、(　　　　)、(　　　　)。

3.通报与决定的主要区别在于决定的事项比通报的事项(　　　　)。

4.《××市百货公司关于××商店仓库被盗情况的通报》标题中的事由是(　　　　),属于(　　　　)通报。

5.《山东省人民政府关于表彰全省矿业秩序治理整顿工作先进单位的通报》标题中的事由是(　　　　　),属于(　　　　)通报。

6.通报正文结构包括通报缘由、(　　　　)、(　　　　)、号召要求。

7.通报事项有两种写法,一是(　　　　);二是(　　　　)。直述式是将通报事实直接写入(　　　　)的方式;转述式则是以某种文件或材料为基础进行叙述的方式,其具体事迹表述不在正文,而在(　　　　)中。

8.表彰通报正文内容包括(　　　　)、(　　　　)、(　　　　)与要求。

9.批评通报正文内容包括(　　　　)、(　　　　)、(　　　　)及要求。

二、简答题

1.比较通知与决定的区别。

2.通报写作有哪些要求?

范文阅读与训练

例文1　　　　××市化工总公司关于王×奋力灭火的通报

各分公司、各厂:

7月22日上午8时35分,××化工厂一成品车间后处理段油气管道突然爆炸,当班的胶罐岗位操作工王×被气浪推倒,头部、右臂、大腿几处受伤,鞋子也被甩掉。王×迅速爬起来,顾不得找鞋子和查看自己的伤势,踩着玻璃碎片,来回奔走,在烈火中先后关闭了喷胶阀、油气分层罐手阀、蒸汽总阀。接着又抓起干粉灭火器,把颗粒泵、混胶罐等处的火扑灭。

王×在身体多处负伤、火势凶猛危急情况下,不顾个人安危,果断处理,对防止火势蔓延,制止事故扩大,减少损失,做出了突出贡献。

鉴于王×的先进事迹，总公司研究决定：

一、将王×奋力灭火的事迹通报全公司，予以表彰。

二、奖励王×5 000元，以资鼓励。

希望总公司各单位职工向王×学习，发扬见义勇为、不怕牺牲的崇高精神，为搞好各项工作做出更大的贡献。

市化工总公司(印章)
2014年8月20日

评析：这是一份(　　　)的通报。正文第一部分简要介绍王×不顾个人安危，奋力灭火的事实。时间、地点、人物、事件以及背景交代得清清楚楚。本段体现了通报对事实叙述的要求，从量上来分析，就是在叙述时略掉若干细节；从质的角度来分析，就是通过对事实过程的反映，要能显示出作者想要强调的事实蕴涵，即事实意义。第二段在介绍事迹的基础上作简洁评论，中肯、恰如其分。本段主要揭示事实意义，是对事件中人物行为的精神升华，突出文章的主题。第三段直接写表彰决定，第四段发出号召，确切、简洁有力。

请根据上述评析，归纳正文结构内容：

正文内容(　　　)+(　　　)+(　　　)+(　　　)。

请根据在括号内填写文种种类并归纳正文内容。

例文2　关于表彰2013年度××市重点项目建设先进单位和先进个人的通报

各区、县(市)人民政府，市政府各部门、各直属单位：

2013年，在省重点工程建设领导小组的指导下，在各级党委、政府的重视下，通过广大建设者的辛勤工作，我市重点项目建设取得了显著成绩，为改善城市基础设施和投资环境，提高城市综合竞争力打下了坚实的基础。在重点项目建设期间，涌现出一批抓质量、抢进度、攻难克艰、顾全大局、无私奉献、团结协作的先进集体和先进个人。

为激励先进，鼓舞士气，促进我市2014年重点项目建设任务顺利完成，市政府决定，对在2013年度全市重点项目建设中做出突出贡献的20家先进单位和50名先进个人予以通报表彰。

希望受表彰的单位和个人再接再厉，开拓进取，再立新功。各重点项目建设单位要向先进学习，勇挑重担，真抓实干，为实现我市“构筑大都市、建设新天堂”的目标做出应有的贡献。

附件：1. ××市2013年度重点项目建设先进集体名单
　　　2. ××市2013年度重点项目建设先进个人名单

××市人民政府办公厅(印章)
2014年2月27日

评析：这是一份(　　　)的通报。正文第一段对事实介绍简明扼要，整体叙述先进集体的概况，高度概括事实，注重事实性质的表述，忽略事件的过程，在揭示事实的性质、意义时准确得体。第二自然段写通报的依据、目的和表彰决定。第三自然段对受奖单位提出希望和对相关单位提出要求，具有针对性和教育意义。

请根据上述评析，归纳正文结构内容：正文(　　　　)+(　　　　)+(　　　　)、希望要求。

请根据在括号内填写文种种类并归纳正文内容。

例文3　××市卫生局关于医生张×滥用麻醉药品造成医疗事故的通报

各区县、各乡镇医疗卫生单位：

2012年7月5日晚7时25分，×县×镇×村农民李×因下腹部疼痛，被送到镇卫生院治疗。该院夜班医生张×以"腹痛待诊"处理，为病人开了阿托品、安定等解痛镇静药，肌肉注射哌替啶10毫克。7月6日下午5时许，该病员因腹痛加剧，再次到该卫生院治疗，医生刘×诊断为急性阑尾炎穿孔，伴腹膜炎，急转市第二人民医院治疗，于当晚7时进行阑尾切除手术。手术过程中，发现阑尾端部穿孔糜烂，腹腔脓液弥漫。切除了坏死的阑尾，清除了腹脓液约300毫升，安装了腹腔引流管条。经过积极治疗，输血300毫升，病人才脱离危险，但身心受到严重的伤害。

急性阑尾炎是一种常见的外科急腹症，诊断并不困难。×镇卫生院张×工作马虎，处理草率，在没有明确诊断以前，滥用麻醉剂哌替啶，掩盖了临床症状，延误了病人的治疗时间造成了较为严重的医疗事故。这种对人民生命财产极不负责任的做法是严重失职。

为了教育张×本人，经卫生局研究决定，决定给张×行政记过处分，扣发全年奖金，并在全市范围内通报批评。

各单位要从这次医疗事故中吸取教训，加强对职工的思想教育，增强职工的责任感，以及对人民高度负责的精神，端正服务态度，提高服务质量。同时要加强对麻醉药品的管理，认真执行××省卫生厅《关于严格控制麻醉药品使用范围的规定》，严禁滥用麻醉药品。今后如发现违反规定者，要首先追究单位领导的责任。

××市卫生局(印章)
2012年7月25日

评析：这是一则(　　　　)通报。

本文叙事简明，在表达方式上使用概述手法，本文所述医疗事故，由镇卫生院的夜诊写到市医院的手术，交代了事件的全部过程。明确记叙的六个要素，事故的"原因"，在于医生张×的草率处理；事故的"经过"，即从夜诊到手术的全过程；"结果"造成了较严重的医疗事故，最后在市医院的抢救中转危为安。仅200余字，将整个事故的来龙去脉交代得一清二楚，读者从中即能明辨是非，总结教训。

本文的评析包含了对事故"原因"与"影响"的分析以及对事件"性质"的评价，不仅写得入情入理，切中了问题要害，足以使得事故责任人口服心服，便于读者把握要领、深受教育。

本文末段是对受文者提出的要求与希望。通报的要求来自通报的事件，要有明确的针对性。从例文内容本文提出两项要求：第一是"增强工作责任感"；第二是"加强对麻醉药品的管理"。与通报的事件在内涵与外延上均保持高度一致，显示了极强的针对性。

纵观全文四段文字，正文层次：批评通报的主要内容是：(　　　　)、(　　　　)、(　　　　)、(　　　　)。

知识提要

一、通报的适用范围

通报是用于表彰先进，批评错误，传达重要精神或者告知重要情况的一种公文。通报是下行文。

二、通报的种类

通报根据其适用范围，可分为：

1. 表彰通报　用来表彰先进个人和先进集体，宣传先进事迹，总结成功经验，树立学习榜样，做好本职工作。

2. 批评通报　用来批评错误，通报事故或反面典型，吸取教训，以此教育广大干部，引以为戒，改进工作，加强管理，防止类似的事件再度发生。

3. 情况通报　用来在一定范围内，就当前的工作进展情况、落实情况、评比检查结果等重要情况或动态，及时传达，沟通消息、互通情报，提请所属单位或有关部门关注重视，使之更好地开展工作。

三、通报与决定的区别

与决定比较，决定有表彰决定、处分决定，它们的区别在于决定的事项比通报的事项重要，表彰决定一般用于授予何种奖励或荣誉称号，表彰通报一般用于表扬积极分子等项目；处分决定一般用于撤职或留党察看等项目，批评通报一般用于警告、记过或给予通报批评。

四、通报的写法

通报的文体结构分为标题、主送机关、正文、落款四个部分。

（一）通报的标题

1. 公文式　一般有两种形式：

(1)完全式标题　由发文机关、事由、文种三要素。通报的标题关键在于概括事由，准确反映通报的内容，要求做到文字简洁而意思明确。如《××市百货公司关于××商店仓库被盗情况的通报》、《山东省人民政府关于表彰全省矿业秩序治理整顿工作先进单位的通报》。

(2)非完全式标题　由事由、文种构成，如《关于石虎、石建国列车抢险的通报》。

2. 文种式　内部发文可省略发文机关、事由，只写文种《通报》。

（二）主送机关

一般为直属下级机关，可以是一个或多个机关；如果发文范围仅限于本机关或系统内部，可以省略主送机关；用于张贴或登报的通报可以不写主送机关。

（三）正文

不同类型的通报内容有所不同，但其正文结构大致相同，包括通报缘由、分析评价、通报决定、号召要求。

1. 表彰通报

(1)叙述事迹　主要是指先进个人或先进集体。先进个人事迹是叙述某一事件的经过,要写清时间、地点、人物、事件的经过、结果等。表达时应概括叙述,只要将事实讲清即可,篇幅不宜过长,如例文1。

表彰先进集体要写通报的背景,即概述整个集体所取得的成绩,并给予评价,如例文2开头。

通报事项有两种写法,一是直述式;二是转述式。直述式是将通报事实直接写入正文的方式。转述式则是以某种文件或材料为基础进行叙述的方式,其具体事迹表述不在正文,而在附件中。所以转述式通报均有附件,附件应具有事项的详细记载。转述式通报正文一般只提明转发的附件名称即可。

书写通报的事项时,要注意语言表述的定位。它既不是新闻报道,也不是文学作品,学习者要注意运用公文语言,客观叙述,不管事情多么复杂感人,都要避免大起大落的渲染铺排。

(2)分析评价　对先进人物、典型事迹,应表明其代表的积极的倾向,指出其意义,以便激励先进、督促后进。主要采用议论的写法,要注意文字的精炼。措辞要有分寸感,不能出现过誉或贬低的现象,如《共青团××市委关于表彰李××等三同志勇救列车的通报》:

李××等三同志不顾个人安危,勇救列车,保护了国家财产和人民的生命安全,发扬了共产主义大无畏的精神,体现了当代青年的可贵风貌,为广大共青团员和青年树立了良好的榜样。

(3)表彰决定　这部分写什么会议或什么机构决定,给予表彰对象以什么样的表彰和奖励,先精神奖励后物质奖励。

(4)要求提出希望和要求　表彰先进集体的通报分析评价的内容不写,只定表彰决定与要求。在表达上要注意清晰、简洁,用词精当。

2. 批评通报

(1)错误事实　概括叙述错误事实或事故的经过。

(2)评析事件　分析错误的性质、原因,指出其性质的严重性和后果的危害性。对于个人错误行为事实,要分析错误的性质、危害,一般都写得比较简短;对于各类事故要分析发生的直接原因和间接原因;对于综合性的不良现象或问题,分析要系统。主要采用议论的写法,措辞要有分寸感,不能出现贬低的现象,如《邮电部办公厅关于中国邮电器材总公司××同志工作失职给国家造成巨大经济损失问题的通报》:

几年来,邮电器材总公司系统连续发生多起货款被骗案件,总公司领导班子,特别是主要负责同志未能引起足够重视,没有认真吸取教训并提出切实有力的措施,致使总公司机关个别干部重犯类似错误,教训是十分深刻的。

这是批评通报,采用议论的表达方式,揭示通报的主题。分析造成国家损失的间接原因。

(3)处分决定　这部分要写明对批评对象处分的依据,提出处理意见,给予什么样的处分和惩罚。

(4)要求　要求是重申某一方面的纪律,希望所有单位及个人从中吸取教训,不要再犯类似的错误。要求的内容表述不能过于简单。

3.情况通报

(1)通报情况　工作情况的通报主要写取得的成绩或问题，说明原因；突发事件的通报首先把事件的经过和造成的严重后果交代清楚，其次要分析事件发生的原因和造成的影响。

(2)提出要求　针对工作中存在的问题和不足，或者突发事件，对受文单位提出改进工作的要求或应注意的事项。要求可以分条列项写。

(四)落款

落款内容包括发文机关名称，时间和印章，时间用阿拉伯数字，印章骑年盖月。

五、通报的写作要求

1.选材要典型，要具有普遍意义　先进的典型能揭示时代的本质，时代精神。反面的典型，能起警诫的作用。这样才对工作具有指导意义，对群众有教育作用。

2.内容要真实、准确　通报中的事例，必须是客观存在、真实可靠的。对问题的性质要有中肯的分析，切不可渲染夸大，也不能避重就轻。对通报中涉及的时间、地点、姓名、数据等内容，必须表达准确。

3.语言平实、严谨　通报写作要求语言讲究分寸，叙事语言平实，一般不用描写和抒情性的语言，评议事件要求语言严谨、庄重。

写作技能训练

一、拟写标题

1.中共××市委发文授予张××"优秀共产党员"称号。

2.陈××利用自己担任工商局长职务之便，违反规定为他人谋利，收受贵重礼品，××市人民政府发文通报情况。

3.××省人民政府对援助马里医疗队违法携带象牙等违禁物品事件进行通报。

4.少数干部利用公款游山玩水，××市纪委发文予以通报。

5.××厂为了更好地配合全厂"双增双节"工作，上半年在全厂职工中开展了"小改小革"活动，现就这一活动进行通报。

二、材料写作

1.××公司运输员陈×，自2012年4月4日至13日，利用发货职权，在××客运码头先后向七个提货的货主进行明目张胆的勒索。有些货主不答应，他就以不发货、不点数、不放行进行刁难。经查实共勒索钱物折合人民币××××元。5月25日的《××日报》揭露了其勒索行为后，陈×态度恶劣，拒不认错。

鉴于这种情况，公司研究决定，对陈×罚款5 000元，停职检查1周，并在全公司通报批评。

请你代公司写一份公司系统内部的通报。

2.根据下述情况，以××联运总公司的名义写一篇表彰性通报，主送机关是所属各分公司。

王正学同志是××联运公司××长途客运站安检员，共产党员。参加工作十多年，多次被总公司立为“敬业爱岗”标兵。2014年×月×日清晨，他在对一辆长途客车进行检查时查获走私犯罪公子丁××走私黄金8两2钱。丁××慌了，为避免事情败露，丁××以人民币3 000元妄图贿赂王正学同志，被王正学同志严词拒绝。丁××凶相毕露，拔刀行凶，刺伤王正学同志脸部、胸部。王正学同志身负重伤，但临危不惧，英勇地与丁犯做斗争，在群众的协助下，终于将丁犯抓获。因王正学同志在关键时刻经受了严峻的考验，总公司决定给他记功一次，并发给奖金50 000元。同时在全公司范围内给予通报表扬，并号召各级组织发动党团员和广大职工向他学习，学习他为了国家和人民利益，不畏强暴，坚决同违法犯罪分子做斗争的英勇事迹；学习他热爱本职工作，出色完成党交给的艰巨任务的高尚品质。

三、案例分析：请指出下面这则通报的不当之处，并进行修改

关于李文的通报

我院电子系计算机专业01002班学生李文，2013年11月30日下午到学校饭堂吃饭的时候，看到排队打饭的人多，就要强行插队打饭。有同学劝他要遵守纪律时，他出口脏话，一位学生干部走过来阻止他，他不管三七二十一拿起搪瓷饭碗打过去，致使那位学生干部头部受伤。李文的行为引起了在场的其他同学的公愤，有人甚至叫嚷要把他拉到派出所关押起来。最终其他学生会干部们和部分同学一起平息了这场打架事件。

据查，李文平时学习也不刻苦，上学期期末考试有一科仅得61分。

经院领导研究决定，给予李文记大过一次的处分。

希望广大同学以此为戒，努力学习，争取在常年考试中取得好成绩。

第三节　报告

自学与自测

一、填空题

1. 报告是“适用于向上级机关(　　　　)，(　　　　)，(　　　　)”的一种公文。报告为(　　　　)。

2. 按性质划分，报告可分为(　　　　)和(　　　　)两种。

3. 按内容分，报告可分为(　　　　)、(　　　　)、(　　　　)、(　　　　)。

4. 某地发生一起突发性重大事故，要将此事故的发生过程、结果和处理情况反映给上级，用(　　　　)行文，属于(　　　　)。

5. 主送机关是报告的受文机关，负责受理报告机关，即(　　　　)。主送机关应(　　　　)，如还须呈送其他上级机关，应采用(　　　　)的形式。

6. 报告要求开门见山，落笔入题。有时用(　　　　)、“为此，特作如下报告”等引起下文。

7. 情况报告开头概括交代重要情况或突发事件的主要情况，内容涉及的(　　　　)、(　　　　)、(　　　　)、(　　　　)、结果等要素。

8. 报送报告的常用尾语是：(　　　　)、(　　　　)、(　　　　)。

范文阅读与训练

例文 1　　　中共××县委关于2012年上半年工作情况的报告

××市委：

今年以来，××县委在市委的正确领导下，带领全县各级党组织和广大党员干部，努力实践"三个代表"重要思想，认真贯彻落实省九次党代会和市委全会精神，紧紧围绕"突出一条主线，构建四大格局，实现经济强市"的目标和"突出调整、深化改革、优化环境、加快发展"的任务，切实加强思想、组织和作风建设，狠抓工作落实，全面实施绿色食品发展战略，较好地完成了预定的工作，各项事业都有了较快的发展。

一、绿色食品产业提档升级步伐加快，经济建设和社会事业持续、健康、快速发展

今年以来，我们针对入世后的新形势、新任务，在经济工作中以发展为主题，以结构调整为主线，围绕确立比较优势、应对入世挑战的基本思路，加速绿色食品的提档升级，经济运行质量进一步提高，各项主要经济指标稳步增长。到6月底，全县实现国内生产总值83 312万元，同比增长9.1%；地方工业实现增加值16 680万元，同比增长16.8%；实现销售收入41 880万元，同比增长16.1%；实现利税3 940万元，同比增长16.4%；社会消费品零售总额实现29 229万元，同比增长8%；地方财政收入实现6 504万元，同比增长20.7%；居民储蓄存款余额达27亿元，同比增长18%。今年上半年经济工作的主要特点是：

(一)农村产业结构调整步伐加快，绿色产业不断做强做大

立足于化解入世后对粮食主产区带来的冲击与影响，我们紧紧围绕提高农业竞争力和农民增收这个中心，从抓好春耕生产入手，推进农业结构调整，狠抓了高标准绿色食品基地建设，种植业实现了种满、种严、种优，养殖业出现了"两牛"经济迅速发展的局面。目前，绿色食品基地监测总面积达到35万亩，比上年增长2.5倍。

1. 加强高标准绿色水稻基地建设，努力把优势主导产业做大做强。绿色水稻是我县农业的主导产业和农民收入的主要来源，也是应对入世后的优势产业。今年，我县把标准化、规模化绿色水稻基地建设摆上了重中之重的位置，狠抓不懈，成效显著。一是绿色水稻基地面积进一步扩大……二是绿色水稻基地建设水平不断提高……三是AA级绿色水稻开发取得了实质性进展……四是绿色水稻产业化经营规模更加壮大……

2. 大力发展"两牛"产业，促进绿色养殖业由副业向主业转变……面向市场，大力发展特色经济作物，加快其他各类绿色食品基地建设……

(二)工业经济呈现良好的发展态势

今年以来，我县坚持扶持现有优势企业与加快项目建设并重的方针，努力推进绿色食品原料的精深加工、转化增值，为进一步实现工业经济的规模扩张和质量升级奠定了基础。一是扩大了绿色食品精深加工主导产业的规模……二是大力开发绿色新产品……三是积极开

拓销售市场……

（三）重点项目建设进展顺利

……

（四）特色旅游业健康发展

……

（五）对外经贸大幅度增长

……

（六）城乡建设继续保持较快的发展势头

……

二、进一步加强了党的建设，政治保证坚强有力

上半年，县委在“三个代表”重要思想指引下，以“三个代表”学教活动为契机，根据新时期党建新的伟大工程的要求，全面加强了基层党的思想、组织、作风、纪律建设，使党组织的创造力、凝聚力、战斗力不断增强，为深入实施绿色食品战略提供了坚强有力的政治保证。

（一）宣传思想工作扎实有效……

（二）党的组织建设水平进一步提高……

（三）作风建设效果明显……

（四）党风廉政建设和反腐败斗争不断深入……

三、正确处理改革、发展、稳定的关系，社会安定

（一）加强社会治安综合治理，稳定了社会治安……

……

尽管上半年我县的各项工作取得了一定成绩，但也存在一些不容忽视的问题：一是农业结构调整还没到位……二是工业基础仍比较薄弱……三是第三产业和非国有经济发展还不快……四是影响和制约财政运行的问题还比较突出……五是社会不稳定因素仍然存在……对这些问题，我们将在今后的工作中认真加以解决。

下半年，全县将以“三个代表”重要思想为指导，深入贯彻落实即将召开的党的十六大精神和市委全会精神，进一步抢抓机遇、开拓进取，以奋发有为的精神状态和深入扎实的工作作风，抓好年初确定的各项工作的落实，巩固工作成果，把绿色食品发展战略不断推向前进。

第一，推进绿色食品原料基地建设提档升级，努力增加农民收入……

……

第九，下大力气抓好安全稳定工作，确保社会政治安定……

中共××县委员会（印章）

2012 年 7 月 10 日

评析：这是一则（　　　）报告。报告内容完整，包括具体做法、成绩、经验、存在的问题、下半年的工作意见，重点是工作成绩、经验部分。从结构看，整体是总分式结构，（　　　）。在工作成绩部分又分成经济工作、党的建设和社会稳定三个层次。全文突出了绿色食品发展战略这一主题，贯穿了“打绿色牌，走特色路”这一主线，主题集中，特色鲜明。每个部分和层次都以（　　　）的形式立题，提纲挈领。在材料的运用上以概括性材料为主，用数字说

话，又有具体的典型事例，点面结合，既有深度，又有广度，反映了工作的全貌。文字把握也比较具体、简练。

如果将今后工作意见部分也以主题句的形式，如“振奋精神，巩固成绩，全力抓好下半年工作”，则会更好。既使观点醒目，主题突出，又与前三部分的结构形式和谐统一。

模式：公文式标题＋主送机关＋正文（　　　　）、（　　　　）、（　　　　）、（　　　　）＋落款

请在括号内填写文种种类并归纳正文内容。

例文2　关于××××次列车在××站发生侧面冲突重大事故的报告

铁道部：

××××年×月×日，××分管局风××线××车站发生了一起列车侧面冲突的重大事故。

事故发生后，主管机务的局长助理×××同志带领机务、运输、车辆、工务、货运处和安全检察室、公安局的领导同志立即赶赴事故现场，组成事故调查处理委员会，对事故进行了全面调查分析。于×月×日召开了事故调查处理委员会议，对发生事故的经过、原因以及对事故有关责任者的处理和应吸取的教训，应采取的措施进行了研究。现报告如下：

一、事故发生经过

×月×日1时38分，××机务段东风4型0669号内燃机车，乘务××××次货物列车，按计划在××站三道停会××××次货物列车。司机崔××、副司机秦××在乘务中睡觉，列车以每小时30千米的速度运行，在距××××次50米处，司机崔××才惊醒，因停车不及，冒进出站信号机45米，与正进二道的××××次列车发生侧面冲突，致使机车部分车箱脱轨，部分机车部件损坏，中断行车10小时12分，直接经济损失约17万元，构成重大事故。

二、事故发生的原因

1.事故发生的直接原因是机车乘务员在乘务中睡觉。司机崔××、副司机秦××于×月×日19时退勤，次日20时50分出勤，司机崔××出乘前共休息2小时左右，副司机秦××出乘前没有休息，以至在乘务中全班睡觉。

2.事故发生的重要原因是××机务段领导干部没有执行局发〔1985〕667号《关于强化机车乘务员瞭望的紧急通知》中关于“在22点至4点开车的乘务员必须到机务段乘室休息”的规定。

3.分局没有认真贯彻《联合决定》和攻关措施。分局领导对××机务段的检查、督促、帮助、指导不力，使问题没有得到及时解决，也是发生这起事故的一个重要原因。

三、对有关人员的处理

1.司机崔××班前不休息，工作严重不负责任，乘务中睡觉，有章不循，玩忽职守，是这起事故的直接责任者。事故发生后不讲真实情况，与副司机订立攻守同盟，品质恶劣，给国家造成了严重的经济损失和很坏的政治影响，给予留用察看2年处分。

……

5.路局机务处对部、局制定的有关文件，检查指导不够，对这起事故负有一定的责任。

停发浮动工资1个月。

四、应吸取的教训和今后措施

这起事故性质恶劣，损失严重，影响很坏，充分暴露出我们的干部作风不实、要求不严、管理不善，教训是十分深刻的。我们要以这起事故为借鉴，采取有效措施，迅速扭转安全工作的被动局面。

铁道部××铁路局(印章)
××××年×月×日

评析：这是一则事故报告，属(　　　　)，这类报告要求第一时间向上级汇报事故的进展情况。本文开头部分，先以一句话概括报告所发生的事故，后交代了路局调查处理的基本情况。正文主体部分写了四个问题：一是“事故发生的经过”，经过写得简明扼要、清晰具体。二是事故发生的原因，原因分直接和间接两种，分析合情合理，符合实际情况。三是对有关人员的处理，处理意见按直接责任和领导责任以及责任大小、情节轻重程度而定，注意了政策和法律的规定。四是“应吸取的教训和今后措施”教训深刻有力。

模式：公文式标题＋主送机关＋正文(　　　　)、(　　　　)、(　　　　)、(　　　　)＋落款

请在括号内填写文种种类并归纳正文内容。

例文3

上海××进出口公司
关于装“盐城”、“东风”轮叶粒霉变情况的报告

总公司：

按照总公司×字×号函的要求，我们对装“盐城”、“东风”轮叶粒霉变情况进行了调查，现汇报如下：

向日本×××株式会社出口的叶粒××吨，于×月装“盐城”、“东风”两轮运往横滨。该批货中，×吨系本市×厂产品，发货前经检验，未曾发现霉变情况。×吨系××省×厂所发，因到货过迟，来不及检验，该批到货便由车站直接运至码头装运出口。在装船时，该批到货中因包装破损而被剔出了××包。我们对这批剔出的货物逐包进行检验，发现个别包件确有霉变情况，据此估测，似不可能达到如客户所反映的霉变30%的严重程度。

日本×××株式会社经销我叶粒商品已有多年，双方贸易关系良好。该商过去为我产品进入日本市场，做过一些工作，在以往的业务中，对我货的品质一直很满意。此次货物运到目的港后立即反映质量存在问题，并由“日本海事检定协会”进行检验，出具鉴定证明。据此，我们认为，这批交货部分质量不符的责任拟应由我方承担。为避免再发生类似事件，我们现已采取了措施，加强收发货的检验工作。关于理赔问题，我们认为应根据实事求是的原则，通过协商，予以合理的赔偿。

特此报告。

上海××进出口公司(印章)
2014年4月29日

评析：这是一则答复报告。报告缘由根据上级机关来函文号要求作依据，然后用“现汇报如下”或“现将有关情况报告如下”过渡到下文。报告事项对上级的询问作具体的回答。主要从两方面进行答复，一是发现货物霉变情况，二是鉴于双方友好合作的关系，我方提出

解决问题的态度和方法。写得有针对性。结束语:“特此报告”选用准确。

模式:公文式标题＋主送机关＋正文(　　　　)、(　　　　)、(　　　　)＋落款

请在括号内填写文种种类并归纳正文内容。

例文 4　　　　关于报送重点研究基地“十五”科研规划的报告

教育部社政司:

根据《关于教育部第二批人文社会科学重点研究基地制定“十五”科研规划的通知》(教社政司〔2004〕64 号)精神,我校边疆考古研究中心、数量经济研究中心、理论法学研究中心认真制定了“十五”科研规划,现报送贵司,请查收。

附件:1. 吉林大学边疆考古研究中心“十五”科研规划

2. 吉林数量经济研究中心“十五”科研规划

3. 吉林理论法学研究中心“十五”科研规划

吉林大学(印章)

200×年×月××日

评析:这是一则(　　　　)。正文先写发文的依据,之后介绍报送材料的内容或名称,最后以(　　　　)的尾语收束。

请在括号内填写文种种类并归纳正文内容。

知识提要

一、报告的适用范围

报告是适用于向上级机关汇报工作,反映情况,回复上级机关的询问的一种公文。报告为上行文。

二、报告的种类

(一)按性质划分

1. 综合报告　是向上级机关全方面汇报一定阶段内工作情况的报告。其特点是内容丰富,便于上级掌握下级工作的整体状况,如《××公司关于 2007 年工作情况的报告》。

2. 专题报告　是向上级机关专门汇报某一工作、某一问题、某一事件的报告。这种报告内容单一,不涉及方方面面的问题,如《关于大连分公司筹备工作进展状况的报告》。

(二)按内容划分

1. 工作报告　这类报告主要用于汇报工作,供上级了解工作进展情况,接受上级的指导与监督,并为上级机关制定政策、部署工作提供依据,如《××学院关于招生情况的报告》、《关于农村中小学教育收费专项检查情况的报告》。

2. 情况报告　这类报告是指向上级汇报工作过程中工作出现的新情况、新问题,特别是某些重要的偶发事件、特殊情况、意外事故等的报告。它以陈述事实为主,并注重对原因、对策、意义的分析说明,如《关于高速公路塌方事故的报告》。

3. 答复报告　这类报告是对上级机关查询、督办、催办的事项做出专门的回复时使用的

公文，其内容要根据上级提出的要求逐项做出回答，不能回避问题，答非所问，如《××省人民政府办公厅关于我省清理整顿统一着装工作情况的报告》。

4.递送报告　这类报告主要是向上级报送公文、物品时随文随物而写的报告。像调查报告、总结、计划等非法定公文，一般不便直接行文，需用递送报告呈送。它要求直陈呈报公文或物品的名称和数量，内容单一，文字简短，如《××县关于报送 2007 年村办企业财务检查整顿工作总结的报告》。

三、报告的写法

报告的文体结构包括标题、主送机关、正文、落款。这里落款的要求与通报要求相同。

(一)标题

1.完全式公文标题　即由制发机关、事由、文种组成，如《××市人民政府关于××林区森林火灾情况的报告》。

2.非完全式标题　即由事由＋文种，如财政部下发的《关于对部分地区财政扶贫检查情况的报告》。

如果报告的情况很紧迫，可在标题中的"报告"前加"紧急"两字，如《关于环古城河景观照明及市区路灯设施连续被盗的紧急报告》。

(二)主送机关

主送机关是报告的受文机关，负责受理报告机关，即上级机关。主送机关应只有一个，如还须呈送其他上级机关，应采用抄送的形式。

(三)正文

报告的正文一般由开头、主体、结尾三部分构成。

1.开头　开头部分一般应写明报告的原因、目的、依据或交代基本情况，因报告的种类不同而有所不同。

(1)工作报告　概述基本情况。简明介绍前一阶段(或前一时期)的工作情况，包括取得的成绩和存在的问题，陈述有关背景。

如例文 1 的开头，概述了本年度工作的基本情况，包括工作的指导思想及采取的措施、取得的成绩。

(2)情况报告　概括交代重要情况或突发事件的主要情况。内容涉及的时间、地点、人物、事件、原因、结果等。

(3)答复报告　交代发文依据。要引述来文字号及相关的问题，如《关于治理水质污染问题的报告》：

前接×政发〔2004〕106 号函，询问我县水质污染原因及治理问题，现将有关情况汇报如下：

(4)递送报告　交代发文依据。要引述文件名称及报送单位的文件内容。

报告要求开门见山，落笔入题。有时用"现将有关情况报告如下"、"为此，特作如下报告"等引起下文。

2.主体　报告的主体应集中反映报告的核心内容，其具体写法因报告种类不同而各有差异。

(1)工作报告　一般包括各方面或某一方面工作的成绩、经验、问题和原因。工作成绩要求写出做了哪些工作,采取了哪些措施和做法,结果是怎样的;经验是对所取得的成绩的规律性认识;问题是指工作中缺点、不足或遇到的困难。

综合工作报告采用并列式或递进式结构。专题性报告采用递进式或并列式结构。

(2)情况报告　反映事件、工作进展情况,采用递进式或并列式结构,应写明事情的发生情况、分析原因、提出解决办法或建议,明确责任人及提出处理的意见或措施。

(3)答复报告　按询问内容作答。它是被动行文,答复事项是针对上级所提问题答复处理意见和结果,这种答复式的回复,要求认真审题,问什么答什么,既不要答非所问,也不要擅自主张,借题发挥。

(4)递送报告　文章一般很短,只要说明报送材料或物品名称、数量即可。

3.结尾　结尾有两种写法:

(1)补充式　为了配合领导工作或协助领导决策,在陈述完报告事项后,或说明今后打算,或提出工作意见,或提出建议。

今后的打算一般是说明今后工作的主要任务,以及完成这些任务的具体做法;提出工作意见或建议,是对报告事项的补充与延伸,但这种工作意见或建议,既不是公文"意见"中的意见,也不是"请示"中的建议,要注意提出意见或建议的角度。

(2)专用语式　工作报告、情况报告、答复报告的常用尾语有:特此报告、特此报告,请审阅等,递送报告的常用尾语是:请查收、请查阅、请查收并审核等。以上属专用语式结尾。一般另起一段,独占一行。也有的报告无特殊结尾,汇报完毕,即告结束。

四、报告的写作要求

1.材料真实可靠　材料是报告的基础,在报告的写作中应认真选择材料,通过真实的材料得出正确的结论。

2.报告时间及时　报告的基本任务就是为了向上级机关反映工作与情况,违反了时效性,报告也就失去了意义。

3.报告事项明确　报告一般用于上级机关了解下属各方面的情况,报告中不能写进请示事项,否则违反行文规则,可能影响办文效率。

4.重点突出,详略得当　报告应以概括叙述的方式,有针对性地选择主要事实材料,然后进行合理的组织安排,做到点面结合、重点突出、主次分明、有详有略、条理清晰。

写作技能训练

一、拟写标题

1.木材厂成品仓库发生重大火灾,现向上级单位行文汇报火灾情况。

2.学校收到上级机关来函,询问学生收费情况。

3.市环保局高考前夕对全市夜间噪声进行一次大检查,发现了许多问题,并据此向上级主管部门写了一份公文。

二、根据下面提供的材料，请以××市商务局的名义向××省商务厅起草一份报告

1.××××年2月20日上午9时20分，××市××百货大楼发生重大火灾事故。

2.事故后果：未造成人员伤亡，但烧毁三层楼房一幢及大部分商品，直接经济损失792万元。

3.施救情况：事故发生后，市消防队出动15辆消防车，经4个小时扑救，大火才被扑灭。

4.事故原因：直接原因是电焊工××违章作业，电焊火花溅到易燃货品上引起火灾，但也与××百货公司领导及员工安全思想淡漠，公司安全制度不落实，许多安全隐患长期得不到解决有关。

5.善后处理：市商务局副局长带领有关人员赶到现场调查处理；市人民政府召开紧急防火电话会议；市委、市政府对有关人员视情节轻重，做了相应处理。

第四节 请示

自学与自测

一、填空题

1.请示是用于向上级机关(　　　)、(　　　)的一种公文。请示是(　　　)。

2.根据请示事项不同，请示分为(　　　)、(　　　)、(　　　)。

3.请示属(　　　)公文，要求上级机关对下级机关的请示事项给予明确指示和批准。而报告属(　　　)公文，只反映情况，不需要上级机关答复。

4.请示必须(　　　)行文，报告则有所不同，它可以(　　　)行文，或在(　　　)行文。

5.请示要求(　　　)，而报告可写(　　　)或(　　　)。

6.请示一般只写(　　　)主送机关，为(　　　)，不送(　　　)。如需同时送其他机关，应用抄送的形式，请示不送(　　　)。

7.请示的正文一般包括(　　　)、(　　　)、(　　　)。

8.公司就市场开发情况向上级汇报用(　　　)行文；当企业技术改造过程中缺少资金，向上级行文用(　　　)。

二、简答题

1.报告与请示的区别是什么。

2.请示文体结构内容写作有哪些要求？

范文阅读与训练

例文1 ××省高级人民法院关于交通肇事是否给予被害者家属抚恤金问题的请示

最高人民法院：

据我省××市人民法院报告，他们对交通肇事致被害人死亡，是否给予被害者家属抚恤金的问题，有不同意见。一种意见认为，被害者是有劳动能力的人，并遗有家属要抚养的，就给予抚恤金；被害者若是没有劳动能力的老人或儿童，就不给予抚恤金。另一种意见认为，只要不是由被害者自己的过失所引起的死亡事故，不管被害者有无劳动能力，都应酌情给予抚恤金。我们同意后一种意见。几年来实践经验证明，这样做有利于安抚死者家属。

是否妥当，请批示。

××省高级人民法院（印章）
2014年3月6日

评析：这是一则（　　　　）的请示。正文开门见山提出对交通肇事是否给予被害者家属抚恤金有不同意见，具体阐述不同的内容。然后发文机关的态度或意见非常明确，请求上级给予批示。请在括号内填写文种种类。

例文2 ××职业技术学院关于新建学生宿舍楼的请示

省教育厅：

我院近几年招生人数不断增加，每年增扩人数在500人左右，现在校生已达1万人。因此现有宿舍已无法满足学生正常居住要求，这已经影响和制约了我院的进一步发展。

我院现有盈余资金共计××××万元，且已同××建设银行协商，可贷款××万元，用于建筑学生宿舍楼。

我院西校区教学区内有老式平房占地×××$米^2$，我们准备拆除后作为两栋学生宿舍楼的地基用地。

恳请省教育厅批准我们自筹资金、地皮建两栋六层学生宿舍楼。

请审批。

附件：1. 学生宿舍楼平面设计图
　　　2. 学生宿舍楼资金预算表

××职业技术学院（印章）
2013年11月10日

评析：这是一则（　　　　）的请示。本文主旨是请求自筹资金、地皮建两栋学生宿舍楼。请示的理由有两个方面：一是在校学生规模，说明建楼的必要性；二是建设资金的充足性和自备建设用地，说明建楼的可行性。本文所用材料具体、实在，具有代表性和说服力。

例文3　　××市第二商业局关于增设地下消火栓所需资金的请示

省商业厅：

××市食品公司冷库，系地区分配性重点仓库，厂区建筑面积3万米^2(其中冷库2万米^2)，储存物资千吨，价值数百万元。多年来，厂区防火设施比较简陋，除简易防火工具外，仅有消火栓一处，因年久失修，水压低，达不到防火要求，一旦发生事故，后果不堪设想。虽然省、市消防部门多次检查，提出建议，但因缺少资金一直没有按重点库区建设。为确保库区安全生产，做到常备无患，亟须修建地下消火栓四处(饲养场一处、肉联厂一处、冷库一处、蛋禽场与蛋库之间一处)，拟需要核拨资金4.4万元。

请审批。

附件：地下消火栓修建计划

××第二商业局(印章)

2012年×月×日

评析：这是一则(　　　　)的请示。请示正文内容要素齐全，包括请示理由、请示事项、请示尾语。仅仅四句话，先陈述理由："××市食品公司冷库……但因缺少资金一直没有按重点库区建设"；从三个角度说明理由，一是冷库的重要性，二是防火设施情况，三是缺少资金。然后表明请示目的和请示的主旨，"为……需要……"；结语采用公文专用语"妥否，请审批"。

模式：完全式标题＋主送机关＋正文——(　　　　)、(　　　　)、(　　　　)＋落款

缘由：事实依据"目前……，……，"；理论依据"根据……"

事项：目的"为了……"，"现拟……，"，具体事项(请示事项包括的几个方面)。

尾语："请审批。"

知识提要

一、请示的适用范围

请示是用于向上级机关请求指示、批准的一种公文。请示是上行文。

二、请示的种类

1.请求指示的请示　如果一级机关在工作中遇到新情况、新问题，在现有的方针、政策、规章以及上级的指示中，找不到相应的处理依据，导致无章可循、无所适从，需要上级机关给以指示。另外，如果对有关方针、政策和上级机关发布的规定、指示有疑问，也以请示行文，让上级机关给予解释和说明，如《××省高级人民法院关于交通肇事是否给予被害者家属抚恤金问题的请示》。

2.请求批准的请示　如果一级机关在工作中遇到不属于本机关批准权限，按照规定必须请示上级主管机关或部门审核、批准以后才能办理的事项，如项目立项、机构设置、人事安排、区划调整、外事往来、口岸开辟、下级机关制定的某些规定、方案、规划等，如《广东省人民政府关于将丹霞山风景区列为国家重点风景名胜区的请示》。

3. 请求帮助的请示　机关或组织在实际工作中遇到难以解决的问题或困难，如缺少资金、设备等，需要上级机关给予帮助和支持而制作的请示，如《××市民政局关于紧急拨付救灾资金的请示》。

三、请示与报告的区别

请示与报告虽都是上行文，都是向上级反映情况，但它们是两种不同的公文文种，主要区别是：

1. 写作目的不同　请示属请求性公文，为了解决工作中的问题和困难，向上级机关请求指示、批准，要求上级机关给予明确指示和批准，请示具有回复性。而报告属陈述性公文，是为了向上级汇报工作，反映情况，答复上级机关的询问，让领导及时了解情况，不需要上级机关答复。

2. 发文时间不同　请示必须事前行文经上级机关批准或答复后方可实施，不能先斩后奏，不允许未经上级指示或批准就擅自做出处理或决定。否则属越权行为，处理或决定的事项就属无效。如某机关单位因工作需要，打算购置一台复印机。必须事前行文，请示上级主管部门，得到批准后方可购买；未经批准，即便有钱也不行。报告则有所不同，它可以事中行文，如重大工程建设或重要工作进行当中的例行报告；还可以在事后行文，如向上级机关汇报本机关的工作情况，反映某方面重要情况等。总之，报告的写作时间比较灵活，不像请示那样必须事前行文。

3. 内容构成不同　请示的内容比报告单纯得多。请示的结构由缘由、请示事项和公文专用语组成。而报告的内容则更加丰富、宽泛。报告有综合性和专题报告两种，综合性报告一般包括主要情况、教训、存在的问题、今后打算四方面内容；专题报告以总结经验为主的，一般包括成绩、经验和今后的工作打算，或者因工作失误向上级写的检查报告，主要写错误事实及产生的原因、责任追究及处理意见和今后的改进措施。报告的事项部分不带请示内容。请示要求一文一事，而报告可写一事或数事。

四、请示的写法

（一）标题

请求标题的拟写很重要。拟写一个高质量的请示标题，准确提炼概括请示事项，使上级明确请求事项，便于很快答复。

请示的标题是完全式公文标题，由发文机关、事由、文种三要素组成，如《××镇人民政府关于报请拨款帮助我镇在建路段的请示》。

请示标题的要求是：

(1)不同种类的请示，动词的使用要求不同。

请求指示的请示：陕西省人民政府法制办公室《关于〈中华人民共和国陆生野生动物保护实施条例〉适用中有关问题的请示》此类请示大多是发文机关无法提出具体处理意见，在现行法律、法规等有关条款中找不到准确依据，因而这类请示中常有请求上级机关对有关条款进行解释、予以明确的内容。这样，只需将这种问题或情况准确简要地概括出来列入标题事由中即可。

请求批准的请示：《天津市人民政府关于报请我市做实企业职工基本养老保险个人账户

试点实施方案的请示》。上述标题事由部分使用的"报请"，目的在于请求上级机关产生同意态度，所以前面加了请求类动词。

《××省人民政府关于设立中国辛亥革命博物馆的请示》，此类标题一般不采用"申请"、"请求"等词语，因为"设立"、"立项"都是经批准而应由发文机关进行的工作。

请求帮助的请示：《关于报请核拨加固××段通信光缆柱桩专项经费的请示》。上述标题事由部分使用的"报请核拨"，目的在于请求上级机关产生拨款行为，所以前面加了请求类动词。

(2)不能把"请示"与"报告"混淆在一起。

(3)请示标题只写一事。

(二)主送机关

请示的主送机关就是负责受理和答复的机关。

主送机关的要求是：一般只写一个主送机关，为上级主管部门，不得越级请示，不送领导者个人。如需同时送其他机关，应用抄送的形式，请示不送下级机关。

(三)正文

请示的正文一般包括请示缘由、请示事项、请示结语。

1.请示缘由　是请示事项的基础，请示主要以写原因、背景为主，突出审批事项有利条件和现实可行性，为上级批准提供有力的事实和数据。那么怎样才能写好缘由呢？重点选择以下几个方面内容：

(1)客观需要　写清相关背景，使上级机关感到请示事项有尽快解决的必要性。如果一份请示的相关工作背景不为上级了解，领导在批准事项时就很难下判断，如：

市培训中心因教学需要，计划增设有关计算机教学设备，所需增设教学设备如下……为此，请市政府拨款给我们中心×××万元。

这篇请示关于相关的背景就写得太简单了，请示一笔财政拨款，不能仅用"因教学需要"几个字就概括过去，对于财政宽裕的市政府来说，或者可能给你拨款，但对于财政不宽裕的政府来说，它因不明白你请示的必要性，这就很难说了。因此，必须说明教育形势的新发展这一相关背景，并在此基础上说明增设新的教学设备是培训本市现代化党政干部的必备手段，说明它将由此对本市的未来发展产生深远的影响等，这样才能使上级了解到请示的必要性与迫切性。

(2)具备的条件　使上级感到请示事项有解决的可能性。

(3)问题或难点　写出本机关亟待解决的问题或难点，突出解决问题的紧迫感。集中笔墨写清问题或难点，就成为请示缘由写作不可缺少的内容。如写请求帮助的请示，以发文者的"实际情况"、"实际困难"为主要写作内容。写作时，紧紧围绕"本单位的力量难以解决和克服的困难"这个基本意思来写，要抓住主要矛盾，突出"无力"二字。以显示请示的合理性。

(4)写明请示事项的工作性质或意义　如请示某政策问题，就是因为有些工作没有相关明确的政策而无法进行，如请示救济款是为了解决当地群众的生产或生活困难。写请求批准的请示，以"阐释相关请求事项的意义、目的、根据和开展这一事项已具备的主客观条件"，以突出必要性和可行性。

在写作请求指示的请示时，写作角度与上述内容略有不同。如果是对方针、政策或法规条文等在理解上存在问题，陈述缘由时就要详细引述条文并讲清疑问之所在；如果是工作中对某一问题的处理有不同意见，而又缺乏处理依据，则要把这一问题及对这一问题处理的不同意见及请示者自身的倾向性意见都要分别写清楚；如果是工作中遇到新情况、新问题处理起来没有把握，陈述缘由就要以新情况、新问题是如何出现的，有何具体表现等作为主要写作内容。

请示缘由的写作要求是：以理服人，采用换位思考，注重陈述理由技巧。一是站在领导的角度来写请求的依据（为了解决问题而需要的依据、政策允许的依据）；二是从真实的现状角度（基于什么原因）；三是从社会意义角度来写达到的目的。

2. 请示事项　即请求上级机关给予指示、批准、答复的具体事项。请示可直接说明请示事项，可使用专用语“现申请”、“拟定”、“请求”等词语提示请示事项，也可独立成段，表明目的和请示事项。请示事项要求必须一文一事，如：

长沙市人民政府关于推荐长沙高新区列入国家对外开放交流科技工业园的请示

综上所述，我们恳请省人民政府向国务院及有关部委推荐，将长沙高新区列入国家对外开放交流的科技工业园。长沙高新区也将以此为契机，进一步加大开放和招商引资力度，促进园内建设和产业发展，为繁荣湖南经济，振兴中华做出积极贡献。

山东省物价局关于对山东省人民政府1991年发布的两个《通告》有关问题的请示

我们认为，法院这一判决实际上否定了省政府的两个《通告》。为此，现将有关问题请示如下：

这是用请示过渡段写明问题，请示事项具体内容在下文。

请示事项的要求是：回答的是具体请示的内容，即明确的指示、批准的事项、拨款数量、购置设备等。请示事项一文一事。有的请示的事项属于一件事的多个方面。如关于组织某部队演习的请示，所需车辆、油料、弹药等事宜，这些事虽涉及不少部门，但都是围绕演习这一中心工作讲的，属于一文一事。

3. 请示结语　请示结语比较简单，在主体之后，另起一段，一般使用如下惯用语“特此请示，请指示”、“以上请示，请批示”、“请批复”、“请核批”、“请予审批”等。

请示结语要求是：不能使用命令的语气，如“请一定批复”、“盼立即批准”等。

（四）落款

注明发文机关、日期、印章。

五、请示的写作要求

1. 遵守请示规则　按《办法》规定，请示规则有五个方面的内容：标题要素齐全；一个主送机关，一般不越级请示，一般不主送领导者个人；一文一事；结语使用专用语；不得同时抄送下级机关。

2. 弄清行文程序　现实中有不少请示的行文程序是不正确的，如某市某区建公路向市财政局请示款项，从行政程序上说，类似的款项审批权，是超出财政局的职权范围的。

写作技能训练

一、判断题(对的打"√",错的打"×",并分析原因)

1. 湖北省人民政府关于申请设立中国辛亥革命博物馆的请示 (　　)
2. 湖南省人民政府关于建立中国花炮博物馆的请示 (　　)
3. 河南省人民政府关于设立周口海关的请示 (　　)
4. 吉林省人民政府关于申请批准吉林省免征农业税试点方案的请示 (　　)
5. 教育部 发展改革委 财政部
   关于报请审批农村中小学现代远程教育工程总体实施方案的请示 (　　)
6. ××省人民政府关于请求帮助解决××半岛严重干旱缺水问题的请示 (　　)
7. 黑龙江省人民政府关于新建黑龙江漠河民用机场立项的请示 (　　)
8. ××省人民政府关于申请将××列为国家历史文化名城的请示 (　　)
9. 关于解决××水库超标运行及副坝溢洪造成损失问题的报告 (　　)

二、改错选择题

关于请求批准将长征小学改为实验小学的请示

县委、县政府、县教育局：

我校原名浦江县实验小学,"文化大革命"期间,遵照上级指精神,改名为浦江县长征小学。一晃几十年过去了,忆往昔,峥嵘岁月,看今朝,改革开放。为弘扬传统,经全校师生讨论和校党支部、校行政联席会议决定,拟将校名改为浦江县实验小学。

当否,请批示。

浦江县实验小学
2004 年 3月 1 日

1. 对照本公文,下列说法正确的是(　　)。
A. 本公文符合"主送一个单位"的原则
B. 本公文符合"主送不得抄送受双重领导的另一个直接上级以外的单位"的原则
C. 本公文符合一般不得越级请求的原则
D. 本公文符合"请示必须一文一事"的原则
2. 本公文正确的标题是(　　)。
A. 长征小学关于更名为浦江县小学校名的请示
B. 关于恢复浦江县实验小学校名的请示
C. 长征小学关于更改校名的请求报告
D. 浦江县实验小学关于恢复校名的请示
3. 本公文的主送机关应为(　　)。
A. 县委县政府　B. 县政府　C. 县教育局　D. 县教育局并县人民政府

4. 本公文内容有必要修改的有（　　）。

A. 删除"一晃……改革开放。"

B. "经全校师生讨论和校党支部、校行政联席会议决定"改为"经全校师生讨论和校党支部、校行政联席会议研究"

C. 将结语改为"以上请示，如无不当，请批准"。

D. 公文的署名"浦江县实验小学"改为"浦江县长征小学"。

三、案例分析与写作

在工作中我们经常遇到这样的情形：当我们向领导汇报工作，请求给予帮助时，这位领导会说："你们打个专题报告来，我们研究一下。"你认为，这样的说法是否正确，我们应该起草一份什么文种的公文？请你根据下面一段对话，完成写作任务。

2012 年 11 月 19 日，清河公园办公室。赵园长说："为了丰富广大游客的娱乐活动，也为了提高公园的社会效益和经济效益，咱们准备新增游乐设施'太空飞行器'。项目总投资 55 000 元，其中设备 30 000 元，基建 25 000 元，全部投资向工商银行贷款解决。拟订乘坐太空飞行器收费标准每人次 10 元。"蔡秘书说："这事得报批。"赵园长说："这正是我要说的，小蔡你就'乘坐太空飞行器收费标准'问题给市园林局写个公文吧。"

写作任务：

1. 工作中领导的说法有哪些不当之处？

2. 这份材料写作属于哪一种请示？

3. 写一份请示。

Chapter 6

第六单元

事务文书写作技能

知识目标

1. 掌握总结、计划的适用范围、特点。
2. 掌握总结、计划的主要内容。
3. 掌握总结、计划的结构模式。

技能目标

1. 能够根据实际情况完成总结写作与修改。
2. 能够完成学习计划的写作。

第一节　总结

自学与自测

一、填空题

1. 总结是机关团体、企事业单位或个人，对(　　　　)内的工作、生活、学习，进行回顾、(　　　　)和(　　　　)，肯定(　　　　)，发现(　　　　)，得出(　　　　)，找出反映事务本质的(　　　　)，以便指导今后工作实践的一种事务文书。

2. 总结有四个显著的特点(　　　　)、(　　　　)、(　　　　)、(　　　　)。

3. 总结的主要内容包括(　　　　)、(　　　　)、(　　　　)、(　　　　)。

4. 总结文体结构由(　　　　)、(　　　　)、(　　　　)、(　　　　)、(　　　　)五部分组成。

5. 总结标题有(　　　　)、(　　　　)、(　　　　)三种形式。《中共××县委2009年工作总结》是(　　　　)式标题，由(　　　　)、(　　　　)、(　　　　)、(　　　　)四部分组成。

6. 总结比较常见的开头模式主要有(　　　　)、(　　　　)、(　　　　)三种。

7. 总结的主体模式常见的有(　　　　)、(　　　　)两种。结尾一般采用(　　　　)，主要对下一步工作提出希望和要求，以及今后的努力方向或目标。

二、简答题

1. 总结包括哪些内容要素?

2. 总结的写作有哪些要求?

范文阅读与训练

例文1　　　　××市教育局办公室2009年度工作总结

一年来，教育局办公室在局领导班子的正确领导下，始终坚持以"三个代表"重要思想为指导，深入贯彻落实科学发展观，认真学习领会党的十七大精神，紧紧围绕我局2009年中心工作，内强素质，外树形象，充分发挥办公室的枢纽、保障作用，为我局日常工作的开展和教育系统各项工作的顺利实施做出了一定的贡献。全体领导和同事对办公室的工作能够给予充分的理解，各项具体工作按计划推进，各项临时交办工作能按时完成，为总体工作计划的实现发挥了积极作用。现将办公室一年来的工作总结如下：

一、加强政治业务学习，提高办公室工作人员素质，团结协作，搞好服务

做好办公室工作，争创一流业绩，必须要有较高的政治理论素质和分析解决问题的能

力。全体办公室工作人员都能够通过各种途径学习邓小平理论、“三个代表”重要思想、八荣八耻、《县机关工作作风建设实施方案》等;学习各项教育法律、法规,及时了解、掌握教育发展的新动向、新经验;积极参加机关组织的形式多样的学习教育活动,经常下基层开展调研,办公室人员的政治理论水平、业务素质和工作能力不断提高。不定时召开办公室全体人员工作会议,明确了每个人的岗位责任,工作任务,做到分工明确,责任清晰。树立高度的服务意识,办公室工作人员服务态度和蔼、热情、耐心、细致,为领导和基层单位提供良好周到的服务。本年度在落实各项工作时,大家都注意态度和方法,和同事们的关系处理得比较和谐,各项工作都得到了各科室、学校教师的支持,落实顺利。办公室全体人员团结合作,工作气氛融洽,配合默契。每个人都能从教育局工作的大局出发,从教育局整体利益出发,互相支持,工作顺心,大家心情舒畅。

二、团结协作,分工明确,突出重点,落实到位

1.做好办会、办文和办事工作。办公室工作烦琐、复杂,就是指办文、办会、办事工作。关于办文工作,我们克服人少文多的实际困难,完成教育局工作计划、工作总结以及各种会议材料、领导讲话和各种活动计划、总结,以正式文件下文的有维教字53份,维教请、维教复、维教函等共76份,圆满地完成了各项工作任务。关于办会,全年圆满完成了教育工作会议、教育局学年工作总结会议等各种大小会议近30台次。关于办事,主要是督促检查教育局部署在基层学校的贯彻落实情况,及时传达领导指示,要求及时反馈各种信息,做到了快捷和实效,保证全局上下政令畅通。全年没有出现重大失误行为。

2.做好宣传工作。宣传工作是为教育教学服务、为教育改革服务、为提高学校知名度服务,加强全县教育系统的宣传教育工作,注重通讯员队伍的建设,全年共计撰写了教育简报22篇,为广电局提供了大量的电视新闻报道稿件;完成了县教育局政府信息公开指南、县教育局政府信息公开目录的编制工作,在政府信息公开网站上发布了400余条教育信息,全面地向公众公开了教育动态以及教育工作。

3.做好信访及人大、政协建议、提案工作。坚持认真、负责处理信访工作,把信访工作作为联系群众民意的一条重要渠道。信访工作对办公室人员素质要求很高,既要不卑不亢、不急不慌,又要对出现的问题处理及时、果断、不留后遗症、不给领导添乱。为此,我们特别强调服务的思想,对待每一个上访人员、来电、来信都能礼貌接待、耐心答复,尤其是在招生等重要时期,每天都要接到大量的来电、来访,有些棘手的问题,我们在向领导汇报的同时,协调科室,都给予了圆满解决。对于人大代表建议和政协委员提案的答复工作,我们由专人协调,及时答复,及时与代表、委员沟通,全年共计答复19件,全部使代表和委员满意,得到了领导的肯定。

4.做好档案归档和信息公开工作。今年,办公室健全了档案收集归档制度,各科室的文件及时收集、归档;建立了学校大事记收集制度。按时、按质、按量完成好上级来文、来电交办的各种事项及各中小学请示、报告的办理工作,做到来文、来电办理不误时,不延时。

5.做好后勤事务的管理。对于办公用品、生活用品及时购置和发放,保证了机关的正常运转;做好机关卫生工作;做好车辆的调配、使用和管理,司机责任心强,服务质量高,全年没有发生任何事故;做好安全稳定的值班工作,全年没有发生重大安全责任事故。

6.做好各种临时工作。今年涉及全局的事多,工作量大、责任重大、涉及面广,为保证高质量完成这些工作,局领导将重任放在了办公室,办公室全体同志没有怨言,愉快接受任务,

迅速开展工作，圆满完成各项任务，受到了领导的肯定和信任，也锻炼了队伍，提高了办公室工作人员的工作能力。

三、加强协调，保证沟通，互相配合

办公室全体人员与其他各部门加强沟通，密切配合，互相支持，保证教育局整体工作不出现纰漏。办公室有一条工作原则，属于办公室的工作要完成，不属于办公室的工作发现了问题要说话，要及时与其他科室联系沟通，不能让工作出现真空。一年来，办公室与各科室保持了良好的关系，科室之间的沟通也非常顺畅。

四、完善各项管理制度，落实“科学管理为主，人本关怀为辅”的科室管理理念

为了加强对人、财、物的管理，我们完善了过去的各种管理制度，突出了制度管理，严格照章办事，我们进一步建立和完善了办公室工作职责，完善了公章使用、纸张使用、复印机使用、请销假、值日等各种常规管理制度，充分体现了对事不对人的管理思想，各项工作井然有序。

一年来，办公室工作取得了一定的成绩，但是仍然存在一些不足，管理制度仍需完善、落实力度需进一步加强；办公室人员整体素质有待进一步提高，工作的责任心和事业心有待进一步提高，服务的观念有待进一步深入；与科室之间、学校的联系有待进一步密切，工作应当更加注重成效；等等。在新的一年来临之际，我们办公室全体成员将在局领导班子的正确领导下，进一步发扬成绩，克服困难，创新工作，以取得更加优异的工作业绩。

××市教育局办公室

2010年1月1日

评析：这是一篇综合工作总结。开头概括介绍了总结的指导思想及收获。正文结构形式并列式，详细地总结了各项工作中的做法、成绩及经验，最后在结尾中指出工作中的不足、下一步工作的方向。在总结中对工作做了详细具体的叙述，并对成绩及不足从本质上进行了分析和研究，总结出规律性的认识，用以指导今后的工作实践。

模式：标题＋正文——开头（　　　　）、主体（　　　　）、结尾（　　　　）

例文2

2009年工作总结

2009年，在集团公司领导的关心和指导下，在同事们的热情帮助下，我已完全融入了“唐齿集团公司”这个大家庭。认真履行工作职责，扎实工作，科学规范地做好日常事务工作，较好地完成了工作任务，个人的工作技能也有了明显的提高，工作模式上有了新的突破，工作方式有了较大的改变，现将本年度工作情况总结如下：

一、以踏实的工作态度，适应办公室工作

办公室是总经理室直接领导下的综合管理机构，是承上启下、沟通内外、协调左右、联系四面八方的枢纽，推动各项工作朝着既定目标前进的中心。

办公室是公司运转的一个重要枢纽部门，对公司内外的许多工作进行协调、沟通，做到上情下达，这就决定了办公室工作繁杂的特点。在文件起草、提供调研资料方面要为领导决策提供一些有益的资料、数据。面对繁杂琐碎的大量事务性工作（文书处理、档案管理、文件批转、迎来送往等），自我强化工作意识，注意加快工作节奏，提高工作效率，冷静办理各项事务，力求周全、准确、适度，避免疏漏和差错，基本把握处理事务的方法。

1.认真做好集团公司的日常性工作。

(1)文书工作严要求。秘书工作要求有较强的文字表达能力，材料的写作要求尽可能地详尽、准确，这样才能保证向领导反映准确信息，为及时决策提供可靠依据。

第一，坚持在自学的基础上，努力钻研业务，在观察中学习，积极向领导、其他部门和同事学习，仔细分析上级机关的材料，多进行换位思考，努力提高写作水平。

第二，坚持读书看报，收看新闻。坚持做到勤思、常练、多改，努力提高文章质量，虚心与同事交流写作体会，汲取有益经验。

(2)公文轮阅归档及时。文件的流转、阅办严格按照公司规章制度要求，保证各类文件拟办、传阅的时效性，并及时将上级文件精神传达至各分、子公司，确保信息畅通。待文件阅办完毕后，负责文件的归档、保管以及查阅。

(3)下发文件无差错。我坚持做好公司的发文工作，负责文件的套打、修改、红头文件的分发，电子邮件的收发，同时协助各部门发文核稿。公司发文量较大，有时一天有多个文件要发，都是仔细逐一核对原稿，以确保发文质量。

(4)文件归档。认真做好公司有关文件的收发、登记、分递、文印和督办工作；公司所有的文件、审批表、协议书整理归档入册，做好资料归档工作；及时传达贯彻公司有关会议、文件、批示精神。

2.抓好集团公司办公物品的日常管理工作。按照预算审批制度，组织落实公司办公用品的统计、采购和实物管理工作，完成购置办公用品、计算机配件等物品的配置工作。

3.理顺关系，办理公司有关证件。今年年初和9月份公司搬家，需要办理相关的手续及证件。我不厌其烦地到各个部门去咨询，积极为公司办理各类证件。通过多方努力，只用了一个多月的时间，我办好了营业执照正副本更换、企业机构代码证年审、公司土地证年审等，充分发挥了个人的主观能动性。

二、加强自身学习，提高业务水平

由于办公室工作繁杂的特点，而自己的学识、能力和阅历与其任职要求还有一定的距离，所以我一直不断加强学习，向领导学习、向同事学习、向书本学习，一年来取得了一定的进步。

经过不断学习、不断积累，我已具备了办公室工作技能，能够比较从容地处理日常工作中出现的各类问题。在组织管理能力、综合分析能力、协调办事能力和文字语言表达能力等方面，有了很大的提高，已能保证本岗位各项工作的正常运行，能够以正确的态度对待各项工作任务，争取工作的主动性，具备较强的责任心，努力提高工作效率和工作质量。

一年来，本人能敬业爱岗、创造性地开展工作，取得了一些成绩，但也存在一些问题和不足，主要表现在：一是事务性工作纷繁复杂，减少了调研机会，从而无法进一步提高自己的工作能力；二是工作中不够大胆，总是在不断学习的过程中改变工作方法，而不能在创新中去实践，去推广。

总之，在以后的工作中，我还要不断提升个人修养，自觉加强业务学习，努力提高工作水平，适应新形势下本职工作的需要，扬长避短，克难攻坚，为公司经济跨越式发展贡献自己的力量。

×××

二〇〇九年十二月三十日

评析：这是一篇个人年度工作总结。作者在总结中全面细致地叙述了自己的工作情况，

结构完整，内容丰富，详略得当，重点突出，体会真实，表达角度正确，语言流畅且突出本职工作特点。

请回答总结的内容要素，说一说本文在内容完整性上是否存在问题？

知识提要

一、总结的适用范围

总结是机关团体、企事业单位或个人对过去一定时期内的工作、生活、学习进行回顾、分析和研究，肯定成绩，发现问题，得出经验教训，找出反映事物本质的规律性认识，以便指导今后工作实践的一种事务文书。总结是对实践的分析，是对某一阶段工作情况的鉴定和结论，是对以往工作实践的一种理性认识。

二、总结的特点

1. 评价性　总结不仅是对过去工作情况的回顾，主要是在此基础上对已完成的工作做出实事求是评价，肯定取得的成绩，找出存在的不足。因此，在撰写总结时，必须要对大量事实材料进行客观、全面、深入地分析和研究才能得出规律性的认识和结论。

2. 实践性　总结是写作主体在自身的工作、学习和生活实践中的产物，没有总结主体的实践，就不会有真实的心得与体会。因此，总结只能使用第一人称来写，并且一定要根据自己的实践过程选取真实的材料来写，有成绩不夸大，有问题不回避，这样才能真正体现总结的价值意义。

3. 理论性　总结是由感性认识上升到理性认识的必经之路，它要求写作主体从实际情况出发，运用科学的理论对自己的实践进行合理的分析检查，使零星的、肤浅的、表面的感性认识上升到全面的、系统的、本质的理性认识，寻找出工作和事物发展的规律，使这些规律成为指导今后工作的宝贵经验。

4. 启发性　总结的意义并不停留于对实践的分析和评价，更着重于对今后实践的启发和指导。通过总结，我们可以提高认识，加深理解，从而再接再厉，努力工作；也可以在原有的基础上调整或整顿，避免重蹈覆辙，从而打开新的工作局面；还可以通过总结来认识当事人所处的时代和环境，从当时的实践中寻找对当前工作有益的启发和帮助。

三、总结的种类

根据不同的分类标准，总结分为不同的类型。

按范围，可分为班组总结、单位总结、行业总结、地区总结等。

按内容，可分为工作总结、教学总结、学习总结、科研总结、思想总结、项目总结等。

按时间，可分为月份总结、季度总结、半年总结、年度总结等。

按性质，可分为综合总结、专题总结等。

综合总结的内容要求“全”，是指企、事业单位对自己在某个阶段内各项工作的全面回顾、检查与概括，包括工作情况、成绩和经验、问题与教训和今后工作的努力方向等，其内容丰富，篇幅较长。在写作时要求根据主题的需要有所侧重，并不需要面面俱到。

专题总结的内容要求"专"，是对一个时期内某项工作或某个方面的专门总结，其内容单一、针对性强，篇幅较短。在写作时应着重突出成绩，反映工作中的经验教训，以利于其他工作、其他方面的学习借鉴。

四、总结的主要内容

(一)做法与成绩

实践主体在某个时期内活动的基本过程和结果，大部分总结都把这部分内容作为重点。主要应写明在什么时间段，什么背景下，采取了哪些措施与方法，做了哪些具体工作，有哪些主要收获。要求点面结合、突出重点、材料真实、数据可靠。如《2013年上半年工作总结》的开头，从整体的角度概括了总结的时间段、采取的措施、所做的工作及取得的成绩：

2013年上半年，在县委领导下，我们围绕现代化生态岛区建设总目标和年初县人代会确定的工作任务，依靠全县人民，开拓创新，努力工作，全县经济建设和社会事业取得了新的成绩，同时实现了"时间过半，完成任务过半"的目标。1～6个月实现增加值518亿元，比上年同期增长13.1%；实现县级财政收入8亿元，比上年同期增长7.2%；新增就业岗位7 084人，完成全年任务的70.8%。上半年的主要工作有以下个几个部分：

在总结的主体部分详细具体地叙述了工作中所采取的措施及取得的成绩。

一、国民经济健康协调发展。

上半年，我们实现夏粮总产5.6万吨，比去年增长11.3%。……全县种植蔬菜及特色经济作物31.2万亩次，总产量43.5万吨，总产值5.99亿元。完成跨年度农业综合开发土地治理项目7个，设施粮田建设项目2个……

二、重点地区和重点项目建设按计划推进。

岛专业规划整合工作全面完成，凤凰新市镇总体规划已获市规划局批准，三岛各类发展规划进入充实和深化阶段……北部滨江生态大堤规划编制等前期工作均已完成。

三、生态环境保护和基础设施建设力度不断增大。

上半年，启动了第三轮环保三年行动计划。全县实现造林面积34 280亩……城桥污水处理厂已完成工程问题的80%，生活垃圾综合处理场一号库如期竣工启用……鼓励使用有机肥料和生物农药，污染有所减轻，水体质量进一步改善……

四、科教兴县和社会事业取得新成果。

省科委支持生态岛建设首批18个项目中的15个已按计划实施，"生态研究中心"项目已报省发改委立项审批；申报国家级新产品、创新基金项目和高新技术转化项目等22项……

五、促进就业和社会保障工作进一步加强。

上半年，我们强化对河道管理、林业养护、垃圾收集等公益性就业项目的长效管理，不断努力扩大劳务输出，进一步促进了城乡就业。上半年新增就业7 000人……

六、改革开放步伐不断加快。

上半年，我们形成了关于推进本县社会主义新农村建设的实施意见，启动了新农村建设的试点工作。"三个集中"战略有序推进……全县各乡镇、园区和有关委局的招商引资工作在困难中不断推进。上半年实现税收11.5亿元，完成年度目标的51.3%，引进各类企业1 196户，注册资金29.7亿元。

……

(二)经验与体会

写作主体对所采取的措施和取得的成绩做出深入分析后得出的规律性认识。主要应写明取得成绩的原因,要求对主、客观两个方面进行深入分析,得出真实体会并上升为理性认识,如《2012 年大学生社会实践工作总结》:

四、经验和收获

1.学院各级领导的重视,广大同学的积极参与,是我院大学生社会实践活动得以成功的重要保证。多年来,学院党政领导把社会实践活动作为大学生素质教育的重要形式,每年拨出专项经费用于社会实践,并组成社会实践领导小组,指导社会实践活动的展开,并把社会实践列入教学计划,形成制度加以保证。全院广大同学自觉把社会实践作为了解社会、接触社会、投身改革、锻炼才干的重要渠道,积极深入生产第一线,体验生活。

2.各级地方政府和社会各界的大力支持,是社会实践活动顺利进行的有力保证。多年来,各级地方政府把接受大学生社会实践作为自身的一项重要工作,给予了我们极大的支持。在食宿、安全及活动的开展方面尽量为大学生提供各种便利,保证了社会实践活动的顺利进行。同时学院注重社会实践的基地建设,与地方开展长期结对合作,把扶贫工作、科技服务、文艺下乡等活动与大学生接受锻炼、成长培养紧密结合在一起取得良好效果,受到当地干部群众的一致好评。

……

又如《大学生活总结》:

在学习上,我认为学习态度至关重要……

在平时生活中,我与同学相处融洽,友谊日益深厚。在与他人的交往中,我懂得了宽容、理解与关爱,感到了人际关系在交往中的重要性,这些都是在高中从未体会到的……

(三)问题与教训

写作主体在找出成绩、经验的同时,发现实践活动中存在不足与问题。要对这些问题和不足做细致剖析,找出其成因,对其消极影响做出正确评价,如《2013 年上半年工作总结》:

在上半年的工作中,我们也面临着一些困难和问题,主要表现在:

一、经济发展后劲依然不足,招商引资出现新的困难,县级财政收入增幅与去年同期相比有所下降……

二、城乡居民特别是农民增收的压力较大,城乡就业的渠道比较单一,农村社会保障水平与市郊水平的差距依然较大……

又如《大学生活总结》:

综上所述,虽然我在本学期取得了一定的进步,但仍存在不少缺点。例如,请假次数比较多,有时没有按时交作业,星期六和星期日的时间利用得不是很合理……

(四)工作的努力方向

写作主体在客观分析取得成绩与存在问题的基础上,借鉴所得出的经验教训,并结合自身实际,提出切实可行的下一阶段的工作目标和前进的方向。这里的“目标”与“方向”一般来说都是粗线条的,只需简要说明大致的方向即可,不必在总结中一一详细列出,如《中共××县纪委县监察局 2014 年工作总结》:

2015年，我们决心在县委的领导下，继续坚持纪检监察工作为党的基本路线服务的指导思想，按照“保护、惩处、监督、教育”四位一体的思路，抓好领导干部廉洁自律、查处严重案件、纠正部门和行业不正之风三个重点，实行标本兼治、综合治理，把反腐败斗争深入、持久、更有成效地开展下去。

又如《2014年工作总结》：

总之，在以后的工作中，我还要不断提升个人修养，自觉加强业务学习，努力提高工作水平，适应新形势下本职工作的需要，扬长避短，克难攻坚，为公司经济跨越式发展贡献自己的力量。

五、总结的写法

总结文体结构由标题、开头、主体、结尾、落款五部分组成。

(一)标题

1.文件式标题　由单位名称、时限、内容和文种四部分组成，如《××职业技术学院2008年度招生工作总结》、《河南省茶叶畜产总公司一分利工作总结》、《专业技术职称评定工作的检查总结》。单位名称或时限有时也可以省略。

2.文章式标题　在标题中高度概括总结的主要内容，不出现“总结”的字样，如《学习“三个代表”，加快企业发展》、《我省干部选任制度改革的一次成功尝试》。

3.双标题　正标题使用文章式，概括总结的内容，副标题使用文件式，由单位名称、时限、内容和文种组成，如《抓好抓细，使××工作经常化，制度化——××县××工作总结》、《辛勤拼搏结硕果——××县氮肥厂2012年工作总结》。

(二)开头

开头常常称之为“前言”，即写在前面的话，位于总结起始的段落。主要是用简练的文字概括介绍总结的基本情况、基本过程或突出的成绩。目的是让读者对总结的主体内容有一个概括了解，为阅读、理解全篇起到铺垫作用。比较常见的开头模式主要有以下几种：

1.概述式　概括叙述基本情况、基本过程。

2.比较式　主要突出取得的成绩，通过与过去一段时间的情况进行比较，用定量和定性的方式加以说明。

3.结论式　把得出的结论放在总结的开头，使读者明确总结的主要内容及写作主体的态度。

(三)主体

主体部分主要内容是做法、成绩和经验。从行文结构模式上看，常见的有两种：

1.并列式　将总结的内容按性质划分为几个方面，然后按主次轻重逐条排列，特点是纲目清楚，段落清晰，让人一目了然。并列式结构的具体形式有：

(1)分块并列式　用词语提示内容，如“一、做法和成绩；二、经验和体会；三、存在的问题及下一步工作打算”。

(2)观点首句并列式　每一层或段都用一句话说明观点，表现为小标题或观点句。如《大一上学期学习、生活总结》一文的主体结构层次安排：

一、明确学习方向，努力学习文化基础知识……

二、注重加强生活自立能力锻炼……

三、参与各项活动，具有团队合作的精神……

2.连贯式　按时间和事物本身发展的过程来写，特点是时间上前后连贯，在内容上一气呵成。如《大学第一学期学习、生活总结》一文的主体安排：

一、九月——军训

二、十月——学习与生活的适应

三、十一月——小有收获

十二月——迅速成长

(四)结尾

结尾采用号召式，主要对下一步工作提出希望和要求，一般写今后的努力方向或目标。这部分语言要简洁且具有号召性和感染力。

(五)落款

落款包括总结单位(或总结个人)的署名和总结写作的日期，位置一般写在结尾的右下方。如果为突出单位，其署名已经署于标题下，此处可省略，只在结尾处落上日期即可；如果总结要报送上级，还应在单位名称处加盖公章。

六、总结的写作要求

1.写作之前要充分占有材料　没有丰富的实际材料作基础，就难以把总结的内容全面准确地表达出来。因此，在总结写作前要通过不同的形式，听取多方面的意见，对整个工作过程、相关背景、相关事实和数据材料充分占有、熟悉和理解，才能对这些事实材料做出实事求是的评价。

2.写作角度要明确　总结要使用第一人称来写，即要从本单位、本部门或本人的角度来撰写。表达方式以夹叙夹议为主，以说明为辅。

3.写作态度要实事求是　在综合工作总结中，常常出现两种倾向：一种是好大喜功，搞浮夸，只讲成绩，不谈问题；另一种是将总结写成了“检讨书”，把工作说得一无是处。这两种都不是实事求是的态度。总结要如实地、一分为二地分析、评价自己的工作，对成绩，不要夸大；对问题，不要轻描淡写；对缺点，不能避而不谈，这样才能发扬成绩，纠正错误，更好地改进工作。

4.写作过程要进行理性分析　总结工作中的经验教训，找出规律性的认识，这是工作总结的重点。因此，在写作过程中，要对成绩和问题进行深入细致的分析，谈成绩要写清怎么做的，为什么这样做，效果如何，经验是什么；谈存在问题，要写清是什么问题，为什么会出现这种问题，其性质是什么，教训是什么。这样的总结，才能对前一段的工作有所反思，并由感性认识上升到理性认识，才能对今后的工作或对其他单位的工作有一定的指导和借鉴作用。

5.写作内容要突出自身特点　行业与行业之间特点不同，个人之间学习、工作内容、生活经历也不相同。写总结就要写出自身的“与众不同”之处，要求写作者本人要结合自身实际情况，抓住特点和重点，写出特色，写深写透。否则，总结内容雷同，写总结就变成了例行公事，失去其应有意义。

写作技能训练

一、病文修改

2012—2013 学年我的个人总结

炎日当空，天上无一丝云彩，火辣辣的太阳简直叫人不敢出门，空中没有一点风，只有知了在树上不停地叫着，好像在说："放假啦，放假啦！"又一学年过去了，我应该利用暑假对这一学年的学习情况作一些总结，以迎接新学年。

在这一学年里，我学习了成本会计、管理会计、审计原理、经济法、计算机应用、外贸会计、大学英语、应用文写作、体育、职业道德、概率论等课。其中，成本会计 82 分，管理会计 86 分，审计原理 77 分，经济法 89 分，计算机应用 90 分，外贸会计 90 分，大学英语 72 分，应用文写作 68 分，体育是中，职业道德是优，概率论是中。总的来说，成绩还是可以的，在班上属于中等水平。其中，计算机应用和外贸会计成绩好些，而大学英语、概率和应用文写作差些。下一学期，我要继续努力，争取取得更好的成绩，最好都在 80 分以上，这样就可以获得奖学金，减轻家庭的经济负担，更可以在择业时增加自己的实力。

提示：

1. 从总结的内容看，这应该是一则个人全面总结，其缺少的内容是什么？

2. 其结构安排是否准确？

3. 其语言表达是否符合应用文的语言要求？请加以适当的修改。

二、写作训练

请你结合自己的实际情况，完成本学期的个人总结写作。

要求：

1. 内容完整，结构正确，语言流畅。

2. 结构模式：标题（文件式）、开头（概述式）、主体（并列式）、结尾（号召式）。

第二节　计划

自学与自测

一、填空题

1. 计划是机关团体、企事业单位或个人为实现某项目标或完成某项任务，对（　　　　）进行科学化、条理化、具体化（　　　　）的事务文书。

2. 由（　　　　）、（　　　　）、纲要、（　　　　）、（　　　　）、安排、打算等文种组成一类文体，叫计划性文体。

3. 计划具有(　　　　)、(　　　　)、(　　　　)、(　　　　)的特点。

4. (　　　　)——时间涉及较短、对目前的单项工作进行具体布置的计划。

5. (　　　　)——时间涉及较短且内容尚待完善的要点式计划。

6. 方案——对专项工作从(　　　　)、(　　　　)、(　　　　)到(　　　　)做出专业性较强的、全面细致的布置。

7. (　　　　)——对一定时期内的全局工作或中心工作做原则性规定而不做具体安排。

8. (　　　　)——时间大都在十年以上的计划性文种,属于工作的初步构想,一般具有远景性、理想性、可变性的特点。

9. (　　　　)——带有全局性、方向性的中期(如三五年)计划,内容涉及全面,时间跨度较大。

10. 计划的主要内容包括(　　　　)、(　　　　)两个方面。

11. 计划写作的格式可以采用(　　　　)、(　　　　)、(　　　　)。

12.《××集团 2000 年销售工作计划》是(　　　　)标题。

13. 计划的开头一般采用模式是(　　　　),主体部分在写法上采用(　　　　)结构,即分条列项写明计划的目标和任务、措施和步骤。一般有两种写法:一是(　　　　),二是(　　　　)。

二、简答题

1. 计划具有哪些特点?

2. 计划包括哪些内容要素?

3. 制订计划有哪些要注意的问题?

范文阅读与训练

例文 1　　　　××市××造纸厂 2014 年质量工作计划

随着我国经济体制改革的深入发展,企业外部环境和条件发生了深刻的变化,市场竞争越来越激烈,质量在竞争中的地位越来越重要。企业管理必须以质量为重点,提高产品质量是增加竞争力、提高经济效益的基本方法,是企业的生命线。2004 年是我厂产品质量升级、品种换代的关键一年,特制订工作计划如下:

一、质量工作目标

1. 一季度增加 2.5 米大烘缸一只,扩大批量,改变纸页的温度。

2. 三季度增加大烘缸扎辊一根,进一步提高纸页的平整度、光滑度,要求此项指标达到 QB 标准。

3. 四季度改变工艺流程,实现里浆分道,使挂面纸和小泥袋纸板达到省内外同行业先进水平。

二、质量工作措施

1. 强化质量管理意识,进行全员质量培训,培养质量管理骨干,使广大职工的认识提高,管理人员的工作方法更为得当。

2.成立以技术厂长为首的技术改造领导小组，主持为提高产品质量及产品升级所需的设备、技术改造工作，负责各项措施的布置、落实和检查工作。

3.由上而下建立质量保证体系和质量管理制度，把提高产品质量列入主管工作厂长、科长及技术人员的工作责任，年终根据产品质量水平算奖金，执行奖惩办法(办法另有方案)。

4.本计划已纳入2004年全厂工作计划，厂部负责检查监督、指导实施，各部门、科室要协同配合，确保本计划的完满实施。

××市××造厂

2014年2月2日

评析：这是一份专题工作计划。主要内容是2014年度的质量工作。标题是《××市××造纸厂2014年质量工作计划》。开头以简洁明了的语言交代了制订计划的背景和目的，主体分别写了计划的目的、步骤和措施，“质量工作目标”按时间顺序来写，“质量工作措施”分为四个方面，分别从管理意识、领导体制、质量保证体系、质量管理制度及检查指导等方面加以体现，内容要素齐全。全文主题突出，条理清楚，语言简洁，从内容到结构都很具典型性。

模式：标题(　　　)＋开头(　　　)＋主体(　　　)＋落款

例文2　　××单位关于治理商业贿赂实施方案(节选)

为进一步规范管理，维护依法征费的公平、公正性，促进稽征事业健康有序发展，按照党中央、国务院，省委、省政府，市委、市政府的统一部署和中办、国办《关于开展治理商业贿赂专项工作的意见》及《××省治理商业贿赂专项工作实施方案工作的意见》、省交通厅《开展治理交通工程建设领域商业贿赂专项工作实施方案》、省局《关于在交通稽征系统开展治理商业贿赂专项工作的实施方案》要求，根据省厅、省局和市委、市政府开展治理商业贿赂专项工作精神，制订本实施方案。

一、指导思想

以邓小平理论和“三个代表”重要思想为指导，全面贯彻落实科学发展观，按照中央纪委六次全会、省纪委七次全会、市政府廉政工作会议和全省交通系统廉政工作会议的部署和要求，依据省局《贯彻落实〈建立健全教育、制度、监督并重的惩治和预防腐败体系实施纲要〉的具体工作意见》和有关规定，坚持标本兼治，综合治理，明确工作重点，解决突出问题，确保全市稽征系统治理商业贿赂专项工作取得显著成效。

二、目标要求

通过开展治理交通稽征部门商业贿赂专项工作，坚决遏制商业贿赂蔓延的势头，使稽征从业人员普遍受到教育，增强执法意识、诚信服务意识和廉洁自律意识，行政权力运行廉洁、高效，相关制度规定得到完善，建立起全市交通稽征系统治理商业贿赂的长效机制，确保专项治理工作取得实效。

三、工作重点

治理全市交通稽征系统商业贿赂要围绕基建工程、依法行政、物资采购等环节，重点查处违反基建工程项目招投标制度、违反规费征收标准、违反政府采购有关规定行为，坚决纠正基建工程项目中违反商业道德和市场规划的不正当交易行为，坚决杜绝变更设计图纸扩大基建项目、利用物资采购收取回扣等现象，严肃查处稽征行业人员利用职权擅自降低征收标准、违规减免规费以谋取非法利益和索贿受贿行为。

四、实施步骤

按照省局治理商业贿赂领导小组的部署，配合治理交通稽征部门商业贿赂专项工作计划安排11个月的时间，从2011年4月下旬开始，至2012年2月中旬结束。工作分三个阶段进行。

第一阶段：动员部署阶段(2011年4月下旬至5月上旬)。4月29日，召开全市稽征系统治理商业贿赂专项工作会议，统一思想，明确任务，提出工作要求，完成工作部署。各所、站要结合实际制订治理工作方案，明确工作要求和方法步骤，做好本单位的动员部署工作。要认真组织学习中央，省委、省局和市委、市政府关于开展治理商业贿赂的有关文件，把握政策要求，充分认识开展治理商业贿赂专项工作的重要性和必要性，提高开展工作的自觉性，统一思想认识；做好宣传工作，通过组织专题讲座，开展答题问卷等多种形式，营造工作氛围。

第二阶段：自查自纠和依法查处阶段(2011年5月中旬至2011年11月中旬)。自查自纠工作从5月中旬开始，11月中旬结束，集中开展不正当交易行为的自查自纠。根据自查阶段的发现和群众举报线索，严肃查处商业贿赂案件。要以基建工程项目、物资采购、依法征费为切入点，组织各单位进行自查自纠。各所、站要按照分级负责原则，对所管项目负责，要根据本单位的实际情况，制订切实可行的自查工作方案。

(一)全面调查摸底。(略)

(二)查找突出问题。(略)

(三)落实整改措施。(略)

(四)加强监督检查。(略)

(五)及时处理问题。(略)

(六)严肃查处商业贿赂案件。(略)

第三阶段：巩固提高阶段(2011年11月下旬至2012年2月中旬)。治理商业贿赂工作是一项复杂而艰巨的任务，既要集中时间开展专项治理，又要从大局和长远出发常抓不懈，与构建惩治与预防腐败体系相结合，深化改革、完善制度，建立健全防治全市稽征系统商业贿赂的长效机制。

(一)加强廉政文化建设。(略)

(二)修订完善规章制度。(略)

(三)深化管理体制改革。(略)

(四)建立健全内部自律机制。(略)

五、加强治理全市稽征系统商业贿赂专项工作组织领导

治理全市稽征系统商业贿赂工作涉及面广，政策性强，工作难度大，要切实加强组织领导。

(一)健全机构，加强领导。(略)

(二)落实责任，形成合力。(略)

(三)深入调研，注重指导。(略)

评析：这份方案内容翔实、措施得当、阐述充分、语言庄重，是一份实用性、指导性强的计

划。方案三要素完备、阐述充分，体现了方案的严谨、周到，保证了执行者有章可循。

本文的一大亮点就是方案的依据（为什么做），方案的目标和任务（做什么、做到什么程度），方案的方法、措施和步骤（怎么做、何时做）三要素齐备，对工作安排全面周详。

文章的第一、二自然段属于对第一要素的阐述，从行文目的、政策依据到指导思想都做了说明，使执行者能够迅速领会开展该项工作的意义，这对统一思想、同心协力做好该项工作起了很好的作用。

文章的第三、四自然段“目标要求”、“工作重点”是对第二要素的阐述，在“质”与“量”的确定上，从“质”的角度来阐述欲达到的目标，把开展“治理商业贿赂”工作后欲达到的目标，取得的效果阐述得非常清晰，让执行者明确了努力的方向。

第五自然段到文尾是对第三要素的阐述，分三个阶段来说明“怎样开展商业贿赂治理工作”。该部分对工作安排非常具体，对每一阶段的工作内容、工作重点、工作要求、工作原则、时间安排以及组织领导都做了详尽的阐述，便于执行者贯彻实施。

通过上述分析，我们可以发现本文三要素齐全，从方案的依据、目标和任务到方案的方法、措施和步骤都逐一进行了阐述，且阐述非常充分、具体，指导性、实用性强。

知识提要

一、计划的适用范围

计划是机关团体、企事业单位或个人为实现某项目标或完成某项任务，对未来一段时间进行科学化、条理化、具体化安排部署的事务文书。

计划是一个统称。常见的还有规划、设想、纲要、方案、要点、安排、打算等名称。在选择使用时，要考虑在时间长短、内容详略以及成熟度等方面的差异。

规划：带有全局性、方向性的中期（如三五年）计划。内容涉及全面，时间跨度较大，如《国民经济和社会发展五年规划》、《大学生职业生涯规划》。

设想：时间大都在十年以上的计划性文种。属于工作的初步构想，一般具有远景性、理想性、可变性的特点。时间涉及较长，内容尚待完善，在写法上是概括地、粗线条地勾勒，如《对我市商业系统体制改革的设想》、《对文联体制改革的一些设想》。

方案：对专项工作从目的、要求、工作方式方法到工作步骤做出专业性较强的、全面细致的布置，如《××省××委员会关于贯彻中央20××年7号文件的实施方案》、《××企业营销策略及实施方案》。

要点：对一定时期内的全局工作或中心工作做原则性规定而不做具体安排，如《2012年上海统计工作要点》、《××学院2014年上半年工作要点》。

安排：时间涉及较短、对目前的单项工作进行具体布置的计划，如《××职业技术学院2011—2012学年第二学期期末考试安排》。

打算：时间涉及较短且内容尚待完善的要点式计划，如《××局年终清查“小金库”的打算》。

二、计划的特点

1. 预见性　计划是对尚未实施的工作事项做出的设想和安排，是事前行文，计划中所提出的目标、任务，所制订的措施、步骤，都是先于实践活动所制订的。在制订计划时，首先要做好调研工作，要从指导思想、主客观条件、目标追求等多方面进行考虑，对未来工作中可能发生的问题有正确充分的预计和估算，才能提出科学、可行的方案。另外，在执行计划时，也要根据客观实际，适时地调整计划内容。

2.科学性　计划是为未来实践的顺利进行而制订的，无论是目标、还是措施、步骤必须要结合实际，科学可行，不可行的计划完全失去其意义。因此，制订计划时不能好高骛远，也不能消极保守，必须实事求是，积极安排，目标、步骤和措施，既要科学先进，又要留有余地。在科学的基础上制订较高的目标，通过切实可行的措施和步骤最终能够达到目标。

3.制约性　计划一经制订，就对单位或个人的工作、学习和生活产生制约作用。具体工作的开展，时间的安排都必须严格遵守和执行计划内容，以确保计划达到预期效果，确保各项工作顺利进行。

4.全局性　制订计划时要顾全大局、统筹兼顾，全面、具体、周密地把工作内容、目标、方法、步骤安排好，以防止片面性和局限性。

三、计划的种类

根据不同分类标准，计划可分为不同类型：

按内容，可分为工作计划、学习计划、生产计划、教学计划、研究计划、购销计划等。

按性质，可分为综合性计划和专题性计划。

按时间，可分为长期计划、中期计划和短期计划及年度计划、季度计划、月计划、周计划等。

按范围，可分为个人计划、班组计划、单位计划、地区计划、国家计划等。

按形式，可分为条文式计划、表格式计划、文表结合式计划等。

条文式计划是把计划全部内容按其性质、任务、措施等分条分款地写出来。它的特点是任务具体、层次清晰、措施明确，便于在实践中执行。

表格式计划是把计划中涉及的任务、步骤、措施、完成时间等填写在表格栏目中。这种形式的计划多适用于内容比较单一、数据资料较多的计划，如工厂中的班、组、车间的生产计划。其特点是简明扼要、重点突出、对比性强。文表结合式计划是指既有文字叙述，又有表格体现，这种形式的计划多见于内容比较复杂的计划。一般以数字、数据表格为主体，辅以简要的文字说明。

在实际工作中，一份计划往往具备多种属性，如《××公司 2007 年环境保护工作安排》就兼有单位、年度、专题、科研计划的特点。

四、计划的主要内容

(一)目标与任务

目标和任务是指未来一段时间内实践活动的主要内容和具体要求。解决实践主体在未来一段时间内“要做什么”和“要做到什么程度，达到什么标准”的问题。目标和任务的制订如质量标准、数量要求，都必须具体、明确、清楚，切忌模棱两可，责任不清，尽量不要使用“大概”、“左右”、“尽量”、“可能的情况下”等模糊词语。否则，任务和目标的弹性太大，不利于计划的顺利实施，如《关于北京市 2012 年国民经济和社会发展计划》：

今年国民经济和社会发展的主要预期目标是：国内生产总值按可比价格计算增长9%；地方财政收入增长15%左右；全社会固定资产投资增长10%；地方企业外贸进出口总额136亿美元；其中出口49亿美元；城镇居民人均可支配收入实际增长5%以上；农民人均可支配收入实际增长6%；居民消费价格指数103%左右；城镇登记失业率控制在2%左右；城市空气质量二级和好于二级的天数达到55%。

《×××大学毕业后十年规划》：

(2005—2015年，20～30岁)

美好愿望：事业有成，家庭幸福。

方 向：企业高级管理人员。

总体目标：完成硕士、博士的学习，进入××著名外资企业，成为高层管理者。

《大三上学期学习计划》：

1.获得本科证书及学位证书。

2.加强英语学习，为达到六级水平做好准备。

3.研究电子商务专业相关知识，能够在网上熟练操作。

4.分析各大企业成功案例，为以后就业和创业打好坚实基础。

(二)措施与步骤

任务和目标制订以后，就涉及如何达到目标、完成任务的问题，即“怎么做”、“怎么安排未来一段时间”。措施包括采用什么办法，如要动员和依靠什么力量、利用哪些有利条件、克服哪些困难、如何组织相关人员、配合合作的单位及个人等；步骤包括先做什么，后做什么，一项工作或任务分为几个阶段来完成，每个阶段都做什么，各阶段如何衔接等。步骤与措施的安排要求根据实际条件，科学、合理来安排。一般情况下计划都把措施和步骤合在一起来写，如《×××厂××年度核定流动资金定额的工作计划》：

二、措施和方法

这次核资采取分级归口、自查自核，专业部门协助的办法进行。具体做法是：

1.定额的计算，以第一季度生产计划为依据。

2.一切不参加正常周转的呆滞、积压物资和供、产、销各个环节不正常因素所需的额外资金，不包括在核定范围之内。

3.凡是原材料供应方式、地点、价格发生变动，产品生产周期和存放期限变化，或者销售条件和结算方式的改变，均据实予以调整。

4.供应正常，可以保证供应或有其他代用品的原材料物料，一律不计算保险日数。

5.各项定额均需分项计算，并计算系数，如纸张应分品种计算；油墨应分书版墨、色墨、一般墨及高档墨计算；一般原材料和辅助材料应分小类计算。

三、时间安排和步骤

总的时间为1个月，自即日起到×年×月止。分三步进行：第一步，各部门自查自核，财务科配合协助；第二步，全厂平衡，汇总上报；第三步，建立健全制度，深入动员，做好执行定额的思想准备。具体安排如下：

1.×年×月至×年×月各部门准备资料，发动有关群众讨论，自查自核。

2.×年×月至×年×月财务科内部核算，开始拟订资金归口管理办法。

3.×年×月至×年×月财务科综合平衡，上报方案，各部门酝酿讨论资金归口办法，开会听取汇报。

4.×年×月至×年×月向上级办理资金交拨，公布资金归口办法。

又如《大三上学期学习计划》：

二、措施

首先，每天早起晨读英语半小时，培养口语及听力水平。

其次，每天听好课，做好笔记，课余时间研究电子商务案例。

再次，利用晚自习的时间复习自考相关知识。

最后，对于白天的零散时间，可以用来背英语单词，把单词以小卡片的形式随身携带，方便记忆，加大词汇量。

三、步骤

9—10月自学“财务管理”、“物流信息系统”。

10—11月自学“库存管理”、“物流案例与实践”、“运输管理”。

11—12月着重复习英语，加强六级模拟题的训练。

12—1月为期末考试做好准备。

五、计划的写法

计划写作的格式比较灵活，根据具体需要采用相应的格式，可以采用表格式、条文式、文表结合式。下面以常用的条文式计划为例进行讲解。条文式计划由标题、开头、主体、落款四部分组成。

（一）标题

计划的标题一般为文件式，由单位名称、时限、内容和文种四部分构成。有时可省略单位名称或时限，如《××药材有限公司2007年度培训方案》、《大江食品公司2009年度新产品开发计划》、《××公关学校公共关系培训班面授辅导安排》等。如果是草稿或初稿，还应在标题下或标题后加括号注明，如《××市义务植树造林春季工作计划（草案）》。

（二）开头

开头也称为前言、序言，一般为交代式，即主要说明制订计划的依据和理由，即“为何做”。包括制订计划的目的、根据上级的精神指示、当前的形势分析、本单位的具体情况、阐明制订计划的指导思想等，写作时根据主旨要求，选择开头写作内容，文字要求简明扼要。前言部分通常用“为此，特制订如下计划：”、“为此，本年度要抓好以下几项工作”等过渡句引起下文，如《××县委下半年工作计划》：

为了完成县委、县政府下达3.1亿元工业总产值（力争3.5亿元）的任务以及各项经济指标，我们计划在下半年内主要抓好以下几个方面的工作：

又如《大三上学期学习计划》：

为了充实大学四年级的生活，进一步提高学习能力，提升综合素质，为顶岗实习打下良好的基础。特制订如下计划：

（三）主体

主体部分在写法上采用并列式结构，即分条列项写明计划的目标和任务、措施和步骤。从逻辑结构看，要具体说明做什么，做到什么程度，怎么做，什么时间段内做，一般有两种写法：

1.词语提示并列式　以“目标与任务、措施与步骤”等词语为小标题，分开来写。如例文1《××市××造纸厂2004年质量工作计划》的主体结构安排。

2.观点首句并列式　把目标与任务、措施与步骤融合在一起，用一句话说明每一项任务，紧接着就是完成这项任务的措施和步骤，如《中国档案学会三年学术活动计划》：

一、鼓励会员积极进行档案学术研究，组织学术交流活动，逐步提高档案学术水平。

1.每年举行一次档案学术讨论会。讲座的题目可包括：30年来我国档案工作的经验教训问题，档案和档案工作的性质及发展规律问题，档案的科学管理问题，档案工作的现代方法步骤问题，档案的保护技术问题等。

2.配合一定的纪念活动，组织学术报告会。

3.推广档案学术研究的经验。

……

在写作实践中，可以根据实际情况使用适当的模式来安排主体结构。有些计划可以根据实际需要不写结尾。

(四)落款

落款位于计划正文的右下方，署上制订计划的单位或个人名称，计划的时间在署名的右下方，用阿拉伯数字写年、月、日。另外，如果是正式上报或下发的计划，必须在落款处加盖制订单位的公章，以示严肃性。

六、计划的写作要求

1.正确预测，科学可行　制订计划要把预测和可行结合起来，根据本地区、本单位或个人的实际情况，充分分析主、客观条件，目标既要尽力而为，又要量力而行；方法、措施要切实可行；步骤要适当，时间安排要科学，这样才能充分体现计划的可行性。

2.大局出发，统筹兼顾　制订综合性计划，还要服从大局，必须了解和掌握相关的政策方针、法律法规，正确处理好局部与整体、个人与集体的关系，自觉地把本单位、本部门或个人的小计划纳入国家和上级机构的大计划之中；正确处理好眼前与长远、分工与合作的关系，使各部门、各人既能人尽其责，又能发挥团结协作，形成合力，保证计划顺利进行。

3.具体明确，条理清晰　制订计划时，对目标任务、方法措施要用准确规范的文字加以表述，有利于执行者明确目的和要求；步骤和进程的安排要层次清楚，使人一目了然，便于对计划内容的理解和执行。

写作技能训练

一、阅读下面案例，回答问题

××商场2013年下半年促销规划

为了繁荣商品市场，促进我市经济发展，特制订本商场今年下半年的促销计划如下：

一、按照商业局下达的商品销售利润指标，国庆期间开展大规模的让利促销活动。

二、在此次活动期间，各部门要努力合作，凡成绩突出者，商厦将予以精神和物质奖励。

三、全体商厦工作人员必须认真遵守商厦制订的文明服务公约,使顾客满意率达到99%以上。

望党、团员带头,全体职工共同努力,确保本计划的完满实现。

××商场

2013年6月30日

1.计划的标题存在什么问题?请修改。

2.计划的结构安排是否合理?并改正。

3.按照这个计划能否完满完成下半年的促销工作任务,为什么?

二、写作训练

1.假如你所在系要举办一次演讲比赛,请你拟订一份比赛方案。

2.请你结合本学期学习情况,拟写一份下学期个人学习计划,学生干部可拟写个人工作计划。要求目标明确,措施科学,步骤可行。

3.请你结合本学期计划,制订下周学习计划,形式采用表格式。

4.查阅三份大学生职业规划资料,制订一份大学职业生涯规划。

模块三　秘书办会

第七单元　会议组织与管理
第八单元　会议文书写作技能

Chapter 7

第七单元

会议组织与管理

知识目标

1. 了解会议及会议工作的特点。
2. 掌握会议工作的基本要素。
3. 掌握会议筹备阶段的工作流程，及秘书应做好的具体工作。
4. 掌握会议实施阶段的工作流程，及秘书应做好的具体工作。
5. 掌握会议结束阶段的工作流程，及秘书应做好的具体工作。

技能目标

在办会过程中，秘书懂得如何开展工作，圆满完成会议的任务。

第一节 会议概述

自学与自测

一、填空题

1.“会”就是(　　　)、(　　　)、(　　　)。“议”就是(　　　)、(　　　)、(　　　),就是讨论和研究问题。会议就是人们在(　　　)有组织地聚集在一起,讨论和研究问题的一种社会活动方式。

2.确定会议名称,一是(　　　),二是(　　　)。一个完整的会议名称一般由四部分组成:(　　　)、(　　　)、(　　　)以及会议的类型。

3.会议时间包括通知(　　　)、(　　　)、(　　　)、(　　　)、每项议程时间。

4.会议地点指会议召开的具体地理位置,也可具体指举行会议活动的场所,包括(　　　)、(　　　)。

5.会议的主要方式有现场办公会、座谈会、观摩会、报告会、调查会、电话会等。

6.会议的文书指包括(　　　)在内的一切会议材料,如会议需要传达的文件、(　　　)、(　　　)、(　　　)等。

7.会议结果即会议结束时实现目标的情况。会议的结果通常可以通过(　　　)、(　　　)、(　　　)、(　　　)等文件的形式记载下来,可以归档保存,也可以直接传达。

二、简答题

1.会议工作具备哪些特点?

2.会议包括哪些要素?

案例分析与训练

腾飞企业协会举办“腾飞公司融资操作研讨会”,此次会议邀请了国内一批顶尖的经济学家、管理学家到场发表演说。各大媒体闻风而动,齐聚会场。秘书邓林负责会议的信息宣传工作。她因事先对情况估计不足,当许多记者向他索要新闻稿、宣传资料、专家讲座大纲时,无法满足对方的要求,协会领导向她询问各大媒体对会议报道的情况时,她也没有做好简报搜集、留齐各种资料,无法为领导提供适用的资料。

分析:这是一次研讨会。在会务工作中,从会议要素的角度,说明秘书应做好哪些准备工作?

知识提要

一、会议

“会”就是聚会、会合、集会。“议”就是商议、商讨、讨论，就是讨论和研究问题。会议就是人们在法律范围内有组织地聚集在一起，讨论和研究问题的一种社会活动方式。

会议是上级管理者实施管理活动的重要形式之一，它是使经济生活、文化生活和其他社会生活得以正常运作的必不可少的重要手段，也是单位推进工作的重要方法。公司通过会议传达情况、交流信息、集思广益、检查工作、研究问题、做出决定、部署任务，从而推动项目的完成。企业会议一般有公司内部经理会议，日会、周会、年会、股东大会、董事长会及涉外业务会议与半业务半社会的聚会。这些都是上司实施领导的重要工具，是决策民主化、科学化的必要手段，同时能够起到沟通协调、教育研讨、表达感情的作用。

二、会议工作的特点

1. 政治性　会议工作从来都依附于一定阶段的政党并为他们服务。

2. 服务性　会议工作是随着开会的需要应运而生的，它的一切活动，都是为了给会议提供方便条件，做好各项服务工作，保证开好会议。

3. 被动性　会议工作的辅助地位决定了它的被动性。

4. 事务性　无论是值班接传电话，还是记录整理简报，很多环节都有较强的事务性，繁杂而琐碎。但是，正是通过这些事务性工作，保证了会议的顺利进行。这种事务性工作中蕴含着极强的政治性和思想性。有时一个很小的事务性工作未做好，可能会发展成为一个大的政治问题。

5. 综合性　由于会务工作是直接为领导机关、上级公司或领导同志召开的会议服务的，会议涉及的内容十分广泛，参加会议的人多，知识渊博，要做好会务工作，需要了解社会科学和自然科学的多学科知识，特别是管理学知识，需要掌握同本职工作相联系的各方面的情况，需要掌握使用各种为会议服务的自动化、电子化设备的技能和本职工作的业务知识，要求会议秘书工作人员成为“通才”和“杂家”，能够从全局出发观察与考虑问题，有高度综合的眼光与能力。当然，会议秘书工作也有它的专业性，如办事能力、写作能力、记录技术等。会议秘书工作的综合性与专业性是互相渗透、相辅相成的。会议秘书工作人员的综合能力越强，越有利于提高专业化水平；会议秘书工作人员的专业化水平越高，总揽全局的综合能力也就越强。

6. 保密性　我国无论大小机关、企事业单位，许多重要事情都通过会议讨论后做出决定。因而，许多会议如省委常委会、县委常委会等日常工作会议的内容都有很强的机密性，保守会议秘密，理所当然地是会议秘书工作的任务之一，需要慎之又慎。

7. 时间性　会议是一种有组织有领导的活动，有很强的时间性。作为与会者应遵守时间，按时参加会议。作为会议秘书工作人员更应有高度的时间观念，绝不能出现诸如与会者已到齐了，会议记录人员还未到或是会场还未布置好等现象。

三、会议的要素

会议的基本要素包括：会议名称、会议时间、会议地点、会议主持者、会议参与者、会议议题、会议的形式、会议的文书、会议的结果、会议的费用。

1. 会议名称　确定会议名称，一是明确会议主题，二是便于必要时制作会标。一个完整的会议名称一般由四部分组成：会议主办单位或会议范围、会议时间或届别、会议的主题以及会议的类型。在实际工作中，有的是可以省略的。比如"可口可乐（中国）饮料有限公司2012年销售会议"是一个比较完整的会议名称；"昌盛集团各部门人力资源分析会"是省略了会议时间或届别的会议名称。

2. 会议时间　包括通知开会的时间、会议报到时间、会议开始时间、结束时间、每项议程时间。

3. 会议地点　会议地点指会议召开的具体地理位置，也可具体指举行会议活动的场所，包括报到地点、会议的具体地点。会议地点应根据会议的性质和规模来综合考虑会场大小、交通情况、环境和设备是否适合等因素。

4. 会议主持者　是指主办部门、主持会议的领导人。

5. 会议参与者　是指会议的出席者、列席者或因讨论具体事项而特别要参会的人员。

6. 会议议题　是根据会议目标来确定并付诸会议讨论或解决的具体问题。

7. 会议的方式　会议的主要方式有现场办公会、座谈会、观摩会、报告会、调查会、电话会等。随着电信媒体的广泛运用，"视频会议"出现并被使用，使得开会的方式得到空前的发展，异地远距离随时沟通成为可能，比传统会议节省了大量的人力、物力，会议结果更为高效。

8. 会议的文书　指包括书面会议通知在内的一切会议材料，如会议需要传达的文件、发言稿、会议纪要、会议简报等。

9. 会议结果　即会议结束时实现目标的情况。会议的结果通常可以通过会议决议、合同、条约、协议声明等文件的形式记载下来，可以归档保存，也可以直接传达。

10. 会议的费用　主要指用于会议的必要支出。

四、会议的分类

会议从产生发展到现在，已经涉及人类生活的各个方面，包含的内容十分广泛，我们按类概述，从不同的角度，依据不同的标准，分出不同的类型。

（一）按照会议的规模划分

1. 特大型会议　一般指万人左右到10万人，几十万人直至百万人参加的会议，如国庆庆典大会、大型联欢会、大型展销会等。

2. 大型会议　一般指千人到数千人至万人参加的会议，如焰火晚会、群众集会、体育比赛、人民代表大会等。

3. 中型会议　一般指百人左右到数百人至千人参加的会议，如春节团拜会、节日慰问会、经验交流会等。

4. 小型会议　一般指数十人至近百人不等的会议，如各种办公会、座谈会、现场会等。

5. 微型会议　几人至10人参加的会议，会议的规模至少在3人以上，如小组会、核心会、领导碰头会等。

(二)按照会议的内容含量划分

1. 综合性会议　即指一次会议要讨论和研究多方面的问题。如人民代表大会要讨论政治、经济、科技文教和外交、宗教等多方面的工作;如工作总结会,也要分析讨论前一段时间以来多方面的工作和活动的开展情况、任务的完成情况。这一类会议往往因为内容含量大、涉及面广,故而要求准备工作做得扎实、细致,会议召开的时间也较长。

2. 专题性会议　这类会议一次只集中解决一方面的问题,讨论研究一方面的工作或事情。会议议题具有单一性或专一性,如科技经验交流会,高校招生工作会议等。

(三)按照会议召开的时间划分

1. 定期会议　指按照一定的时间间隔或一定的循环周期固定召开的会议,亦称例会,如办公例会、学术年会、季度会、周例会等。

2. 不定期会议　根据组织开展工作的需要,随时要召开的会议,如防汛紧急会议、销售工作布置会、技术改革研讨会等。

(四)按照会议的级别划分

按照会议的级别划分是依据我国党政领导机构从中央到地方的不同等级划分的,如中央级会议,省、市、自治区级会议等,也有行政机构中按照级别分为局级会议、处级会议,在工商企业中,有董事会议、总裁会议、经理会议、部门经理会议之分。

(五)按照会议的性质划分

1. 决策性会议　包括立法会议、党务会议、行政会议等。

2. 非决策性会议　包括业务会议、动员宣传布置会议、娱乐会议、新闻发布会议等。

会议是一种十分广泛的社会活动形式,它的分类还可以从其他的角度和侧面进行。按照会议的秘密程度划分,分为公开会议、内部会议、机密会议;按照人员的集中与分散分为集中会议和非集中会议,非集中会议主要借助现代通信技术召开会议,包括电话会议、电视会议、网络会议等统称电子会议;按照与会者的身份和国籍可把会议分为国内会议和国际会议;按照与会者国别或与会各方的数量,可将会议分为双边会议和多边会议;按照会议议题所涉及的领域来划分,可将会议分为经济性会议、政治性会议、军事性会议、文化性会议等。

对于秘书人员来讲,分类的意义就在于可以根据不同类型的会议特点,有针对性地做好会务工作。

秘书实务训练

一份通知招来一大串电话

为了迎接兄弟单位与上级有关部门的卫生检查,某单位领导决定召开一次迎接卫生检查动员大会。局长要王秘书起草一份会议通知,请各部门负责人出席。

王秘书一边起草会议通知一边思索,某些部门的领导对环境卫生问题一向不大重视,要是他们知道召开卫生工作会议就可能不亲自出席而派其他人员参加,那该怎么办?于是灵机一动,拟写了一份会议通知:

会 议 通 知

经局领导决定:兹定于 ×月×日×时在局办公大楼会议室召开各部门负责人会议,会议重要,请准时出席。

局办公室

× 年×月×日

王秘书将会议通知下发后,不久,他就接到了不少部门的电话,询问会议的内容,言语中颇有些责怪的意味。

问题:

请你根据会议的要素分析王秘书的工作不当之处。

第二节 会议筹备阶段的工作

自学与自测

一、填空题

1. 会前准备流程:( ),( ),( ),( ),( )。

2. 会议计划由会务机构制订完成,主要内容是( )、( )、( )、( )。

3. 确定会议主题的主要方法:一是( );二是( );三是( )。议题是对会议主题的细化。

4. 会议经费的构成由( )、( )、( )、( )、( )、预计外支出六项。

5. 会议议程是会议主要活动的安排顺序,它主要是对议题性活动的程序化,即将会议的议题按( )、( )和( )的次序编排起来并固定下来,反映议题的主次、轻重、先后。

6. 按通知的形式可分为( )和( );按通知的性质可分成( )和( );按通知的名称分为( )和( )、请柬、海报、公告等。

二、简答题

1. 如何明确会务工作机构及分工?

2. 会场费用包含的项目有哪些?

3. 餐饮费用如何计算?

4. 会议议程、会议日程和会议程序的区分是什么?

5. 电话通知应该注意的事项有哪些?

6. 会前需准备的会议材料有哪些?

7. 布置会场的基本方法是什么？

8. 会场座位排列方法是什么？

9. 室内装饰主要考虑的要素有哪些？

案例分析与训练

成志公司新产品发布会经费预算

公司定于 2009 年 1 月 15 日红运大厦一楼会议室召开新产品发布会。与会人员预计 200 人。现就会议所需各项经费提出预算。

一、场地租用费

红运大厦一楼会议室租金一天 5 000 元，两天共计 10 000 元。

二、摄像设备租用费

拟租摄像机 2 台，每台每天租金 2 000 元，共计 4 000 元。

三、聘请专家咨询费

拟请专家 2 人，每人每天支付 5 000 元，共计 10 000 元。

四、宴请费用

10 人一桌，每桌标准 2 000 元，共计 40 000 元。

五、交通费用

租用旅行车 4 辆，每辆每天 500 元，两天共计 2 000 元。

六、会议用品费

资料印制费，每份宣传资料成本为 5 元，需印制 2 000 份，共计 10 000 元。

七、纪念品

到会记者预计 50 人，每人一份纪念品 500 元，共计 25 000 元。

此次会议经费共计 10 万元。此预算提交总经理办公室审查。

会议筹备小组

2009 年 1 月 5 日

分析：上述案例中包含哪几项经费？

知识提要

会前准备流程：拟订会议计划，拟订会议议程、日程和程序，发布会议通知，准备会议材料，会场准备。

一、拟订会议计划

会议计划又称会议文案，它不仅是会前准备中的重要工作，也是决定办会是否成功的关键因素，对办会起着指导作用。会议计划由会务机构制订完成，主要内容是确定会议主题、拟订会议基本要素、成立会务工作机构、制订会议预算。

（一）确定会议主题或议题

会议主题是指关于会议要研究的问题、达到的目的。确定主题的主要方法：一是要有切实的依据;二是必须要结合本单位的实际;三是要有明确的目的。议题是对会议主题的细化。

(二)拟订会议基本要素

拟定会议的基本要素,如名称、议题、时间、地点、参与人员等。

(三)成立会务工作机构

成立会务工作机构,如有必要可对工作人员进行分组。

会务组:负责会务组织、会场布置、会议接待签到等会议的组织、协调工作。

秘书组:负责拟写会议方案,准备各种会议文件和资料,做好会议记录,编写会议纪要、简报等工作。

接待组:负责生活服务、交通疏导、医疗服务等工作。

宣传组:负责会议的录音录像、娱乐活动、照相服务和对外宣传报道。

财务组:负责会议经费的统筹使用和收费、付账工作。

保卫组:负责防火、防盗、人身安全和财务安全、保密工作。

如果企业或单位内部召开会议,由秘书部门指定人员负责会务工作即可。

(四)制定会议预算

会议活动是一项消费活动,举行会议都要消耗一定的人力、物力、财力,因此,会务工作机构及会务人员本着勤俭、节约的办会原则,对会议的经费及各项支出做出预算,并提出筹集会议经费的方法,报领导审批。会议经费的构成:

1.交通费用　可以细分为:

(1)出发地到会议举办地的交通费用　包括航班、铁路、公路、客轮以及目的地车站、机场、码头至会议接待酒店的交通费用。以上除个人支付部分以外,其余均应列入交通费用。

(2)会议期间的交通费用　主要是会务地交通费用包括会议住宿酒店到会场的交通、会议住宿地点至餐饮地点的交通、会场至餐饮地点的交通、会场至商务场地的交通、考察交通、会议代表接站的交通以及其他与会人员可能使用的预定交通。

(3)欢送与会代表交通及返程交通　包括航班、铁路、公路、客轮即住宿酒店至机场、车站、港口交通费用。

2.会议室费用　可以细分为:

(1)会议场地租金　根据惯例,会场的租金已经包含某些常用设施,如激光指示笔、音响系统、桌椅、主席台、白板或者黑板、油性笔、粉笔等。但一些非常规设施有时并不包括在内,如投影设备、临时性的装饰物、展架等,需要加装非主席台发言线路时,也可能需要另外的预算。

(2)设施租赁费用　如投影仪、笔记本电脑、移动式同声翻译系统、会场展示系统、多媒体系统、摄录设备等。但此类租赁费用中一般包括设备的技术支持与服务费用。另外,这些会议设施由于品牌、产地与新旧不同,租赁的价格可能相差很大。

(3)会场布置费用　如果不是特殊要求,根据惯例,此部分要求包含在会场租金中。

(4)其他费用　通常包括广告及印刷、秘书服务、礼仪与仓储、娱乐保健、媒介、会场背景墙等,基于这些均为临时性质,要求由会议主办方负责办理这些业务,保障服务的质量。

3.住宿费用　如果此费用由主办方承担,则需要列入会议经费,如果由与会者承担,则需要会议通知中说明。

住宿中会产生其他费用，正常的住宿费除与酒店星级标准、房型等因素有关外，还与客房内开放的服务项目有关，譬如客房内的长途通讯、洗换、迷你吧酒水、一次性换洗衣物、互联网、水果提供等服务是否开放有关。应明确酒店应当关闭或者开放的服务项目及范围。

4.餐饮费用　会议的餐饮费用可以很简单，也可以很复杂，这取决于会议议程需要及会议目的。

(1)早餐　通常是自助餐，当然也可以采取围桌式就餐，费用按人数计算即可(但考虑到会议就餐的特殊性及原材料的预备，所以预计就餐人数不得与实际就餐人数相差到15%，否则餐馆有理由拒绝按实际就餐人数结算——而改为按预定人数收取费用)。

(2)中餐及晚餐　中餐及晚餐基本属于正餐，可以采取人数预算——自助餐形式，按桌预算——围桌式形式。如果主办方希望酒水消费自行采购而非由餐馆提供，餐馆可能会收取一定数量的服务费用。

(3)酒水及服务费　通常，如果在高星级酒店餐厅就餐，餐厅是谢绝主办方自行外带酒水消费的，如果可以外带酒水消费，餐厅通常需要加收服务费。在高星级酒店举办会议宴会，通常在基本消费水准的基础上加收15%左右的服务费。

(4)会场茶歇　此项费用基本上是按人数预算的，预算时可提出不同时段茶歇的食物、饮料组合。承办者告知的茶歇价格通常包含服务人员费用，如果主办方需要非程序服务，可能需要额外的预算。通常情况下，茶歇的种类可分为西式与中式两种——西式基本上以咖啡、红茶、西式点心、水果等为主，中式则以开水、绿茶或者花茶、果茶、咖啡、水果及点心为主。

(5)联谊酒会、舞会　事实上，联谊酒会、舞会的预算可能比单独的宴会复杂，宴会只要设定好餐标与规模，预算很容易计算。但酒会、舞会的预算设计到场地与节目支持，其预算可能需要比较长的时间确认。其中包括视听设备、演员及节目、场地费用、点心、水果、饮品等。

5.旅游费用

6.预计外支出　指会展过程中一些临时性安排产生的费用，包括各类文秘、礼仪、司仪、勤杂、临时采购、临时司乘、向导、打印、临时运输及装卸、纪念品、临时道具、传真及其他通信、快递服务、临时保健、翻译、临时商务用车、汇兑、会议过程中的点心、水果及调制色酒等。这些服务通常是临时或者按时提供的，这些费用的预算很难计划，在预算时通常按类别笼统计算，不再细分——可以按不可预计费用或者按其他类别计算。

二、拟定会议议程、日程和程序

(一)会议议程

会议议程是会议主要活动的安排顺序，它主要是对议题性活动的程序化，即将会议的议题按讨论、审议和表决的次序编排起来并固定下来，反映议题的主次、轻重、先后。会议议程起着维持会议秩序的作用。拟定会议议程是秘书人员的任务，通常由秘书人员拟写议程草稿，交领导批准后，复印分发给所有与会者。会议议程是通过会议日程显示出来的。

(二)会议日程

会议日程是把一天中会议议程规定的各项活动按单位时间具体落实安排，它不仅细化围绕会议议题的全部活动，还包括会议过程中其他的辅助活动，如聚餐、参观、考察、娱乐等。

日程是表明会议发展的进程，同时也是对完成各项议程需要时间的预测和必要的限制，以提高会议的效率。

(三)会议程序

会议程序是指在一次具体的会议中按照时间先后排列的详细的活动步骤。会议程序可以让与会者了解每次具体的会议活动的内容及时间顺序，同时也是会议主持人掌握会议的操作依据。

以举行颁奖、选举、揭牌等仪式为主的会议活动，一般只制订会议程序。

会议议程、会议日程和会议程序都是关于会议活动先后顺序的安排，它们之间的区别在于：会议议程是整个会议活动顺序的总体安排，但不包括会议期间的辅助活动，其特点是概括、明了；会议日程是将各项会议活动（包括辅助活动）落实到单位时间，凡会期满一天的会议都应当制订会议日程；会议程序则是一次具体会议活动的详细顺序和步骤，是会期较短、议题较少并且较为灵活的会议只需制订一份会议议程即可。以一事为主的会议活动，一般只制订会议程序。如：

表一：　　　　　　　　　　会 议 议 程

<table>
<tr><th colspan="2">时间</th><th>主要议题</th><th>发言人</th></tr>
<tr><td rowspan="7">15日上午</td><td>9:00—9:05</td><td>宣布会议开幕，奏国歌</td><td>工会主席</td></tr>
<tr><td>9:05—9:15</td><td>总经理致开幕词</td><td>总经理</td></tr>
<tr><td>9:15—9:55</td><td>2004年公司工作报告</td><td>总经理</td></tr>
<tr><td>9:55—10:00</td><td>会间休息</td><td></td></tr>
<tr><td>10:00—10:40</td><td>2005年公司工作计划</td><td>总经理</td></tr>
<tr><td>10:40—11:30</td><td>与会代表分组审议和讨论</td><td></td></tr>
<tr><td>11:30</td><td>上午会议结束</td><td></td></tr>
</table>

表二：　　2012年鸡西兴凯湖绿色发展研讨会会议日程安排表

时间	活动内容	地点
7月15日		
8:00—17:00	参会领导、嘉宾报到	兴凯湖国宾馆B座一楼大堂
11:00	中国人民大学边疆文化研究中心揭牌仪式	鸡西大学
	午餐（自助）	兴凯湖国宾馆B座一楼宴会厅
11:30	媒体通气会	兴凯湖国宾馆B座一楼新闻中心
17:00—17:20	开幕式	兴凯湖国宾馆B座三楼多功能厅
18:00—18:30	鸡西鸡尾酒会（欢迎晚宴）	兴凯湖国宾馆B座三楼多功能厅

续表二

时间	活动内容	地点
7月16日		
7:00—8:30	早餐(自助)	兴凯湖国宾馆B座一楼宴会厅
8:30—9:40	主旨发言	兴凯湖国宾馆B座三楼多功能厅
9:40—10:00	茶歇	兴凯湖国宾馆B座二楼回廊
10:00—11:30	主旨发言	兴凯湖国宾馆B座三楼多功能厅
12:00—13:30	午餐(自助)	兴凯湖国宾馆B座一楼宴会厅
14:30—16:00	互动访谈	兴凯湖国宾馆B座三楼多功能厅
16:30—17:00	新闻发布会	兴凯湖国宾馆B座一楼新闻中心
17:30—19:00	晚餐	兴凯湖国宾馆B座一楼宴会厅
19:00—20:30	"相约兴凯湖"交谊舞会	兴凯湖国宾馆C座三楼多功能厅
7月17日		
7:00—8:30	早餐(自助)	兴凯湖国宾馆B座一楼宴会厅
8:30	统一乘车去兴凯湖湿地博物馆	兴凯湖国宾馆B座门前
8:40—9:00	中国人民大学兴凯湖科研实践基地揭牌仪式	兴凯湖湿地博物馆
9:00—11:30	参观兴凯湖湿地博物馆、游小兴凯湖、参观兴凯湖观景平台和鸟类摄影展	
11:30—12:30	午餐(自助)	兴凯湖国宾馆B座一楼宴会厅
13:00	返程	

表三：　　会议程序表

大会第一项：主持人介绍到场嘉宾
大会第二项：播放视频(回顾历史)
大会第三项：党委宣传部老师致辞
大会第四项：学代会主席讲话
大会第五项：电视台嘉宾讲话
大会第六项：上届社长赵皓盈讲话
大会第七项：本届社长王科润讲话
大会第八项：副社长曾燕、谭程、张子宁分别作简短发言
大会第九项：主持人作会议总结并宣布会议结束

三、发布会议通知

会议通知是会议得以召开的前提和必要步骤。会议通知主要有三个功能：一是发布会议召开的消息；二是为与会者提供参会的依据和凭证；三是确认到会的人员。会议通知环节一旦出问题，就会影响后续的一系列工作，比如该到会的人未到会影响会议的规格和规模，会议人数无法确定会影响会场、物品等的确定，因此，秘书人员对看似简单的会议通知不可掉以轻心。

（一）会议通知的种类与方式

会议通知的种类与方式多种多样，如当面告知、打电话、发传真和电子邮件、邮递、张贴、广播、登报等。每一种通知的方式各有特点，可以根据会议的性质、参加的范围、时间的缓急和保密要求选择适当的通知方式，必要时可以同时使用两种以上的方法，以确保有效性。

1.按通知的形式可分为口头通知和书面通知　口头通知，可以分为当面通知、电话通知，具有方便、快捷、即时的优点，但容易遗忘；书面通知可以分为公文式通知、张贴式通知、便条式通知、网上通知，尽管公文式通知需要打印、分发或者邮寄，手续较多，时间较慢，但显得严肃、庄重，而且具有备忘的作用。重要会议应当使用书面通知。如传真通知一般用于紧急状况，不能作为到会的凭证；电子邮件通知作为一种新的书面通知形式，在电子办公日趋普及的今天已成为一种很重要的会议通知形式，但还无法替代传统的书面通知。这些会议通知各有利弊，秘书人员可以根据具体情况选用或互相补充使用。

2.按通知的性质可分成预备性通知和正式通知　预备性通知先于正式通知发出，其作用主要是请与会者事先作好参加会议的准备。凡需要事先征求与会者的意见，或者需要与会者事先提交论文、报告、答辩和汇报材料，或者先报名然后确定与会资格的会议，应当先发预备性通知；待议程、时间、地点以及与会资格正式确定后，再发正式通知。

3.按通知的名称分为会议通知、邀请信（函、书）、请柬、海报、公告等

（1）会议通知用于研究工作、进行决策的会议，发送对象是本机关或本单位内部的工作人员、下级机关或所属单位、受本机关或本单位职权所制约的单位。

（2）邀请信一般用于横向性的会议，具有礼节性，发送对象是不受本机关职权所制约的单位以及个人，如召开学术性会议或者技术鉴定会，以发邀请信为宜。

（3）请柬主要用于举行仪式类活动，如开幕式、竣工仪式、签字仪式等。发送对象一般都是上级领导、社会人士、兄弟单位等，多使用书面语，语言恭敬儒雅。

有时，举行一次会议需要根据不同对象分别使用“会议通知”、“邀请信”和“请柬”。

（4）海报是一种公开性的会议通知形式，通常采用张贴的方式，主要用于可以自由参加的学术性报告会。

（5）公告是一种专门用于股份公司召开股东大会时，通过登报发出的会议通知。

（二）电话通知应该注意的事项

电话通知一般是与会者比较分散，尤其是不同单位、不同部门的不定期会议，常以电话通知的形式告知。应注意以下几点：

(1)应有与会者的准确的联络方式。

(2)叫通电话后，说明是会议通知，然后逐句读通知，要求对方记录，尤其要读清楚时间、地点、议题、参加会议的人。

(3)一定问清对方姓名并记录在册，然后要求对方复读通知。

(三)会议通知的发出

(1)要恰当把握发送时间，应让与会者在接到通知后，能够从容做好赴会准备，并能准时到达会议场所为宜。

(2)如需回复的会议通知或预备通知还可以加入一张明信片，上面注明本公司地址、邮编、电话、发信人姓名，以便对方有时间考虑并能及时回复。

(3)重要的会议通知发出以后，还要及时用电话与对方联系，询问对方是否收到和是否赴会。

四、准备会议材料

(一)会前需准备的会议材料

1. 会议的指导文件　如上级下发的政策性文件、工作部署性文件、上级指示文书、本次开会起因文书等。

2. 会议的主题文件　如领导人讲话稿、代表发言材料、经验介绍材料等。领导发言稿有开幕词、闭幕词、会议报告、会议决议等。

3. 会议程序文件　包括议程文书、日程安排、选举程序、表决程序。

4. 会议参考文件　如统计报表、技术资料与会代表来信和各类来访等的书面材料。

5. 会议管理文件　包括会议通知、开会须知、议事规则、证件、保密制度、作息时间、生活管理等。

(二)准备会议材料的要求

(1)秘书草拟会议所需要的文件目录，向领导确认后，开始准备。

(2)认真校对会议文件。

(3)按照与会人员名单，准备好每人一个文件袋，在文件袋上填上与会人员的姓名，并注明“会议文件”等字样，将所有的资料放在文件袋中，发放给与会人员。分装文件要认真、细致，不能出现漏装或重装的情况。

五、会场准备

(一)会议场地选择

对组织一些较大规模或重要性会议，场地选择特别重要。主要掌握以下要点：

(1)足够的会议场地空间。这既为会议场地布置带来多种选择，又是保持会议室内良好环境的需要。同时，会间休息时便于自由交流、活动。

(2)与会人员与会务组均方便的场所，这是提高会议效率的需要。

(3)良好的照明、通风、保暖(或送凉)设备，这是保持与会人员良好精神状态的需要。

(4)完善的会议设备，除普通桌椅外，有时需要黑(白)板、视听器材(投影仪、幻灯机、扩音设备等)以及各种不同会议所需的专用设备器材等。

(5)抗干扰。会议期间能有效地确保与会人员专心致志地参加会议，避免噪声及其他干扰因素影响会议的正常进行。一般会议室内不装电话，会议中，门外挂上“正在开会，请勿打扰”等类似牌子。

(二)会场布置要求

1. 会议桌椅安排　会议时间如果较长(1 小时以上)，要尽量安排桌子大一些，椅子有靠背，便于放置会议资料，同时能减轻与会者身体疲劳。年长者居多的会议、自由讨论的会议，在桌椅安排上更多考虑以舒适为主。

2. 照明光线　一般宜采用亲和的暖色灯光为主。既避免受强光照射刺眼引起疲劳，又利于与会者集中注意力。会议室窗帘应用遮光布。

3. 室内装饰　室内装饰并不是越高档豪华越好，而应根据会议中心议题，起到突出会议主题和烘托会议气氛的作用。主要考虑：

色调：与会议内容、对象、气氛相适应，并考虑季节因素。

徽标：在会场主席台或主席位的上方悬挂会标或会徽。

标语：在会场内或入口处适当挂一些与会议内容相关的庆祝性标语。标语文字力求通俗易懂，读来上口简短，多用口号式。

花草：是会议气氛营造的需要，既能保证会场的环境美化，又能创造会议的宽松气氛。一般安排在主席台底幕布下，主席台前排与代表席的隔离处，会场四周等。有时在专题发言席(演讲台)处放置鲜花，既庄重又美观。

旗帜：对一些党、政、团等政治性会议、企业商贸开幕式等会议上，在主席台的幕布会标两边要挂红旗或竖一些彩旗，以烘托气氛。

(三)会场座位排列

与会人员座位的排列要服从会议的性质，又要体现平衡精神。如常务会、座谈会应排成面对面的会场座位，形成每个人都是会议中心又都不是会议中心的格局，便于消除拘束感，同时也能防止“走神”，促使与会者积极思考。各种报告会、演讲会等，与会者宜面向主席台，这类会议人数众多，要有绝对的中心。

1. 不设主席台的会场格局与座次安排　小型会议通常在会议室中召开，没有主席台。为了方便交流，其会场座位的整体格局一般比较紧凑。会场格局可以设置为长方形、椭圆形、半圆形、天桥形、T 字形或正方形的布局形式。与会人员可以随到随坐，不指定座位，若是有必要按与会人员的职务高低就座，其位通常以门的位置为标准，职务最高者坐在正对门的座位，然后以职务最高者为准两边入席，左高右低的次序安排座位。

座位排列效果也会不同：如长方桌座位排列是最普通的方式，主持人宜坐在两端、其他与会者坐两边，便于视线集中于主席位。多边性联席会议宜用椭圆形或圆形座位排列，以示各方地位平等，不分高低大小。半圆形和天桥形的座位突出了会议主席或发言人，显得集中、紧凑，适用于布置工作的会议或学术会议。方正形座位排列不突出主席和发言人，而使全体与会者之间显得融洽，适用于座谈会、交流会。T 字形会场给人正规严肃之感受，适宜于召开中小型会议，如下图所示。

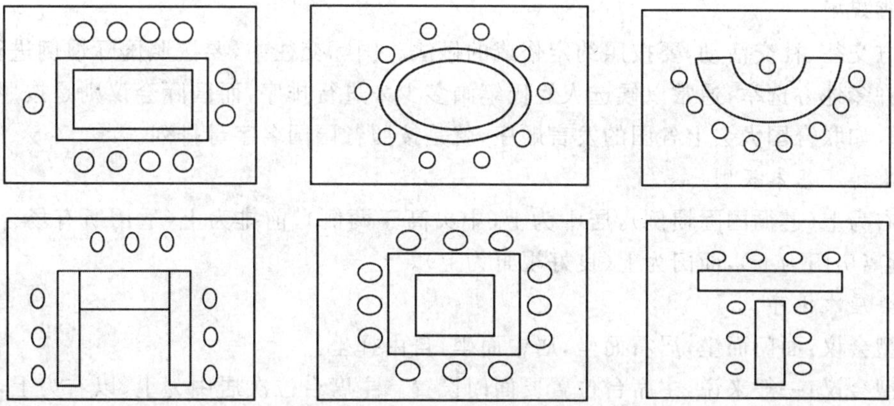

2. *设有主席台的会场格局与座次安排*　中大型的正式会议都设有主席台，此类会议的会场格局与座次安排对会议较为重要，尤其在党政系统中。首先，确定会场整体格局。会场的整体格局根据会议的人数，可以分为课堂型或大扇形等布局形式。其次，确定主席台上人员的座次。面向台下主席台人员座次原则一般是：中为上再两边；左为先，右为后；前排高，后排低；姓氏笔画对群体。为了方便主席台人员就座，需要在主席台上放置姓名台签。最后，确定主席台下人员的座位安排。主席台下人员的座位安排除了非常隆重正式的会议，一般可以采用自由就座、分部门分系统的分块就座和按职务高低前后就座等方式。隆重的正式的会议，比如“两会”等则需要按照一定的规范来安排座位。比如采用横排法或竖排法，即以与会人员姓氏笔画为序从左至右或从前至后来安排。为了方便台下就座，一般也应贴有引导标志，如下图所示。

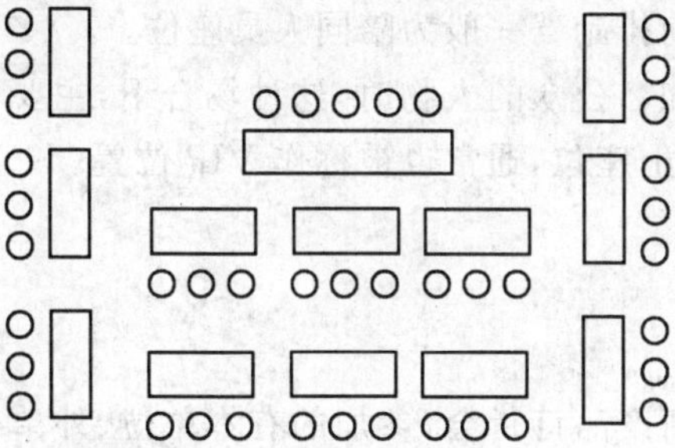

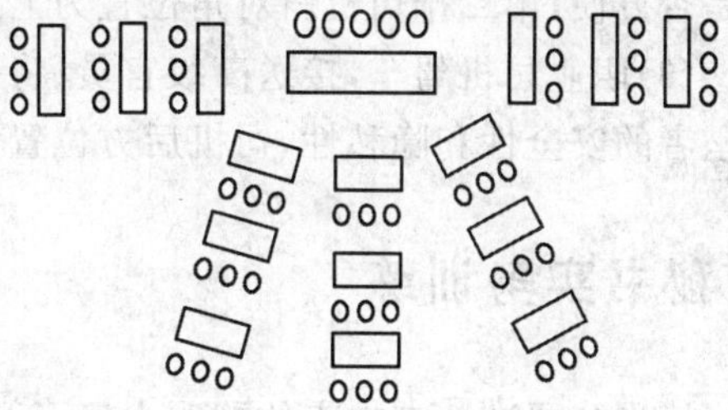

链接

座次礼仪基本理念

内外有别

礼仪规矩，更多用于招呼客人和正式场合。家庭成员、熟人和自己人间则不必太过严格，如没有哪位老公在家整天对太太说“坐、请坐、请上座”。

中外有别

国内政府会议及公务场合，座位讲究左高。一般商务场合及国际交往中，座位以右为尊。中国人常说男左女右，体现出一种男尊女卑，女性的地位不高。但外国朋友如果看到中国人的结婚照片（男左女右），反而会以为女主人的地位很高。

遵循规则

地方交往、社交活动，要按照约定俗成的做法。国际交往中，要按照国际惯例进行表达。如国内许多地方选举，通常以候选人姓氏笔画多少来进行排序，而国际会议则是按照拉丁字母顺序。如联合国大会上各国的发言顺序，就是按照各国国名字母排列。

座次排序基本规则

以右为上（遵循国际惯例），居中为上（中央高于两侧），前排为上（适用所有场合），以远为上（远离房门为上），面门为上（良好视野为上）。

开会座次排序

小型会议：面门而坐，居右而坐，居中而坐，自由择坐。

大型会议：一般来说，主席台位置要面门设置。主席台位次居中为上，以右为上，前排为上。主持人可在前排正中，也可在前排最右侧。发言席设在主席台正前方，或在其右前方。

乘车座次排序

商务面包车：上座位为车辆中前部靠近车门的位置。此类汽车上座位置的确定，一般考虑乘客的乘坐舒适性和上下车的便利性。

越野吉普车：前排副驾位置为上座位。越野车功率大，底盘高，安全性也较高，但通常后排比较颠簸，而前排副驾的视野和舒适性最佳，因此为上座位置。

双排座轿车：

(1)主人或熟识的朋友亲自驾驶汽车时，这种情况下，副驾位置为上座位，你坐到后面位置等于向主人宣布你在打的，非常不礼貌。如果有两位客人，则与主人较熟悉、关系密切的一位坐在前面副驾位。

(2)专业司机驾车，一般商务或公务接待场合。这时，主要考虑乘车者的安全性和下车时是否方便，第二排司机斜对角位置为上座位，而前排副驾一般为陪同人员座位。

(3)职业司机驾车，接送高级官员、将领、明星知名公众的人物时，这种场合下，主要考虑乘坐者的安全性和隐私性，司机后方位置为汽车的上座位，通常也被称作 VIP 位置。

秘书实务训练

博雅公司准备在本市的黎明大厦召开大型的新产品订货会，参加的有本单位、外单位人员。总经理让秘书部门负责安排。会上要放映资料电影，进行产品操作演示。而公司没有放映机，租借放映机的任务交给了总经理秘书小刘。会议召开的时间是 8 月 9 日上午 10 时，而资料的放映时间是 10 时 15 分，小刘打电话给租赁公司，要求租赁公司在上午九时四十五分必须准时把放映机送到黎明大厦的会议厅。

9 日上午会议开幕前，博雅公司的秘书们正在紧张地做着最后的准备工作。刘小姐一看表，呀，已经九点五十分了，放映机还没有送到。刘小姐马上打电话询问，对方回答机器已送出。眼看着各地的来宾陆续已进会场，刘小姐心急如焚……

问题：

1. 假如你是刘小姐，对接下去可能发生的情况应如何处理？

2. 假如 10 时 10 分放映机还没有送到，你将马上向总经理报告还是擅自决定调整会议议程？

3.向总经理报告后，你还应该做什么？

4.召开大型会议前的各种准备工作，包括影像、电子类设备应提前多长时间到位？

第三节 会议进行阶段的工作

自学与自测

一、填空题

1.接到与会人员后，应及时安排客人上车。陪同客人乘车时要注意座位次序。小轿车座位的礼宾次序通常为“(　　　　)，(　　　　)，(　　　　)，(　　　　)”。

2.有些会议还要求与会人员接到开会通知后，告知秘书部门自己可以参加会议，也叫(　　　　)。与会人员接到开会通知后，(　　　　)，向会议秘书部门报名，说明将参加会议，会议秘书部门就为其做必要的准备工作，例如，(　　　　)、(　　　　)、排列座次、(　　　　)和交通工具等。报名用(　　　　)、电报、(　　　　)、电子邮件均可。

3.会议签到的要求：要求会前要将有关签到(　　　　)、(　　　　)准备好。

4.引导是指会议活动期间会务工作人员为与会者指引(　　　　)、(　　　　)、展区、(　　　　)、住宿的房间以及与会者问询的(　　　　)、方向和具体的位置。

5. 秘书应在正式开会之前的(　　　　)请与会人员入座，之后请领导及其他主宾们入场。

6.会议期间，秘书的主要工作是(　　　　)、(　　　　)、(　　　　)、协助有关工作人员调整扩音设备、给代表送饮料等。

二、简答题

1.如何做好接站准备？

2.会议接站工作的主要内容？

3.与会者报到时，秘书人员要做好哪些工作？

4.秘书应认识会议签到的作用是什么？

5.会前检查会场工作的主要内容有哪些？

6.茶水服务应注意哪些事项？

7.安排会议用餐的具体要求是什么？

8.会议的安全保卫工作有哪些具体内容？

9.如何做好会议交通服务？

10.突发事件的类型及要求有哪些？

案例分析与训练

案例 1.

天地石化股份有限公司董事会召开会议，讨论从国外引进化工生产设备的问题。秘书李雪负责为与会董事准备会议所需文件资料。有多家国外公司竞标，所以材料很多。李雪由于时间仓促就为每位董事准备了一个文件夹，将所有材料放入文件夹。有三位董事在会前回复说将有事不能参加会议，于是李雪就未准备他们的资料，不想，正式开会时其中的两位又赶了回来，结果会上有的董事因没有资料可看而无法发表意见，有的董事面对一大摞资料不知如何找到想看见资料，从而影响了会议的进度。

分析：李雪应如何做好资料准备工作？

案例 2.

天地公司定于 2003 年 2 月 15 日在京召开为期两天的新产品推广会，邀请了国内外十几家合作公司的管理人员，技术人员近百人参加。秘书李雪负责安排接站报到工作，但因春节后客流较大，她又缺少工作经验，致使部分与会者没能找到接站处，费了很大周折才找到报到地点，因而损害了企业的良好形象。

分析：为什么会出现这样的问题？

案例 3.

天地公司的新产品发布会即将开始，总经理秘书高叶正站在会议大厅的入口处，她一边做着最后的检查，一边在等着嘉宾的到来。她发现主席台上放置的名签有问题，一位董事因故不能前来，名签却没有撤掉，而另一位嘉宾刚刚来电话说要来，名签还未准备好；这时他的手机又响了，原来是接电台记者的汽车在路上抛锚了，重新派车已经来不及了；同时会议秘书组的人员来报，宣传材料不太够；此时嘉宾已陆续到来。

分析：会中应如何做好协调工作？

知识提要

会中组织与管理是从会议接待到会议宣布结束为止的过程，它是会议组织与管理的核心环节，也是会议成败的关键。其主要工作内容分为两个部分：会议召开的前期工作和会议进行的服务性工作。

一、会议召开的前期工作

（一）会议接站

1. 确定迎接规格　重要领导或外宾前来参加会议应前往机场、车站、码头迎接。

2. 做好接站准备　会议秘书部门或接待部门接受会议领导部门下达的接待任务后，要通过汇总回执、报名表以及打电话等渠道，尽快充分掌握接待与会人员的人数、身份，包括姓名、性别、年龄、职务、级别等，对于外地与会人员，有条件的，可为他们安排好交通工具，弄清楚他们所乘飞机、火车、汽车或轮船等交通工具的班次、抵达日期和具体时间，及早安排接待人员、车辆，安全、准时接站。同时要做好各项生活服务准备工作，迎接与会人员的到来。

3.设立接待标志　接站牌一定要清晰美观，简单大方，一目了然。与会者集中抵达时，在接站处以及交通工具上要有醒目的接待标志。可用牌子或横幅，上面要标明“某会议接待处”的字样，以便与会者辨识。接站现场较大、人员较杂时，还要准备好手提式扩音机。个别接站，接站人员可以手举欢迎标志，上书“欢迎某某先生(女士)”。

4.掌握抵达情况　随时掌握并统计抵达的名单和人数，特别要留意晚点抵达的与会者，避免漏接现象发生。

5.介绍宾主双方　与会者到达时，接待人员应迎上前去，自我介绍，并主动与其握手以示欢迎。如果领导人亲自前去迎接重要的与会者，且双方是初次见面，可由接待人员或翻译人员进行介绍。通常先向来宾介绍主办方欢迎人员中身份最高者，然后再介绍来宾。主宾两方身份最高者相互介绍后，再按先主后宾的顺序介绍双方其他人员。这种介绍有时也可以由主方身份最高者出面。

6.安排与会人员上车　接到与会人员后，应及时安排客人上车。陪同客人乘车时要注意座位次序。小轿车座位的礼宾次序通常为“右为上，左为下，后为上，前为下”，即小驾车的后排为上座，安排客人坐；后排左位为次座，安排主办方领导人做，接待人员坐在司机旁的座位上。接待人员受领导委托单独陪车时，坐在客人的左侧。上车时，接待人员应打开右侧车门，请客人从右侧门上车，自己从左侧门上车，避免从客人座前穿过。遇到客人上车后坐到了左侧，则不必请客人挪动座位。但如果是重要的外宾，车前挂有双方国旗时，则应严格做到主左客右。没有特殊情况，与会人员可自主选择座位。

(二)会议报到

会议报到是针对需要集中住宿的大中型会议而言，与会者从自己的工作单位或住地到达指定的开会地点时所办理的登记注册手续。报到是会议秘书部门掌握与会人员准确到会情况并实施组织的重要一环。

有些会议还要求与会人员接到开会通知后，告知秘书部门自己可以参加会议，也叫报名。与会人员接到开会通知后，填写回执，向会议秘书部门报名，说明将参加会议，会议秘书部门就为其做必要的准备工作，如制发证件、准备文件、排列座次、安排食宿和交通工具等。报名用电话、电报、传真、电子邮件均可。

报了名，只说明与会人员准备参加或可以参加会议，但可能还会因故而不能参加会议，所以还需要认真履行报到手续，来确认参加会议人员、数量等。报到的过程同时也是组织会议的过程。

一般来说，重要的大中型会议既要求报名，也需要报到，普通的会议只履行报到手续即可。由下级机关自定与会人员的会议，则必须报名。如召开一个全国各省、自治区、直辖市党委秘书长和办公厅主任会议，请各省、自治区直辖市党委秘书长或办公厅主任参加，参加人员由各地根据需要委派人员，这种会议必须报名，以便会议秘书部门早做准备。

1.会议报到的方式　会议报到可以由与会者本人持会议通知或单位介绍信亲自报到，也可以由本单位与会人员代为报到，如一个单位参加同一会议人员较多时，可由一人(如秘书人员)代为报到。

2.与会者报到时，秘书人员要做好以下工作：

(1)查验证件，确认与会者的参会资格。一般情况下，与会人员应持会议通知和本单位介绍信亲自来报到。会议秘书工作要根据手中掌握的材料证实报到人员确实是与会人员，特别是对委托他人代为报到的与会人员，更要核实无误。

(2)在确认报到人身份后，请与会者在登记表上填写个人姓名、性别、年龄、单位、职务、联系地址、电话等有关信息。

(3)统一接收与会者随身带来的需要在会上分发的材料，经审查后再统一分发，以免与会者在会场上自行分发而影响会议秩序，同时也可防止自行分发材料可能造成的其他不良后果。

(4)分发会议文件、证件、文件袋等会议用品。重要文件必须履行签收手续，保密和需要清退的会议文件还要发给与会者文件目录，请其妥善保存，会后退回。在分发文件、证件、餐券时，会议秘书、总务、警卫机构应协同工作，在住地或适当位置集体办公，将所有手续一次办完，将所需分发物品一次性全部发给与会人员。如会议要赠送礼品，会务组一般将礼品装入资料袋，同资料一起发放。如果并不是所有与会人员都有礼品，或不同参会者有不同的礼品，接待人员要细心区分，切忌出错。

(5)预收会务费、食宿费、资料费等费用，当场开具收据。

(6)安排与会者住宿。

会务工作人员在引导参会人员报到后，同时还应掌握报到情况，及时催促有关单位按时报到。对于未按时报到的单位要问明原因，并及时向组委会领导汇报到会情况，向会务组提供报到名单。

(三)会议签到

1.会议签到的作用　签到是为了及时了解该到会的人是否均已到会，并准确统计出到会的实际人数。会期较长、具体活动较多、内容较重要、需要集中接待的会议活动，与会者除了办理手续外，还要在每一场会议活动的签到簿上签名，表明其参加了这一次会议。尤其是各级党代会和人大会，签到可以确切掌握出席人数是否达到法定的人数，这对于表决和选举结果是否有效将是至关重要的。简言之，会议签到的作用主要有：

(1)便于统计实到人数，以确定法定性会议的有效性。

(2)检查缺席情况，以便及时通知有关人员到会，或通知缺席对象另行补会。

(3)庆典仪式、纪念性和追悼性会议活动的签到簿可以珍藏，留作永久的纪念。

(4)与会者的亲笔签名是第一手签到记录，是其参加会议活动的书面证明，可为日后的查考提供历史凭据。在一些法定性会议上，签到还是一种法律行为。

2.会议签到表的格式　同一个单位或同一类会议的签到表应当统一格式。会务人员可根据需要设计签到表。

来自不同单位部门的与会者名单按单位为组，便于查找。最好将与会人员的姓名打在表格上，以免出现因看不清与会者签字而出错。在已打印好的名单之外，要空出一列，用来到会人员签名。签到表如下：

序号	参会人	参会单位	通信地址	信箱	电话	备注	签名
1	于　强						
2	王　力						
3	王一鸿						

3.会议签到的要求

(1)认真准备。要求会前要将有关签到文具、表格或设备准备好。

(2)有序组织。签到的组织要有条不紊地进行。要事先安排好签到处,安排会务人员等。如果签到时要发放文件,特别要将有关材料装好袋,避免代表签到时等候,手忙脚乱。

(3)及时统计。要求组织签到时,要以最快的速度统计出到会人数和缺席人数,并在会议正式召开之前报告大会主席或会议主持人,以便使其根据签到结果,宣布会议是否达到法定人数,从而决定会议是否能够如期召开。

(4)准确无误。签到的结果必须以准确的数字来体现,既不允许人数不符,也不允许出现"大约"、"左右"的模糊数字。

(四)会议引导

引导是指会议活动期间会务工作人员为与会者指引会场、座位、展区、餐厅、住宿的房间以及与会者问询的路线、方向和具体的位置。引导虽然看似小事,但却能给与会者提供许多方便,使他们感到亲切,也有利于会场内外正常秩序的建立。

引导工作贯穿于整个会议期间,每一位会务工作人员都应当履行为与会者引导的义务。在大型的会议报到以及进入会场时应当派专人负责引导,这类专职引导人员常常称为礼仪人员。负责引导的礼仪人员要统一着装,熟悉会场的布局以及各种配套设施的情况。

大型会议活动的礼仪人员要了解本地的交通、旅游、购物等情况,以备与会者随时咨询。国际性会议的礼仪人员要掌握外语会话能力。

小型会议中与会人员一般都有自己的习惯座位,但多数会议需要与会者按照会前安排好的座位或区域就座。

有些小型会议也需要与会者有固定的座次,应在出席证或签到证上注明座号,并在每个会议桌上摆放名签,并同时印制"座次号"发给与会人员,与会人员第一次入场的时候,会议人员要做必要的引导,以便与会人员找到座次。所以要求做好引导工作,以保证会议的顺利进行。

召开大型会议,为了方便与会者尽快就座和保持会场安静,都需要会议工作人员采取某种方式引导座位。例如,在会议厅的大中型会议,一般都采用对号入座的方式或是将会场划分为若干区域,以地区或部门行业为单位集中就座,根据不同情况,有的也可采取随便入座的方式。无论采取对号入座,还是随便入座,或是划分区域入座,都可以设立指示座位的标志或是会议工作人员引座。

二、会议进行的服务性工作

(一)会前检查会场准备情况

会前检查是落实会议各项准备工作、保证会议正常开展的重要保障。会前要由秘书或秘书陪同领导到现场检查,主要有三个方面的工作:一是看会议文件是否齐备,是否已校对、分装;二是看会场布置,会标是否符合要求、座位是否排列合理,照明、音响、空调等效果如何;三是看后勤保障的落实情况,做到任何细节都不轻易放过。

(二)会议期间的服务性工作

秘书应在正式开会之前的5分钟请与会人员入座,之后请领导及其他主宾们入场。如果没有领导的指示,秘书一般不能作为会议代表出席会议。在开会的时候,如果秘书没有安排做会议记录等具体工作，那么，秘书就应坐在会议室的最后一排或在会场外等待吩咐。在会议期间，秘书的任务就是为保证会议的顺利进行而做些辅助工作。

会议期间，秘书的主要工作是传接电话、茶水服务、做会议记录、协助有关工作人员调整扩音设备等。

1. 传接电话　传接电话的具体方法，应该开会前与领导商量好，最好用电话记录转告上司。开会的时候，不是特别紧急的电话一般都不转接。内容一般的电话，秘书帮助记录下来，在会议中间休息的时候，把电话记录送给当事人，只有当内容比较紧急的才立即通知当事人。

如果会场比较大，人数超过 100 人，就到会场中间，把当事人叫来接电话。如果是人数不多的小会议，一般用口头小声传达："对不起，打断一下。李总，市里刘市长给您来电话……"或者"实在对不起，李总，上海的张总想见您……"如果开会时还有别的单位的人在场，给领导传话时，使用便条比较合适，如"对不起，李总，北京的马总急事找您"等，简明扼要地把事情写在上面，把便条递过去。

2. 茶水服务　会中服务除了提供必要的资料、与会人员的引导、灾发事件的处理等外，很重要的一个环节就是做好茶水服务工作。在茶水服务过程中应注意的事项：

(1)茶水端出时间要适当，会议时间长，要多次倒茶。

(2)倒茶姿势文雅，茶杯不要放在会议资料上，要慢倒轻放。

(3)先端给重要人物或外单位人员。

(4)准备充足的热水，方便与会人员随时能用。

(5)座谈会、商谈会等较宽松自由的聚会，可准备一些饮料和糖果，增加亲切感，改善会议气氛。

3. 会议记录　在会议过程中，由记录人员把会议的组织情况和具体内容记录下来，就形成了会议记录。"记"有详记与略记之别。略记是记会议大要，会议上的重要或主要言论。详记则要求记录的项目必须完备，记录的言论必须详细完整。若需要留下包括上述内容的会议记录则要靠"录"。"录"有笔录、音录和影像录几种，对会议记录而言，音录、影像录通常只是手段，最终还要将录下的内容还原成文字。笔录也常常要借助音录、影像录，以之作为记录内容最大限度地再现会议情境的保证。重要的会议记录，要有主持人和记录人在正文右下方签字。这是会议记录的重要组成部分。

会议记录应该突出的重点有：

(1)会议中心议题以及围绕中心议题展开的有关活动。

(2)会议讨论、争论的焦点及其各方的主要见解。

(3)权威人士或代表人物的言论。

(4)会议开始时的定调性言论和结束前的总结性言论。

(5)会议已议决的或议而未决的事项。

(6)对会议产生较大影响的其他言论或活动。

4. 会间膳食安排　有很多会议，因开会时间较长，需要安排与会人员用餐。因与会人员来自各个地方、单位，所以安排用餐是一件细致、严肃的工作，要主动请示领导，再作妥善安排，并对不同的情况、不同的会议采取不同的方法。安排会议用餐的具体要求：

(1)在会议通知中注明是否用餐。用餐时统计人数要准确。

(2)预约订餐时，要明确交代具体时间，确保准时用餐。

(3)注意用餐食物口味大众化与特殊化相结合。大中型会议，用餐人数多，以符合大多数人的口味为宜，对少数特殊情况者（少数民族、地域饮食习惯特殊者、孕妇等）要事先了解清楚，以便给予适当照顾。

(4)因会议用餐人多、集中、量大，饮食卫生特别重要，以防食物变质、中毒事故发生。

(5)会议用餐力求经济实惠。

5.会议的安全保卫工作　如果是公司内部的会议，会场安全保卫基本不用作特别安排。如果是对外的会议，是一些大中型会议，会场要专门配有服务人员，需要确保参会人员的人身与财产安全，就应做好保卫工作。主要包括以下几点具体内容：

(1)保障与会人员的饮食卫生。严格按照国家有关食品卫生的管理规定和标准，采取有力措施，确保与会人员的饮食安全。

(2)做好与会人员的人身安全保卫工作。保证会场内人员的安全与健康，发现与会者之中身体不适或突发疾病者，要及时请保健医生或送入附近医院或联系急救中心。

(3)严格控制与会议无关人员随便进入会场，保证会议的进程不被无关人员打扰。保持会场内的秩序，维护场内设备，关注会场内各种设备的使用情况。

(4)做好保密会议以及会议中保密文件的监管工作和重要文件的回收工作，防止文件和信息的泄密。

(5)防止会场设施、会议相关物品和私人贵重物品的被盗。

6.照相服务　中型以上的会议或纪念会、庆祝会等，往往与会人员要集体摄影留念，首先选择高水准的摄影师和摄影器材，以免与会者留下遗憾；其次是与会者的座次排列，队伍组织要合理；第三是背景的选择要充分体现出会议的主题和特点；第四是协助摄影师做好其他工作。

(三)会议交通服务

会议交通服务是对会议车辆进行科学调配以保证会议用车的工作。它直接关系到与会人员的集体活动、会议组织的工作需要、特殊用车的批准使用，应引起会议工作人员的高度重视，否则，可能贻误会议的正常活动，甚至造成开不成会的严重后果。要根据会期长短、与会人员数量多少等实际情况，本着既保证工作又勤俭节约的原则，做好交通安排，以保证会议的顺利进行。其主要内容有：

1.筹齐会议用车　如会议主办者车辆不够，必须调用其他单位车辆或租用车辆。会议车辆的调用（租用）应严格遵循必要和合理的原则，按照国家的规定，大轿车的调用（租用）按参加会议人员和车载人数计算，小轿车根据会议的规格和实际需要从严掌握。做到既保证会议用车，又符合节俭的原则。

2.拟订会议用车制度和纪律　大会用车或大会工作机构用车要提前预订，并实行必要的审批手续。参加会议人员进行与会议无关的公务和私事，会议不供车，与会议无关的参观、游览，其交通费由个人自理。

3.合理调度会议用车，确保会议进程按计划实施　要根据人员多少安排车辆，一般应配名领车；如果人员较多，则应当换乘适当规模的旅行车，既要避免人员过挤，也要防止车辆过多。对所配车辆应严格检查。

4.对驾驶人员的管理　要把调度一览表发给每一位司机，并且调度人员应该在每天刚上班的时候向司机再宣布一次当日的用车情况，特别是在原有的安排出现变化的时候，一定要当面向司机交代。

三、会中突发事件处理

会议突发事件是指会议过程中发生的、无法预料、难以应对的、必须采取应急方法来处理的事件。

(一)突发事件的类型

一般大中型会议的突发事件主要包括以下几个方面：

1.紧急医疗　对于紧急医疗计划，要看与会者平均年龄、活动范围和过去会议经验，不管如何，紧急事件可能在任何时间发生，但是有些参加会议的人比其他人更容易受伤与生病，比较可能性的病症是心脏疾病、中风和其他危害生命的病症，有些与会者会因为改变饮食、喝酒、睡眠不足、疲劳、面临不熟悉环境而致病，要使病人及时得到照顾。

(1)紧急医疗系统　会议筹办人经常凭借其经验，通过当地会议主办单位中的分会协助成立紧急医疗系统，与当地医院联络，一旦有紧急病人立即安排救护车送医院急救。并在会议现场安排医疗人员，确定短时间内来看诊，在大会手册以及其他资料中印上紧急事件联络号码。

(2)会场医务室　如果你是在会议中心举行会议，在合约或保险的同意书中可能要求会议中心雇请一位护士或医务人员在会场。有些会议中心有医务室，可以安排医务人员，先了解医务室的位置、医疗器材。会议筹办人可以评定现场这些设备与人员是否符合紧急医疗计划，如果不足，则要特别安排一位医务人员执勤，医务室中至少要有轻巧的氧气筒、绷带、压舌板、杀菌剂和阿司匹林，大部分会议筹办人会试着放一些医疗用品，但是一定要留意其有效期限，如果超出这些基本用品外就需要医院提供。

(3)宾馆紧急救护系统　大部分的宾馆有自己的医疗人员，但是不能确定这位医务人员是否可以处理紧急服务。大部分医务人员并不住在那里，所以可能无法即时处理紧急医疗，但是各个宾馆应该有紧急救护系统，这是会议筹办人在选择会场时就应该考虑的，先了解会场紧急救护的情形，有些由总机来处理，有些是警卫室，也有些是会议服务人员，要先了解每个会场情形，到时候才不会找错对象。

如果同时使用几个宾馆，需先了解每个宾馆紧急服务的情况，确定要找哪一个人，留下他们的电话号码，万一发生紧急事故时一定要先通知负责处理的人。很多会场及组织派人接受心肺复生术训练，懂得这种技术可救很多人生命，因此每个组织都应该提供员工学习这种技术的条件。

2.卫生问题　卫生问题是筹办国际会议另一项重大挑战，包括饮食卫生与环境卫生两方面。国际会议通常是在已开发国家和开发中国家举行，而且争取到国际会议的国家，都会选择环境良好的地方作为会议与活动的场地，因此环境卫生大致不会有问题。而餐饮卫生是主办单位面临的大的挑战，特别是上千甚至上万人参加的大型国际会议，更是要慎选餐饮合作对象，万一其中有人因食物不洁而造成腹泻甚至食物中毒，那将造成无法弥补的损失，主办国家、城市的形象也会大打折扣。

3.火灾　每一个与会者都要知道在活动中遇到火灾的逃生技能，浓烟和惊慌往往比火灾本身造成的死亡率还高。宾馆有责任告知客人逃生步骤，例如紧急逃生口，但是会议筹办人扮演着更重要的角色，应保护与会者并提供这方面足够的资料。很多主办单位印制了防火手册，放在资料袋中一起给与会者参考。小小一个动作可能拯救很多条生命。

4. 签证问题　签证问题也是紧急事件处理中的一项，通常在会议通知中都会说明签证的细节，但是仍然有些国外与会者忽略这方面的问题。特别对于贵宾，秘书更要再三核对他们的签证问题。

5. 防窃　国外与会者在会议当地遇到盗窃事件就会留下不良印象，因此在重要国际会议期间，要求地方政府加强警力，避免发生盗窃事件，同时主办单位也应该以书面资料告知与会者尽量减少到人多复杂的地方去，国外与会者对夜市很感兴趣，如果要去，尽量不要带贵重物品，如现金、珠宝、护照等，同时最好有由当地人陪同比较安全。

(二)处理突发事件的基本要求

(1)赶赴现场协调处理突发事件(事故)。详细了解事件(事故)发生的时间、地点、经过、人员伤亡情况和损失情况，及时报告。

(2)妥善处理善后工作。事件(事故)处理工作结束后，写出事件(事故)处理经过，报领导审阅后归档。

(3)做好赴现场所需物品的保管和日常维护工作。

(4)处理突发事件，既要大胆、果断，又要注意细致、稳妥。

秘书实务训练

海潮公司正在召开新产品质量鉴定会，会务工作人员黄佳正在会务组值班室值班，这时进来一位西装革履的先生，声称要找一位鉴定专家有事，黄佳便让他自己到会场去找。这时一个工作人员匆匆跑来，告诉她会议的电源插口有了问题，让她快找公司的电工师傅，黄佳说："今天是周六，我哪知道他在哪啊？"于是便不再管。过了一会儿，她看了看表，快下午5点了，估计不会再有什么事，便离开了公司。

问题：

根据秘书会务服务的内容，分析秘书黄佳应做好的哪些服务性工作。

第四节　会议结束阶段的工作

自学与自测

一、填空题

1. 会务结束阶段的工作流程：(　　　　)、(　　　　)、(　　　　)、会务工作的总结和反馈工作。

2. 送别会议代表：根据与会人员的要求，提前将为其预定的(　　　　)发放，安排(　　　　)送站。

3.如果是外借会场，则需与租借方结算会议开支费用，归还会议所借物品，清理会场时将会场中公司所带的东西拿走，包括(　　　　)、(　　　　)和(　　　　)等物品。

4.会议文件是提请会议讨论和审议事项的会议材料。会议文件包括(　　　　)、(　　　　)、(　　　　)、会议正式文件和参阅文件、(　　　　)等。

二、简答题

1.如何进行会场的善后工作？

2.整理会议文件的工作内容有哪些？

3.会务工作总结的主要内容有哪些？

4.会后信息反馈的方法有哪些？

案例分析与训练

会后文件的整理

远东时装公司2008年业务洽谈会终于圆满结束了，张副总经理对这次会议的组织表示满意。在安排好与会人员离会后，秘书马红马上将此次会议所产生的文件收集起来，包括会议方案、议程表、日程表、邀请函、受邀请客户名单、开幕词、会议记录、会议发言等文件，并将其分门别类地整理好，形成一个主题为“2008年业务洽谈全文件”的卷宗。

分析：会议结束后，秘书的工作并没有结束，还要做好哪些工作？

知识提要

会务结束阶段的工作流程：送别会议代表、会场善后工作、整理会议文件、会务工作的总结和反馈工作。

一、送别会议代表

送别会议代表是会议结束阶段工作中的一个重要环节，这一环节如果处理得不好，就会使整个会议的总体效果在与会人员的印象中大打折扣，使先前的努力和工作成果前功尽弃。因此，要使整个会议完整有序，有始有终，完美无瑕，就一定要认真、周到地做好送别会议代表的各项工作，切不可掉以轻心、疏忽大意。

根据与会人员的要求，提前将为其预定的回程票发放，结清会议费用，安排足够的车辆送站。

1.结清会议费用　会议通知上一般均会提示与会人员参加会议时准备好会务费，会议结束后会议主办方应及时安排与会者结算会务费用，同时向与会者提供相关发票，以供与会者回单位后报销。

2.分发回程票，安排车辆和人员送站　会议结束时，应通知与会人员到会务组领取代为预定的回程车(机)票，同时，提前安排车辆和人员根据与会人员离去时间组织送站，会议组织者应根据与会人员人数安排合适的车辆送行。如果在炎热潮湿的地区使用车辆，可考虑安排空调车。在送离与会客人时，应提醒他们携带好个人物品，不要有遗漏。这样既可以减少与会者匆忙回头寻找遗漏物品的可能，又可为自己省去保管遗落物品，甚至送递和邮寄的麻烦。如有必要，还可以安排有关领导或专人为与会者送行。有时因工作需要，有些与会者必须暂时留下，还需要做好这些滞留代表的食宿安排。

二、会场的善后工作

会场善后工作是把会中的讨论结果、决定等内容布置下去，这是贯彻执行的先决条件。如果是内部会议，会场的善后工作就简单得多。如果是外借会场，则需与租借方结算会议开支费用，归还会议所借物品，清理会场时将会场中公司所带的东西拿走，包括会标、通知牌和方向标志等物品。

(一)清理会场

1.拿走通知牌和方向标志　在会议结束后，通知牌和方向标志失去其必要性，应及时拿走它们，恢复场地的原样，以便归还租借的场地。一次性说明标志或通知牌应予以销毁，对于可重复利用的应统计、归类、入库，以便下次使用。这样做有利于节约材料、资源，节省人力、物力。

2.清理会场内其他物品　如果在会议结束后有宴会，秘书或服务人员要为客人做好向导，随后要注意清理会场，要撤去会场上布置的会标等宣传品，要把会议上使用的幻灯片、影幕、电脑等关好。如果发现会场有遗失物品，要妥善保管，并同失主联系。要认真打扫收拾，使会场恢复原状。在会议结束后，会产生大量的废弃纸张。这些纸张或是草拟的文件，或是会议的资料，或是财务的报表，会议结束后秘书人员首先要收回所有的应该回收的会议资料，要将所有纸张进行整理、清点、归类，找出有用的资料，不能再利用的纸张要销毁。会议都有其保密性，会议结束后的剩余文件也要注意避免在无形中泄露单位机密。在清理文件时要对文件的密级分类并及时销毁，这是会后秘书工作中最重要的一个环节，切不可麻痹大意。

3.通知配电人员和服务人员关闭会场电源　会场清理完毕后要通知配电人员切断会场不需要使用的电源，关闭会场。

(二)归还所借物品

会议结束后，要及时归还从公司内部其他部门或其他单位借用的相关物品，归还前要检查是否完好，如果损坏要按约定予以赔偿。不需赔偿的，归还时要特别说明或修好后再归还。

(三)结算会议开支费用

如果是外借的会场，会议结束后，秘书人员应及时与会场出租方结清会议的各项费用，主要包括会议租借费、会议中借用设备的使用费、开会期间的其他相关费用。

三、整理会议文件

会议文件是提请会议讨论和审议事项的会议材料。会议文件包括会议记录、会议简报、会议纪要、会议正式文件和参阅文件、会议总结等。主要工作包括以下几项：

1.整理分发会议记录　未完成的会议记录，经会议主席修改确认后，按单位规定发送相关人员。会议结束后要打印出会议记录，送会议主持人审查、定稿。分发会议记录时要按从上到下的准则发送，保证相关部门联系的完整性并要留有副本。分发到各部门后，要督促其学习会议精神并反馈信息，使各领导部门及时了解到会议布置的工作落实情况。秘书的手中要留有分发记录的备份。

2. 形成大会决议、简报或纪要　根据会议主题、议题及会议记录，形成大会决议、简报或纪要，根据单位规定，发送至有关人员。

3. 写总结向上级汇报会议情况　将会议自筹备到结束的情况写成书面材料，向上级汇报。

4. 收全会议材料，汇编会议文件，并分类、立卷、归档　将会议自筹备到结束的所有文件、材料包括文字材料、重要照片、录音录像、论文集等，分类整理归档，以便核查及以后类似会议参考。

目前汇编会议文件一般可分为两种：一种是档案资料需要的汇编，这种汇编是将会议所有文件，包括会议通知、会议须知、会议正式文件和参阅文件、会议简报、会议发言材料、会议总结等搜集起来，按照先后顺序装订成册，以备查考，这种汇编要求要全；另一种汇编是供学习用的，是将会议正式的报告、讲话要点等进行汇编，如《中国共产党第十二次代表大会文件汇编》。

日常工作会议文件，可按时间(1 年、半年)为单位，将这段时间内的同一类型的文件、参考资料等按顺序汇编或专题汇编。

许多会议承办者都会保留会议资料，以便将来参考使用，如在以后的会议中采用类似的程序，选择以前的服务提供商等。虽然承办者在以后的会议中并不能完全套用以前的做法，但是这些材料还是有很高的参考价值的。

四、会务工作的总结和反馈工作

为了进一步提高会务的质量，会议结束后应该对会务工作进行总结和评价。

(一)会务工作总结

会议结束后，秘书人员应该协助领导做好会议总结。通过总结发现问题、分析问题、总结经验，提高办会水平，为以后的会务工作打下基础。会务工作总结应当及时、全面、公正、客观、准确。

1. 会务工作总结的主要内容

(1)检查会议预案所制订的各项会议工作是否准确到位，有无遗漏和重复之处。

(2)检查会务工作机构之间及与相关部门、单位的协调状况。

(3)检查每个会务工作人员是否完成会务工作及完成质量。

(4)总结进一步提高会议效率与效益的方法。

2. 会务总结的方法

(1)会务工作人员会后进行个人书面总结。

(2)各会务工作部门或相关部门分别进行小组总结和相互评议。

(3)必要时进行大会交流、总结与表彰，起到激励和鼓励的作用。

(二)会后信息反馈工作

会后信息反馈是将会议精神在传达、贯彻中产生的结果、影响或问题等信息向主办会议的领导机关做及时的汇报。秘书人员应当在会后协助领导做好这项工作。

1. 会后信息反馈的主要内容

(1)下级单位传达和贯彻落实会议做出的决定、决议以及有关精神是否迅速及时。

(2)下级单位在贯彻落实会议精神方面有哪些经验。

(3)下级单位在贯彻落实会议决定、决议时遇到哪些困难和问题,这些困难和问题是什么原因造成的。

2. 会后信息反馈的方法

(1)通过电话向有关方面口头催询、交接情况,然后向领导机关汇报。

(2)要求有关方面提交书面报告,经秘书部门汇总整理后呈交领导机关。

(3)秘书部门派人深入有关单位实地检查和催询,了解情况,写出调查报告呈交领导机关。

(4)经领导批准,一些贯彻精神的好经验、好方法可以采用简报的形式予以推广。

秘书实务训练

为期两天的会议终于结束,宏利公司的秘书刘琴总算可以舒一口气了,因为这是公司领导第一次让她全面负责的会议,居然没有什么差错,而且代表们都已离会,这怎不叫她暗地里高兴呢。想想开会前、会议中的种种事情,那根紧绷的弦也该放松了。刘琴在镜前一照,发现自己脸上瘦了一些。没关系,好在会已开完,自己还正年轻,增长才干才是最重要的。她在镜前对自己做了个鬼脸,嫣然一笑,于是回到办公桌前,准备拟写给上司看的会议总结。这时,电话突然响了起来,刘琴迅速抓起话筒接听,电话是刚离会不久的一位代理商(会议代表)打来的,他在电话里焦急地询问,刘琴以及她的同事有没有在会场拾到他的小公文包,因为会议结束时,他有要事急于回家,于是急急忙忙提着会议纪念品离开会场,而把公文包遗落在会场了。包里的两千元钱倒是小事,问题是里面有他的许多证件,还有一份商务资料。刘琴一听,蒙了。公司里确实没听谁说拾到公文包。她一边控制住自己的紧张情绪安慰着他,一边答应代为查找。她放下电话,赶快向宏利公司租用会场的鸿天宾馆打电话,询问公文包的下落。对方回答说,宾馆里没人看到遗失的公文包,而且宾馆里人来人往,来宾的贵重物品都是自己随身保管的。刘琴不放心,亲自去了一趟鸿天宾馆,查找了会场,询问了许多工作人员,依然没有下落。刘琴一下子茫然无助,回去该怎样向失主回话,向上司交代呢?

问题:刘琴怎样做才能避免此类事情?

Chapter 8

第八单元

会议文书写作技能

知识目标

1. 掌握通知的适用范围、种类。
2. 掌握会议通知的文体结构与写作方法。
3. 掌握纪要的写法，掌握会议记录的记录格式。
4. 掌握欢迎词、欢送词、答谢词的结构内容。
5. 掌握经济合同的内容要素与表达方式。

技能目标

1. 掌握会议通知的写作技巧，并能够评析、修改通知。
2. 能够分析经济合同纠纷案例中存在的焦点及解决方法。

第一节　通知

自学与自测

一、填空题

1. 通知是"适用于(　　　　)下级机关的公文,(　　　　)上级机关和不相隶属机关的公文,传达要求下级机关办理和需要有关单位周知或者执行的事项,(　　　　)"的公文。从行文方向看,通知一般为(　　　　)或(　　　　)。

2. (　　　　)通知是上级机关对下级机关布置工作,要求下级机关办理或执行的事项而又不适合用命令行文时所用的通知类型。

3. 调整机构组织的领导成员;变更作息时间、办公地点;催交材料报表;安排节假日值班时,应用(　　　　)通知。

4. (　　　　)通知的事项涉及任务、目标、原则、方法措施等内容,分条列项,逐层表述。

5. 批示性公文标题由发文机关、(　　　　)或(　　　　)、原文件标题、文种组成。

二、简答题

1. 通知分为哪几类?

2. 请简要表述批示性通知的标题写法。

范文阅读与训练

例文 1　　　　教育部 公安部 国家工商行政管理总局

关于开展防止传销进校园工作的通知

各省、自治区、直辖市教育厅(教委),公安厅(局)、工商行政管理局,新疆生产建设兵团教育局、公安局,教育部直属各高等学校:

按照国务院的统一部署,全国打击传销专项行动开展以来,各地区、各有关部门集中力量查处重点案件,建立健全工作格局和体制机制,广泛开展宣传教育,打击传销取得了阶段性成果。但是,由于种种原因,传销活动在一些地方仍顽固存在,有些传销组织打着职业介绍、招聘兼职等幌子,不择手段地利诱欺骗高校学生,学生上当受骗、误入传销的情况时有发生,严重损害了学生身心健康,不同程度地影响了高校的和谐稳定,引起了学生家长和全社会的关切。为加强宣传教育,严厉打击传销活动,教育部、公安部、国家工商行政管理总局决定联合开展防止传销进校园工作。现将有关工作通知如下:

一、明确防止传销进校园的基本要求,不断增强工作责任感和紧迫感

防止传销进校园,是依法打击传销的重要内容,是为高校学生健康成长创造良好社会环境的必然要求,具有十分重要的意义。(略)

二、积极开展主题宣传教育活动，提高学生防范传销的意识和能力

精心设计和组织开展防止传销进校园主题宣传教育活动。（略）

三、进一步加强高校校园安全管理和学生管理，防止传销向高校学生渗透

地方各级教育行政部门和高校要把防范传销进校园工作同安全文明校园建设工作、加强维护高校稳定工作结合起来，纳入学校安全责任制和安全管理工作制度，分别落实到人、落实到每项工作和每个环节。（略）

四、集中力量查处重点案件，严厉打击诱骗学生参加传销的行为

地方各级工商行政管理机关要根据群众的举报、投诉和教育行政部门以及高校提供的被传销组织控制的学生情况和受骗学生所了解的传销组织情况，认真排查线索，及时调查处理。（略）

五、切实加强组织领导，形成防止传销进校园的工作合力

地方各级教育行政部门、公安机关、工商行政管理机关要继续按照“全国统一领导，地方政府负责，部门指导协调，各方联合行动”的工作格局和“标本兼治，着力治本”的方针，加强协作配合。（略）

请各省、自治区、直辖市教育行政部门、公安机关、工商行政管理机关于2007年9月30日前将有关工作落实的情况，联合报教育部、公安部、国家工商行政管理总局。

（印章）　　（印章）

2007年7月31日

评析：这是一则（　　　　）通知。本文正文通知缘由部分主要概述发文的背景，即打击传销工作取得的成绩和存在的问题，“为……”目的句突显发文的意图，再用过渡语：“现就有关工作通知如下”引出事项部分。事项部分从学校角度，对思想认识、宣传、管理等几方面提出具体要求，从社会环境角度，对加大打击力度、加强组织领导两方面提出要求，具有一定逻辑性。结尾提出工作落实的具体要求。本文条理清晰、层次分明，结构严谨。常用公文用语内容：缘由，“……执行××以来的情况，同时还存在的问题。现就有关问题通知如下：”

模式：公文式标题＋主送机关＋正文内容（　　　　）、（　　　　）、（　　　　）＋落款

请在括号里填写通知的种类和内容。

例文2　　中共××省委办公厅　　××省人民政府办公厅

转发省农委关于全省减轻农民负担工作情况的报告的通知

各市（地）、县（市）委和人民政府（行署）、省委各部委，省直各单位：

经省委省政府同意，现将省农委《关于全省减轻农民负担工作情况的报告》转发给你们，请结合实际认真做好工作总结分析，有针对性地查找和解决存在的深层次问题，进一步做好减轻农民负担工作。

附件：《关于全省减轻农民负担工作情况的报告》

中共××省委办公厅（印章）　　××省人民政府办公厅（印章）

2012年10月17日

评析:这是一则(　　　　)。独段式结构,正文内容说明转发的依据及要求。专用词语“经……同意,现转发给你们,请认真贯彻执行。”

例文 3

鄂州市人民政府关于发布
《鄂州市招标投标管理实施办法》的通知

各区乡镇人民政府,各街道办事处,市政府各部门:

《鄂州市招标投标管理实施办法》经 2014 年 10 月 9 日(2014 年第 22 次)市人民政府常务会议审议通过,现予发布,自 2014 年 11 月 1 日起施行。

××市人民政府(印章)
2014 年 3 月 7 日

评析:这是一则(　　　　)通知。全文共有一段,共两层意思:一是发布什么法规性文件;二是施行的时间明确。也有的法规属于施行一部,同时废止原法规,常用的专用词语“现发布……自……起施行,……废止。”

请在括号里填写通知的种类。

例文 4

关于召开商业体制改革座谈会的通知

各县商业局、局直属各公司:

为交流和总结商业体制改革和扭亏增盈的情况及经验,市局定于 6 月 3 日召开商业体制改革座谈会。现将有关事项通知如下:

一、会议时间:

6 月 3～4 日两天,6 月 2 日到市局招待所报到。

二、会议地点:

局第八会议室。

三、参加人员:

各县商业局及局直属各公司主管体制改革工作的局长、经理和办公室负责人各 1 人。参加会议人员请填写回执。

四、会议内容:

1. 交流今年以来落实企业自主权、经理任期目标责任制、分等划细健全内部承包责任制以及小型企业租赁等方面的做法、经验和效果.

2. 交流今年以来“双增双节”扭亏增盈的做法、经验和效果。

五、其他事项:

1. 请各单位准备体制改革工作总结材料。

2. 会务费用 1 000 元,食宿费用自理。

六、交通路线:

××市北站乘坐 6 路公交车到市局站下车南行 50 米即是。

七、联系人:燕红 王力

联系电话:×××××××

传 真:×××××××

(××市商业局印章)
2013 年 2 月 10 日

评析：这是一则(　　　　)通知。开头表达通知的目的，用公文常用语"为了"领起，明确召开会议所要解决的问题。之后用扣题句、过渡句，启下文"经研究决定召开(或定于时间召开)……会议，现将有关事项通知如下："主体部分写清楚会议具体事项。

模式：公文式标题＋主送机关＋正文(　　　　)、(　　　　)＋落款

请在括号里填写通知的种类或内容。

知识提要

一、通知的适用范围

通知是适用于批转下级机关的公文，转发上级机关和不相隶属机关的公文，传达要求下级机关办理和需要有关单位周知或者执行的事项，任免人员"的公文。即上级向下级或不相隶属机关传达指示、布置工作、知照事项的一种公文。通知一般为下行文或平行文。

二、通知的种类

1. 指示性通知　是上级机关对下级机关布置工作，要求下级机关办理或执行的事项而又不适合用命令行文时所用的通知类型。或上级机关对某一事项做出具体规定，或处理某一问题做出具体指示。如《国务院关于严格控制农业生产资料价格的通知》、《国务院关于做好××××年普通高等学校毕业生就业工作的通知》，这类通知的政策性、指导性强，要求下级必须认真贯彻执行。

2. 批转性通知　这类通知又分批转和转发两种。批转是上级机关对下级机关的有关公文进行批示后，再用通知的形式转发至有关单位遵照执行，如《国务院批转证监会关于提高上市公司质量意见的通知》；转发通知是指针对将上级机关、同级和不相隶属机关的公文转发给自己的下属机关与部门，要求本机关和下属各单位遵照或参照执行，如《××市财政局转发财政部关于企业公司制度改革应付工资等余额账务处理的意见的通知》。

3. 发布性的通知　这类通知根据所发文件的性质不同又分为发布性通知和印发性通知两种：发布性通知是用来发布各类规章制度，由本机关撰写的并以本机关名义发出的公文，而不针对其他文种，如《××市政府关于发布〈××市律师管理办法〉的通知》；印发性通知主要用于印发由本机关撰写的工作要点、计划、纲要、领导讲话等非法定公文材料。

4. 知照性通知　主要用于上级机关告知所属单位需要其办理、知道或了解的事项。有的需执行办理，如会议通知、举办各类培训班的通知；有的不需执行办理，只写出告知内容自觉执行即可，如成立、调整、撤销某个机构组织；调整机构组织的领导成员；启用、更改或废止印章，变更作息时间、办公地点；任免、聘用干部；催交材料报表；安排节假日值班；等等。

三、通知的写作

通知的文体结构分为四部分：标题、主送机关、正文、落款。不同种类的通知，正文的内容与模式不同。

(一)标题

通知标题要求是公文式标题。批示性通知的标题写法较特殊。常见形式如下：

1. 完全式标题　由发文机关、事由、文种三要素组成，如《国务院办公厅关于限制停止生产销售使用车用含铅汽油的通知》。发布性的通知的事由写成“关于发布(或印发)文件的标题”，法规性文件要加注书名号，如《国务院关于发布〈国家行政机关公文处理办法〉的通知》。

2. 非完全式标题　由事由、文种组成，如《关于召开×××生产会议的通知》。

3. 批示性公文标题　由发文机关、批转(或转发)原文件名称、文种组成，如《国务院批转国家经贸委等部门关于严格控制新增棉纺生产能力规定的通知》。在这类标题中，要准确选用“批转”、“转发”两个专用术语，批转适用于上级机关转发下级机关发文；转发适用于下级转发上级或平级机关之间发文。

如果是多层次转发公文的通知，可在标题中省掉中间过渡机关，直接转发最高一级机关的公文标题，并在公文中说明过渡情况。当被转发的公文也是“通知”时，可能会出现《转发〈关于……通知〉的通知》的现象，可省略最后一个文种词“通知”，被转发的公文除法律、规章名称外一律不加书名号。

(二)主送机关

主送机关是负责承办、贯彻和需要知照的机关。通知的主送机关一般较多，普发性的通知要写明发布范围，主送机关可用规范化简称或统称，如“各省教育厅、各高校”、“所属各单位”等，不能遗漏，也不能模糊，要明确具体。

(三)正文

通知的正文结构比较规范，但在各类通知的写作中又有所不同。

1. 指示性通知　开头交代式，以简明扼要的文字说明制发通知的原因、目的或根据。

主体并列式，指示性通知的事项涉及任务、目标、原则、方法措施等内容，分条列项，逐层表述，“条”、“项”之间应按一定的逻辑关系，或并列、或主次、或先原则后具体。

结尾号召式，对受文单位提出希望和要求。

2. 批转性通知　开头表态式，表明发文依据，批转、转发机关的态度和要求，如《国务院批转财政部、国家计委关于进一步加强外国政府贷款管理若干意见的通知》开篇写道：

国务院同意财政部、国家计委《关于进一步加强外国政府贷款管理若干意见》，现转发给你们，请认真贯彻执行。

有的通知主体阐明意义和提出要求。有的通知没有这一部分，文章只有一段。

发布性通知与批转性通知内容和结构模式基本一致。

3. 知照性通知

会议通知：

开头交代式，以简明扼要的文字说明制发通知的原因、目的，然后说明会议时间、会议名称，以“现将有关事项通知如下”过渡语句引领下文。

主体并列式，写清楚会议具体事项，分条列项，会议通知内容主要包括会议名称、议题、时间、地点、主办单位、与会单位或人员、会议要求(包括准备资料、发言稿、会务费用等事项)、交通路线、填写回执、联络方式等内容。

与会议通知写法相近的有举办各类学习培训班的通知。

这类通知大多自然式结尾。

(四)落款

通知的落款由发文机关署名与成文日期、印章组成。

四、通知的写作要求

1. 注意通知与其他文种的区别　通知这一文种应用是最广泛的，用量比较大。由于通知具有多功能的特性，在实践中，按其内容性质及发文要求本应用“决定”、“函”、“意见”或“通告”的公文，却往往被“通知”代替。甚至有些本应用“启事”、“声明”之类的日常应用文也随意用“通知”行文，既失严肃，又有悖规定，应当引起高度重视。

如《××市关于提高粮食销售价格的通知》，根据发文内容要求，用“决定”更合适一些，而不该用“通知”。在《办法》中明确规定：“决定，适用于对重要事项或者重大行动做出安排。”关于粮食销售价格的决定，肯定是经政府讨论做出决定的事项，各部门必须严格执行，用“决定”这个文种就比“通知”更合适，效力更大，用“通知”则显然影响了它的效力。

2. 通知的内容应具体、周全　通知往往是针对具体事项而发的，它要求下级机关办理、周知或执行，因此在内容上要考虑具体、周全。一方面必须符合党和国家的方针政策以及上级机关文件的精神，另一方面还要合乎本地区、本部门的实际情况。否则就会从根本上影响通知的质量和效用。

3. 语言文字要准确、简明　通知的时间、地点、会议内容等相关事项都要向受文单位交代清楚，便于与会人员做好参加会议的准备工作，这就要求语言表达准确、详细。

写作技能训练

一、拟写标题

1. ×省教育委员会拟将《高等学校食品设备管理办法》发给各高校。

2. WTO 高级论坛将于 2004 年 2 月 20 日在××市会展中心召开，主办单位××省人民政府拟发一个通知，要求各市人民政府派三名代表参加。请代写该通知标题。

3. 为了不让一个贫困学生失学，××省委、省政府联合向各高校发出了紧急通知。

二、写作训练

1. 请你根据下列内容写一份通知。

总经理办公室发出通知：××公司召开由各部门科长参加的会议，时间是 5 月 30 日下午 1:30—3:30，地点在第一会议室，内容是讨论本季度生产计划完成情况及主要问题。

2. 请你根据下列内容写一份公文通知。

×省农业厅承办 2005 年全国农业博览会，并将举办全国农业发展论坛，讨论中国农业发展现状及前景。会议将召开 3 天，从 12 月 4 日开始。参加会议的人员是各市、县农业局干部，农业博览会组委会成员，前来参加博览会的国内外商贸代表等。会议由省农业厅主办。为了确保会议顺利进行，决定将会议安排在博览会会场旁的××宾馆召开。

请你代拟会议通知发有关单位，会议通知的其他内容未做详细交代，在发通知时要写清楚。

第二节　会议纪要与会议记录

自学与自测

一、填空题

1. 会议纪要是记载、传达（　　　　）和（　　　　）的公文。它既可作为（　　　　）报告会议精神，也可以作为（　　　　）单独印发，还可以作为平行文使用。

2. 会议纪要的起草者要经过“读、记、听、想、写”的程序，即（　　　　）、（　　　　）、（　　　　）、（　　　　）、（　　　　）。

3. 会议纪要正文一般包括（　　　　）、（　　　　）、尾语三部分。

4. 会议纪要主体部分写法有三种：（　　　　）、（　　　　）、（　　　　）。

5. 会议纪要主体条项式，常采用惯用语切分材料：在说明会议总体情况时常用：（　　　　）、（　　　　）、（　　　　）等；在阐述会议精神时常用：（　　　　）、（　　　　）、（　　　　）等；在宣告会议决定事项时常用：（　　　　）、（　　　　）、（　　　　）等。

二、判断题（对的打“√”，错的打“×”）

1. 会议纪要可以不写主送机关。（　　）
2. 写作会议纪要执笔者可将个人的见解写进纪要，这样可使会议纪要更显完整。（　　）
3. 条文式会议纪要适用于大中型会议或议题较多的会议。（　　）
4. 会议纪要适用于记载和传达会议情况和议定事项，具有原始记录作用。（　　）
5. 会议纪要完成之后，执笔者不用交领导签字，而应及时送文印部门打印。（　　）
6. 会议纪要的成文日期一般用圆括号标注在标题正下方。（　　）

范文阅读与训练

例文 1　　吉林大学社会科学学报编委会 2014 年工作会议纪要

（2014 年 11 月 1 日）

为了更好地贯彻教育部名刊工程实施方案，发挥专家、学者的咨询和指导作用，吉林大学社会科学学报编委会 2004 年工作会议于 2004 年 10 月 19 日在吉林大学前卫校区东荣大厦第一会议室隆重召开。除几位编委因在外地开会等事由外，校内近 20 名编委参加了会议。本次会议是由吉林大学副校长、吉林大学社会科学学报编委会主任×××教授召集，吉林大学社会科学学报编辑部组织筹划的。

会议由×××教授主持。

首先是由吉林大学社会科学学报主编×××同志向编委会汇报了2014年的工作情况及2015年的工作设想。×××主编在汇报中简要介绍了吉林大学社会科学学报的历史和现状,并着重对2014年的工作情况作了详细的汇报。

吉林大学社会科学学报创刊于1955年,其间几次更名,并于1958年更名为吉林大学社会科学学报。在这近60年的办刊历程中,学报编辑部的几代办刊人始终保持着兢兢业业的工作态度,勇于创新的开拓精神以及严谨无私的工作作风。正是凭借着这种优良的办刊传统取得了一系列的成绩,如1995年获首届全国社科期刊奖提名奖,1999年、2002年两次获全国高校"双十佳社科学报",2003年首批入选"教育部哲学社会科学名刊",2014年获第一届北方"十佳"期刊等。这些成绩的取得既离不开几代办刊人的辛劳和努力,也离不开学校各方给予的大力支持。此外,随着"教育部名刊工程"的实施,吉林大学社会科学学报也逐步确立了新的办刊理念和办刊思路,走上了精品化和特色化的发展之路。

×××主编工作汇报结束以后,编委们就学报的发展提出了各自的意见和建议。编委们的讨论主要集中在两个问题上:

第一,栏目和选题的策划。许多编委指出,吉林大学社会科学学报既然是名刊,就要在策划选题这个环节上多下功夫,选题时要结合名课题,结合具有导向性的课题。一个好的栏目和好的话题会引起人们的关注。同时,学报是学术对话的平台,是学术交流的媒介,因此,选题不要太窄、太专一,形成学科板块,要在栏目上反映出跨学科的公共话题,进行多学科探讨,把学术性与思想性有机地结合起来,形成自己的学术风格,使学报更具有生命力。

第二,选稿和审稿机制。编委们强调,名刊的关键在于吸引好的来稿,要使校外约稿与校内征稿齐头并进,既要约到校外名家、专家好的作品又要不失时机地抓住校内的优秀文章。对于外来稿要针对那些具有前沿性的、创新性的文章或当前的热点问题的讨论;而校内来稿则要落实到重点基地和重点项目中,如211工程项目、985课题、国家社科基金项目、教育部项目等。此外,还要关注博士论文的核心观点,发表一些观点摘登,将其前沿性作一些介绍。要做到这些单靠编辑选稿是有局限性的,学报与院系可合作办刊,合作选稿,调动各方面的积极性,配合学报发展。关于审稿机制的问题,有的编委认为,在三审制的基础上要尽快完善和健全匿名审稿制,避免所谓的人情稿和霸王稿,保证学报稿件的质量。

会议最后由×××教授对编委们的讨论内容进行了总结。他在总结中指出吉林大学社会科学学报办成名刊是学报的荣誉,也为学校争了光,办好名刊就要做到以下几点:一要集中优势,突出重点;二要坚持精品化与特色化的发展道路,反映跨学科的研究成果;三要不断提高编辑素质,加强队伍建设;四要建立严格的编审制度,严守学术规范。

这次会议达到了预期目的,并取得了圆满成功。

评析:这是一则工作会议纪要。正文结构是(　　　　　)。开头概述会议的目的、时间、地点、参加人员及组织部门。主体内容按(　　　　　)顺序安排,会议内容包括对过去工作的回顾、评价,会议研究的问题、讨论的意见及结果。结尾是评价这次会议。此会议纪要采用了分项与归纳相结合的方法,既重点突出又条理清楚。

正文表达模式:

(一)开头:为了×××,×××。×××工作会议于××××年×月×日在××××召开。×××等人参加了会议,会议由×××组织召开的。会议由×××主持。

（二）主体：会议内容共计两项：一是工作报告，二是专家研讨，最后作者对研讨内容加以归纳。

（三）结尾：会议结果。

请在括号内填写结构模式与内容顺序。

例文2　　黑龙江省农村经济研究会第十三次年会会议纪要

（2014年12月26日）

黑龙江省农村经济研究会第十三次年会，于2004年12月24～26日在哈尔滨市东北农业大学召开。黑龙江省农村经济研究会会员、全省各市（地）农业主管部门的领导、省直各有关部门领导、省社会科学院和东北农业大学等大专院校的专家学者共80多人参加了年会。农业部和辽宁省、吉林省农村经济研究会都派员亲临会议进行指导。

这次年会是在党中央、国务院高度重视"三农"工作，加大对农业的扶持力度，农村经济出现多年未有的大好形势下召开的。年会的主题是"机遇与发展"。年会以邓小平理论和"三个代表"重要思想为指导，紧紧围绕贯彻落实中央一号文件精神，促进农民增收和农村经济快速增长这一主线，认真分析了农村经济面临的新形势、新特点、新机遇，探讨了今后发展农村经济的新思路、新途径和应该十分注意的问题，提出了全省农村经济研究会及其成员在今后工作中应该密切关注和研究的课题。年会共收到论文40篇，其中，有10篇在大会上进行了交流。

会议高度评价了党中央、国务院对"三农"问题的高度重视和采取的政策措施。认为，中央一号文件和减免农业税、实行种粮和购买农机具补贴等实际措施，极大地调动了广大农村干部特别是农民群众的积极性，一举扭转了几年来农业和农村经济实现了健康快速发展，取得了历史性的突破。在深化农村改革、减轻农民负担方面，在粮食生产与流通方面，在发展特色农业、实现产业化经营方面，在加强农业基础设施建设、落实标准化生产体系方面，在吸引外来投资、加快外向型农业发展方面，在调整农村产业结构、实现农村剩余劳动力转移方面，在农业社会化服务体系建设方面等，都实现了历史性跨越，积累了一些十分宝贵的工作经验。

会议认为，今年全省以至全国农村经济和社会发展的大好形势来之不易，必须十分注意维护和发展，必须十分注意保护和进一步调动广大农民的积极性和创造性，必须十分注意推广并发展在实践中积累的工作经验。今年的好形势得益于各个方面，是综合作用的结果，可以说是政策好、人努力、天帮忙、市场旺。我们务必要保持清醒的头脑，切不可过高估计农村的形势和农民的富裕程度，犯"左"的错误。应该看到，我省农业和农村经济结构还不够合理，调整经济结构的任务还相当繁重；农业产业化程度不高，优势主导产业尚未形成规模；农业标准化建设还刚刚起步，农业生产管理水平与现代化农业的要求还有相当大的差距……可以说，今年农业和农村经济的增长还属于恢复性增长，农业和农村经济的增长基础仍然比较薄弱，仍然是我国经济和社会发展的一个短腿。

会议强调指出，在今年几个主要增收因素中，除了中央扶持"三农"的力度不会减弱外，农产品市场的需求不可能有更大幅度提高；农产品价格上涨空间也不会很大；气候条件更是我们无法左右的，况且我们也不能把增产增收的希望寄托在老天帮忙上。因此实现农民收入更大幅度的提高，实现农村经济更快持续的增长，任务相当艰巨。在研讨中，与会同志都

提出了一些好的意见和建议，主要包括：（略）

会议充分肯定了与会人员对农业和农村经济研究的积极成果，并进一步指出，当前的大好形势，为广大从事农业和农村经济研究的专家、学者提供了难得的历史机遇，提供了更加广阔的施展才华的舞台。我们要抓住机遇，不辱使命，坚持理论联系实际，坚持科学的发展观，以增加农民收入为核心，以结构调整为主线，以培育壮大优势主导产业为主攻方向，加大学习研究的力度，加大成果转化的力度，为加快农业、农村经济的发展，为加快农村小康建设的步伐，贡献自己的聪明才智。

与会同志对东北农业大学为这次会议提供的良好服务感到十分满意，深表谢意。

会议拟订，2015 年黑龙江农村经济研究会第十四次年由黑龙江××集团主办，会议主题待定。

评析：这是一则研讨式会议纪要。开头部分概述会议的基本情况，介绍了会议召开的时间、地点、参加人员、主办单位、会议的主题以及对会议的基本评价。正文部分是并列式结构，共分四个层次：一是高度评价了党中央重农扶农的一系列政策措施所带来的可喜变化；二是清醒地提出了存在的问题和面临的挑战；三是探讨了巩固大好形势、发展农村经济的对策和措施；四是指出了与会人员的历史机遇与历史责任，并提出了明确的要求。结尾表示致谢，并确定下一届年会的举办时间。

模式：文件式标题＋发文时间＋正文——（　　　）、（　　　　）＋结尾（致谢、补充说明）

请在括号内填写正文内容。

例文 3

关于我市扫黄工作的座谈纪要

（2012 年 4 月 5 日）

……

一、扫黄工作一定要彻底

李书记（市纪检委书记）：扫黄工作应包括扫除黄色刊物、音像作品以及社会上的黄色活动两类现象。只扫前者不扫后者不行，只扫后者不扫前者出不行，对这两类现象一定要不遗余力地进行扫除，不然，它们对干部和群众的毒害影响就难以消除，我个别干部、群众的某些犯法行为就是跟这两类黄色现象的猖獗密切相关的。

黄××（市检察院副院长）：我十分赞成李书记的意见，扫黄要扫到底。这既是中央部署的重大政法工作，又关系到我市社会稳定的事情，完不成任务，对上级无法交代，也对不起本地早就对黄色现象怨声载道的父老乡亲。

……

二、扫黄工作的做法

黄××（市人大副主任）：毫无疑问，扫黄工作应按国家的法律、法规，在市政府的统一安排下进行。但我个人认为，这种工作除了由市公安局牵头以外还应发动广大群众参与这一工作，必须取得群众的配合。

施××（市公安局局长）：市公安局是扫黄工作的执法机，但因警力有限，因此工作存在一定的困难。我建议市人民政府拨出一定的资金，建立重奖举报人的机制，由我局负责实施。如无重奖，人民群众对带有黑社会性质的黄、赌、毒犯罪团伙是不愿意举报的。

……

评析:这份会议纪要结构是发言式。先归纳内容,再摘录发言的内容。

知识提要

一、会议纪要的适用范围

会议纪要是记载、传达会议情况和议定事项的公文。会议纪要根据会议宗旨、会议议程、会议记录和各种会议材料提炼综合而成的会议文件。它既可作为上行文报告会议精神,也可以作为下行文单独印发,还可以作为平行文使用。它具有概括性强、凝练度高的特点。

会议纪要有别于会议记录。二者的主要区别是:第一,性质不同,会议记录是讨论发言的实录,属事务文书;会议纪要只记要点,是法定公文。第二,功能不同。会议记录一般不公开,无须传达或传阅,只作资料存档;会议纪要通常要在一定范围内传达或传阅,要求贯彻执行。

二、会议纪要种类

会议纪要可以按照不同的标准来分类。

按照性质分,有专题会议纪要和综合性会议纪要。

按照会议内容分,有例行会议纪要、工作会议纪要、学术会议纪。

按照会议类型分,有例行工作会议纪要、办公会议纪要、座谈会议纪要、专业会议纪要、联席会议纪要、研讨会议纪要、现场会议纪要等。

三、会议纪要的起草程序

与其他公文比较而言,会议纪要的写作程序较为复杂。要想起草一份合格的会议纪要,绝不是信笔为文所能办到的。一般来说,会议纪要的起草者要经过“读、记、听、想、写”的程序。

1.阅读文件　会议前尽可能阅读所有与会议议题相关的文件,如有关公文、与会单位发言稿、下级报送的材料、领导讲话稿等,以便了解情况,胸有成竹。

2.记好会议记录　会议记录是会议纪要的基础,没有一份翔实的会议记录,会议纪要也就如空中楼阁,失去了根基。

3.听取小组发言　起草者必须亲临现场,不仅参加大会,也要听取小组发言。这些会中之会,最见信息和观点,它很有可能成为下面写作的亮点。一些领导也往往分临小组,并在这种具体场合发表见解、提出指示意见。放弃了这些小场合,也就放弃了一些鲜活具体的材料。

4.构建思路　以上三个环节,已经为下面的写作打好了材料的基础。这时的起草者,既对上级机关的精神与会议宗旨有所认识,又把握了与单位的具体材料,因此,起草者应该条分缕析地梳理材料,构思会议纪要的框架了。

5.执笔写作　如果起草者写的是一份情况会议纪要,并不急于在会议结束前交付,那么,只要认真整理会议记录,就可以按提纲从容写作了。

可是在会议性会议召开的过程中，需要对现场的会议讨论内容提交大会通过。我们采取三步走程序起草会议纪要：会前阅读会议文件—会中听取小组发言—会末提交初稿。

四、会议纪要的写法

（一）标题

会议纪要的标题有两种类型：单标题和双标题。

1. 单标题

（1）完全式标题 由发文机关、事由、文种组成，如《最高人民法院关于十二省、自治区法院审查毒品犯罪案件工作会议纪要》。

（2）非完全式标题 由事由、文种组成，如《关于企业改制问题的会议纪要》。

（3）文件式标题 由会议名称、文种组成，如《开发区经济工作研讨会会议纪要》。

2. 双标题　其正标题往往概括会议内容或会议精神，副标题表明会议名称和文种，如：

抓住机遇 扩大开放

——沿长江五市对外开放研讨会会议纪要

（二）成文日期

写于标题下，如属会议通过的纪要，应注明通过日期，形式是×年×月×日××××会议通过，或者写于文末。

（三）正文

会议纪要一般包括会议概况、会议事项、尾语三部分。

1. 开头概述式　会议概况，本部分是全文的导语，要求简明扼要地介绍会议概况。

（1）写明会议内容　包括会议名称、会议议题等。有的还介绍会议召开的背景或根据；有的阐述会议意义、对会议的评价等。

（2）写明会议组织情况等　包括会议日期（或起止日期）、地点、主持人（或主持单位）、与会人、领导同志参加会议情况等，有的还要说明会议程序，如：

2014年北京注册会计师协会专业指导委员会第一次例会会议纪要

2014年4月7日上午，北京注册会计师协会召开了本年度专业指导委员会第一次例会。参会委员应到25人，实到22人，缺席3人。×秘书长简要通报了最近秘书处的工作情况，并就大家关心的问题做了说明。会议由×××主任主持，讨论了以下主内容：

第十二届全国化工高校两办协作会纪要

第十二届全国化工高校两办协作会于2012年10月9日至10月12日在上海××大学隆重举行。北京××大学、河北××大学等13所高校的32名代表参加了会议。上海市教委办公室主任×××、河北××大学党委书记×××、华东××大学校长×××等出席了协作会开幕式。华东××大学党委书记×××出席了协作会闭幕式，并看望了与会代表。应大会之邀，上海市教委办公室主任×××汇报了上海市教育事业发展近况和下一步的远景规划；传达了中央政治局委员、上海市委书记×××同志最近在上海市教委调研工作时的指示精神。华东××学校校长×××结合自身的治校实践作了如何通过产学研结合的途径积极推进和深化学校改革发展的精彩报告。

会议概况部分宜简短，其目的只是使人们对会议总况有个了解。开头的长短与会议内容的多少、类型有关。前例开头不足百字，因为这次会议内容单一，只通报工作情况。后例会议时间长，内容多，其概况部分除介绍会议时间、地点、名称以外，还有与会单位、出席会议的领导同志以及领导的讲话精神。注意使用了一些惯用词语，如“参加了”、“出席了”、“介绍了”、“传达了”。

2. 主体　会议事项是全文的主体，是会议纪要之“要”处。内容主要是陈述会议精神、讨论的具体问题、交流的经验、提出的意见、领导的指示、今后的任务与决定事项等。如何写是重点。主体部分写法有两种：

（1）连贯式　将会议事项部分用概括叙述的方式，按会议进行程序排列。

（2）并列式　将会议事项部分用分条列项的方式，依次叙述。常采用惯用语切分材料：在说明会议总体情况时常用“会议听取了”、“会议介绍了”、“会议讨论了”等；在阐述会议精神时常用“会议认为”、“会议指出”、“会议提出”等；在宣告会议决定事项时常用：“会议通过了”、“会议决定”、“会议商定”等。一些内容较多、篇幅较长的会议纪要，常将惯用语列于段首，以区分层次，表述问题。

另外，将具有典型意义的报告或发言提炼出来，逐次叙述。这种写法适合于领导人发表谈话的会议，以便于与会单位贯彻执行上级指示；适用于多部门负责人的座谈会、专题研讨会等，以便于与会单位分头履行职责或作检查、备考依据。在介绍领导讲话时常用“××同志指出”、“××同志强调”、“××同志强调指出”等。

3. 尾语　会议纪要有三种形式：

（1）号召式　提出希望、号召 尾语表达常用“会议希望”、“会议呼吁”、“会议号召”、“会议要求”。

（2）说明式　对会议评价或向会议主持单位致谢等，如：

本次会议的成功举办得到了华东××大学的党政领导的大力支持，华东大学两办全体同志进行了精心策划和周密安排，协作组全体成员对此表示衷心的感谢。

（3）自然式　在办公会议纪要的主体部分议定事项写完以后，无须再写一段，就自然收束全文。

五、会议纪要的写作要求

（1）要真实、准确地概括会议内容。

（2）要层次分明，语言准确，正确使用惯用语。

（3）要突出会议的重点内容。

六、会议记录的格式

会议记录格式是指记录会议内容时所编写的格式要求，在会议过程中，由记录人员把会议的组织情况和具体内容记录下来，就形成了会议记录。一般会议记录的格式包括两部分：一部分是会议的组织情况，要求写明会议名称、时间、地点、出席人数、缺席人数、列席人数、主持人、记录人等。另一部分是会议的内容，要求写明发言、决议、问题，这是会议记录的核心部分。

对于发言的内容，一是详细具体地记录，尽量记录原话，主要用于比较重要的会议和重要的发言。二是摘要性记录，只记录会议要点和中心内容，多用于一般性会议。

会议结束，记录完毕，要另起一行写“散会”二字，如中途休会，要写明“休会”字样。

××公司办公会议记录

时间：一九××年×月×日×时至×时

地点：公司办公楼五楼大会议室

出席人：××× ××× ×××××× ××× ……

缺席人：××× ××× ××× ……

主持人：公司总经理

记录人：办公室主任刘××

主持人发言：（略）

与会者发言：××× ……

××× ……

散会

主持人：×××（签名）

记录人：×××（签名）

（本会议记录共×页）

要求：

(1)准确写明会议名称(要写全称)、开会时间、地点，会议性质。

(2)详细记下会议主持人、出席会议应到和实到人数，缺席、迟到或早退人数及其姓名、职务，记录者姓名。如果是群众性大会，只要记参加的对象、总人数以及出席会议的较重要的领导成员即可。如果某些重要的会议，出席对象来自不同单位，应设置签名簿，请出席者签署姓名、单位、职务等。

(3)忠实记录会议上的发言和有关动态。会议发言的内容是记录的重点。其他会议动态，如发言中插话、笑声、掌声，临时中断以及别的重要的会场情况等，也应予以记录。

记录发言可分摘要与全文两种。多数会议只要记录发言要点，即把发言者讲了哪几个问题，每一个问题的基本观点与主要事实、结论，对别人发言的态度等，作摘要式的记录，不必“有闻必录”。某些特别重要的会议或特别重要人物的发言，需要记下全部内容。有录音机的，可先录音，会后再整理出全文；没有录音条件，应由速记人员担任记录；没有速记人员，可以多配几个记得快的人担任记录，以便会后互相校对补充。

(4)记录会议的结果，如会议的决定、决议或表决等情况。

会议记录要求忠于事实，不能夹杂记录者的任何个人情感，更不允许有意增删发言内容。会议记录一般不宜公开发表，如需发表，应征得发言者审阅同意。

链接

会议记录与会议简报的区别

会议记录是会议的第一手材料，是会议内容的客观反映。现场记录速度快，工作紧张，特别是详细记录，有话必录，会议记录人员不可能书写工整。有些即席发言的记录口头语多。这些都要对会议记录及时做整理。

会议简报是为了交流情况、提高会议的质量而在整理会议记录的基础上认真撰写的文书。会议简报要真实地反映会议情况，文字要简练、篇幅要短小，选择会议中的一些重要问题而不是记流水账。

写作技能训练

整理会议记录并进行写作。

××省××县政府办公会议记录

时间：2013年4月20日下午2:30—6:00

地点：县政府第一会议室

主持人：县长郭××

出席人：县政府办公室主任吴××、县农业局局长张××、水电局局长刘××、农业银行行长李××、气象局局长田××、农机局局长王××、粮食局局长黄××、财政局局长马××

记录：孙××

议题：落实抓好双抢的措施

发言：

郭县长：近几年来，我县粮食生产一直处于徘徊不前的状况，粮食产量甚至有下降的趋势。今年，市委、市政府分别在党代会工作报告和政府工作报告中，提出了增加农业投入，抓好粮食生产这一战略措施，号召我们尽快扭转粮食生产滑坡，实现恢复性增产。从我县当前实际出发，必须扎扎实实抓好小春后期管理，及早抓好大春备耕工作。今天请各位来献计献策，落实抓好双抢的各项措施，以确保今年农业丰收。

张××（农业局长）：由于加强了管理，前段时间小春作物长势一直很好，本来可望小春有大幅度增长。但是这几天，全县大部分区乡遭受暴风雨袭击，小春生产受到极大损失。

田××（气象局长）：17日晚到18日早上，全县从北向南先后出现雷雨大风天气，暴雨之后，普遍刮了6级左右偏北大风，个别区乡最大风力7～8级。全县山洪暴发，洪水猛涨。

刘××（水电局长）：（略）

吴××（县政府办公室主任）：（略）

……

郭县长：我赞成大家的意见，再补充强调几点。

第一，各级领导要加强对农业特别是粮食生产战略地位的再认识，把双抢工作作为一项中心工作来抓，集中精力深入第一线。双抢期间三不准：与农业无关的会议一律不开；县级各部门不下达与双抢无关的具体任务；不下乡搞与双抢无关的检查。各部门要抽调干部下乡双抢，具体安排请县政府办公室考虑。

第二，坚持小春损失大春补，抗灾夺丰收，确保今年粮食增产。尽早做好大春备耕工作，抢收割进度，以收促栽，栽管结合，因地制宜地采取各项措施，扩大水稻和苞谷栽种面积。

……

这次会议的精神要尽快贯彻下去。（散会）

记录人：孙××（签字）

主持人：郭××（签字）

第三节 欢迎词、欢送词、答谢词

自学与自测

一、填空题

1.( )、( )、( )属于礼仪性文书。

2.( )是仪式或会议开始时,主人对来宾的到来表示友好( )的致辞。

3.( )是仪式或会议结束时,是在为客人举行的告别酒会、宴会及其他仪式上,或在会议开始时,主人对宾客或会议代表的离去表示( )的致辞。

4.( )是客人在欢迎仪式或告别仪式上,对主人的盛情款待表示( )的致辞。

5.欢迎词、欢送词、答谢词的结构与写法基本相同,一般都由( )、( )、( )和( )等部分组成。

范文阅读与训练

例文1　　在与美国×××公司项目洽谈会上的欢迎词

亲爱的汤姆先生、汤姆夫人:

女士们、先生们、朋友们:

首先我非常高兴地代表××总经理向汤姆先生和夫人以及其他的朋友表示热烈的欢迎!

同时我也想利用这个机会代表中国××集团的2 000名员工向远在大洋彼岸的××公司的朋友们致以亲切的问候!

中国××集团公司和美国××公司已有长达8年的合作与交流关系,具有长期良好合作的基础。汤姆先生与夫人一向重视与我们的合作,并在多方面给予我们真诚的帮助,这次又亲临我们公司洽谈合作项目,将进一步加强我们双方的合作关系,增进双方的友谊,促进双方的共同进步与发展。

祝愿中国××集团公司与美国××公司合作愉快!

祝汤姆先生与夫人以及所有的朋友们在中国期间生活愉快!

预祝这次洽谈会取得圆满成功!

评析:这是一篇洽谈会的欢迎词。

正文开头一句话简洁明了地对汤姆先生一行人的到来表达诚挚友好的欢迎之情,同时将代表的对象扩展到"公司2 000名员工",将亲切的问候送给了"远在大洋彼岸的美国××公司的朋友们",为双方的交流与合作营造了友好的氛围。

主体部分××副总经理用简洁的语言回顾了与公司长达8年的合作关系，回顾了汤姆先生对××公司的帮助和支持，对这次项目合作洽谈的意义进行了高度评价，为进一步合作奠定了基础。

结尾以简洁的语言表达对活动成功的美好祝愿，向来宾表示良好的祝愿和继续合作的意愿。

例文2　2011(第六届)四川电视节开幕式上组委会名誉主席张中伟所致的欢迎词

各位嘉宾、各位朋友、女士们、先生们：

金秋十月，硕果满枝。在这喜庆丰收的季节里，2011四川电视节隆重开幕了。在此，我代表四川省人民政府和8 600万四川人民向前来参加电视节的海内外嘉宾、各位朋友表示热烈的欢迎！向长期以来给予四川大力支持的国家广播电影电视总局表示衷心的感谢！

本届电视节是在新世纪之初，由国家广播电影电视局与四川省人民政府首次共同主办的一次国际性电视盛会，是展示四川形象和风采的极好机会。电视节的举办，可以能够进一步提高四川的知名度，让世界了解四川，让四川走向世界。

四川地处中国西部内陆腹地，是西部的一个人口大省，自然资源丰富，科技优势突出，市场潜力巨大，具有十分重要的战略地位。21世纪前十年，四川加快发展的总体目标是：建成西部经济强省和长江上游生态屏障，经济社会协调发展，努力实现新的跨越。目前，全川人民正在认真实施西部大开发战略，抓住机遇，乘势而上，为实现追赶型、跨越式发展目标而不懈奋斗。这里，我真诚地希望前来参加电视节盛会的海内外朋友，更多地关注四川、宣传四川、支持四川。开放的四川欢迎你们来观光旅游，投资创业，发展贸易。我相信，只要我们真诚合作、互惠互利，就一定能够实现双赢，就一定能够共创美好的未来！

祝2001(第六届)四川电视节圆满成功！

谢谢大家！

评析：这是一篇(　　　　　　)，内容完整，结构明晰，代表了节庆活动欢迎词正文写作的惯用章法：

开头：表示(　　　)。这是节庆活动欢迎词正文的开头部分，一般要用简洁的文字交代致辞的背景，即什么活动开幕了，然后用热情的话语对来宾表示欢迎，也可以向来宾或者有关方面(人士)兼表祝愿或者感谢。

第二段：阐释(　　　)。举办节庆活动，目的何为，意义何在，例文紧承前面欢迎之情，高屋建瓴地指出本届电视节是新世纪之初的“一次国际性电视盛会”，并进一步诠释这“是展示四川形象和风采的极好机会”，借此“让世界了解四川，让四川走向世界”，文字高度凝练，寓意颇显开阔。

第三段：展示(　　　)，也可以说树立形象。这是节庆活动欢迎词正文的重心所在。欢迎词是一种礼仪，但在友好的气氛中打造好东道主的“形象名片”是必须致力追求的。例文文字不多，却树立了东道主“天时、地利、政通、人和”的崭新形象。

最后：表达(　　　)。例文采用了逻辑严谨的“表示欢迎—阐释意义—展示形象—表达祝愿”这样一种基本的结构模式，文脉贯通，文字稳健，给人一气呵成之感。

例文3 欢送词

尊敬的叶老师：

有人说："天下没有不散的筵席"，事实果真如此。当我们乍听到叶老师调走的消息，顿时有一种茫然不知所措的感觉。

时光易逝，不知不觉间叶老师来到本校已有五年多了。由于叶老师的艰辛努力，使本校在各方面的条件都有了很大改善，如教学礼堂的翻新改建，教室的整理布置及设备的配置，还有学生之间的礼貌友谊和互助风气的形成，都是在叶老师的细心规划、亲自倡导与推行下实现的。多年来全校师生、家长们都一直非常敬仰老师，现在叶老师突然调走，对我们来说，真是一个极大的损失。

但是，这一次调动使叶老师离家近了，上下班不用长途跋涉了，同时新的单位也更适合老师专业特长的发挥，因此，对于叶老师的调走虽然我们依依不舍，但却愿意含着热泪在心底恭喜你。

夏末初秋，气候逐渐转凉，但愿老师离开我们之后多保重身体。

今天晚上虽然准备的是淡酒粗肴，但却代表我们大家的一片真挚感情，希望老师能接受这份情感，共同欢度值得回忆的夜晚。

评析：这是一份情真意切的送别老师的欢送词。和朝夕相处的老师分手，学生当然恋恋不舍。但老师另有高就，又让学生感到欣慰。

这篇欢送词以"情"字贯穿全文，先回顾了老师的业绩，又发自内心为老师的工作调动感到欣喜，一句愿老师保重身体的祝福，一份淡酒粗肴，既点明了欢送的主题，又体现了师生间的深情厚谊。

例文4 答谢词

尊敬的×××先生、尊敬的××集团公司朋友们：

首先请允许我代表代表团全体成员对×××先生及×××集团公司对我们的盛情款待表示衷心的感谢！

我们代表团一行五人代表公司首次来贵地访问，此次来访时间虽短，但收获颇大。仅有三天时间，我们对贵地的电子业有了比较全面的了解，与贵公司建立了友好的技术合作关系，并成功地洽谈了×××电子技术合作事宜。这一切得益于主人真诚合作和大力支持。对此，我们表示衷心的感谢。

电子业是新兴产业，蒸蒸日上，有着广阔的发展前景。贵公司拥有一支由网络专家组成庞大队伍，技术力量相当雄厚，在网络工作站市场中一枝独秀。我们有幸与贵公司建立友好技术合作关系，为我地电子业的发展提供了新的契机，必将使我地的电子业迈上一个新的台阶。

最后我代表×××公司再次向××集团公司表示感谢，并祝公司迅猛发展，再创奇迹。更希望彼此继续加强合作，共创明天。

在此我提议：

为我们之间正式建立友好合作关系，为我们之间的密切合作，干杯！

评析：全文字里行间透露着"真诚的谢意"。对访问的成果进行简明概要的叙述，并给予充分的肯定。同时表达对主人公司的高度赞扬，以及阐明访问的意义。

知识提要

一、欢迎词、欢送词、答谢词的适用范围

欢迎词、欢送词、答谢词属于礼仪性文书。

欢迎词是仪式或会议开始时，主人对来宾的到来表示友好欢迎的致辞。

欢送词是仪式或会议结束时，是在为客人举行的告别酒会、宴会及其他仪式上，或在会议开始时，主人对宾客或会议代表的离去表示欢送的致辞。

答谢词是客人在欢迎仪式或告别仪式上，对主人的盛情款待表示谢意的致辞。当部门、单位、个人进行礼仪交往时，在举行仪式、召开的会议上，经常使用这种文体。

欢迎词、欢送词和答谢词在礼仪交往中起着重要作用。尤其是在改革开放，走向市场经济的今天，全国各地的经济交往日趋增多，国际友好往来也日益频繁。这几种应用文体不但在国际交往中常用，而且在国内跨地区的大型集会上、社交活动中日益成为必不可少的常用文体。

其主要作用在于：在宾主之间制造一种和谐融洽的气氛，交流情感，增进了解，从而促成一种相互尊重、以诚相待的氛围，进而达到促进国际及国内各地区、各行业、各单位之间的友好往来、经济合作的目的。

二、欢迎词、欢送词、答谢词的写作

欢迎词、欢送词、答谢词的结构与写法基本相同，一般都由标题、称呼、正文和结尾等部分组成。

(一)标题

标题通常有两种形式：一种是文种式，只写文种；另一种则是文件式由致词人姓名(有时还加职务)、会议(或仪式)名称、文种三部分构成，这种标题使用较普遍，如"××董事长在新厂区规划论证会上的欢迎词"。有时则省略致词人。而事实上这一文体是一种讲话稿，标题只是用来发表时注明的。

(二)称呼

在活动仪式上致辞，往往是出于公关、社交礼仪的需要，所以在这几种文体中，称呼的措辞要十分讲究，要特别注意礼貌。其共同特点是要用尊称，如称对方姓名要用全名，不得用简称、代称；在姓名前要冠以"尊敬的"、"亲爱的"等表示亲切的词语，在姓名后有时要加职衔或职业名称，有时要加先生、女士、朋友、同志等称谓，如"尊敬的×××先生"。具体使用哪些敬语，要因人而异，可根据不同的对象恰当地选择。

(三)正文

开头：一般要写出致词人以什么身份、代表何人或何单位、向谁表示欢迎、欢送或答谢，用以表达致词人的感情。

主体：

1. 欢迎词　介绍活动举办情况，表明欢迎理由，阐明立场，说明交往意义，展望美好未

来。这里对欢迎的不同情境内容的选择不同。

对长期友好的单位或老朋友：简单回顾双方以往的友好往来、传统友谊及其影响、意义，赞扬对方为此做出的努力，对双方关系的进一步发展提出良好祝愿。

对初次来访者：可简单介绍单位情况以增进了解。

对会议代表：要概述当前政治、经济形势以及与会议有关的社会背景，召开会议的意义，对这次会议的希望。

对有分歧的客人：应从双方共同的利益或共同关心的话题入手阐述活动的意义，表达“双赢”的愿望。

2.欢送词　首先要对客人来访期间所取得的成就，包括双方的友好交往或经济合作做出的贡献，表示肯定和祝贺，说明这次来访的意义及将要产生的影响。欢送会议代表，要对会议的圆满结束表示祝贺，对代表们的辛勤工作表示慰问，预示会议将起到的作用和将产生的影响。

3.答谢词　首先应感谢主人的盛情接待，回顾这个时期内双方会议洽谈项目、合作项目等；其次赞扬主人为发展双方的友谊或合作做出的贡献；其次还要肯定这次来访或会议的成功及其意义、影响；提出自己的希望。

(四)结尾

欢迎词、欢送词、答谢词的结尾类似，通常是一两句表示祝愿的话，如“祝愿访问(或会议)圆满成功”、“祝愿我们的友好往来、经济合作日益扩大”、“祝大家身体健康”等。

三、欢迎词、欢送词、答谢词的写作要求

1.要热情而有礼貌，体现出真情实感　“感人心者，莫先乎情”，不论是外交场合，还是国内地区间、单位间的交往，不论是主人的欢迎词、欢送词，还是客人的答谢词，都要用热情友好来吸引来宾和主人，要用真情实感赢得朋友。这样才有可能增进了解和友谊，扩大交流和合作范围。落实到写作上，就是行文时适当讲究文采，恰当运用虚笔，用文字创设一种热情友好的氛围。

2.要善于巧妙地表达自己的原则立场　在社交公关场合，欢迎词、欢送词和答谢词往往是代表着自己国家或自己单位的，而交往中不免会出现双方意见有分歧的情况，这就需要致辞既坚持原则，又不可伤害对方(不论主宾)。因此，写作时要善于运用委婉的方式、婉转的语言，巧妙地表达自己立场。即使有重大分歧、原则论争，致辞的措辞也要慎重，不可信口开河。

3.要尊重对方风俗习惯、宗教信仰等，不讲对方忌讳的内容　世界上国与国之间，在宗教信仰、风俗习惯等方面有很大差异，国内不同地区、不同民族也存在这方面的问题，所以写致辞的时候，务必先了解一下对方的一些基本情况，以免触犯对方的忌讳(无意中也不行)，引起不愉快。

4.语言要精练、明快，语气要热情友好，篇幅要简短适当　欢迎词、欢送词和答谢词都是出于礼仪的需要而写的讲的，在语言上都有着特殊的要求。另外，在这种场合致辞，也都是作为应酬的，大可不必长篇大论，只要表达了某种礼节即可，其他有关事项，也可写进交往的其他文件中，以免冲淡了欢快的气氛。

写作技能训练

写一份欢送词，以在校生代表名义在学校举办的毕业典礼上欢送毕业生。

第四节 经济合同

自学与自测

一、填空题

1. 经济合同是法人之间为实现（　　　　　　），明确相互（　　　　）而共同订立的一种具有经济关系的协议或契约性文书。

2. 订立合同必须贯彻（　　　　）、（　　　　）、（　　　　）、（　　　　）、（　　　　）的原则。

3. 按合同的内容分，可分为（　　　　）、供用（电、水、气、热力）合同、（　　　　）、（　　　　）、融资租赁合同、（　　　　）、（　　　　）、（　　　　）、（　　　　）、保管合同、仓储合同、财产保险合同、委托合同、行纪合同、居间合同等。

4. 经济合同的订立一般应分两个步骤（　　　　）、（　　　　）。

5. 标的是当事人各方权利与义务所共同指向的对象，它可以是（　　　　）或（　　　　），也可以是（　　　　）、（　　　　）、（　　　　）等。

6.（　　　　）是确定经济合同当事人双方（　　　　）和（　　　　）大小的标准，是对标的的具体计量，是衡量标的的指标。

7. 质量是对标的（　　　　）的要求，是标的的（　　　　），反映着标的产品或劳务优劣程度。是标的（　　　　）和（　　　　）的综合指标，往往通过标的物的品种、规格、型号、性能、成分、轻重、大小、包装等项目来体现。

8. 价款和酬金，是标的的价值，即取得对方产品，接受对方劳务所支付的代价，以实物为标的的叫（　　　　），以劳务为标的的叫（　　　　）。

9. 在签订合同时，必须对标的物的价款或报酬协商一致，并在合同中明确标明支付的货币（　　）、（　　　　）以及计算标准、结算方式、支付时间、支付方式等。

10. 履行期限是履行经济合同的时间要求，是合同当事人双方要求相互向对方履行义务的具体时限。例如，购销合同的期限指（　　　　）的时间；建设工程承包合同指（　　　　）并交付工作成果的时间。期限除要求对方如期完成经济合同标的外，同时包括提供标的的一方也要求对方按时付款。

11. 履行地点是经济合同当事人双方履行合同义务和接受对方履行义务的地点，即（　　　　　　）、（　　　　　　）标的的具体地点。例如，建设工程承包合同之履行地点即（　　　　　）；购销合同之履行地点则取决于当事人双方约定的产品交货方式，如果是提货，则(　　　)即为履行地点；代办托运，则(　　　　)即为履行地点；送货，则(　　　　)就是履行地点。

12.(　　　　)是指除不可抗力外，由于合同当事人有过错而造成合同不能履行或者不能完全履行要承担的经济责任或法律责任。违约责任形式有(　　　　)、(　　　　)及其他赔偿形式。

13.为了确保合同顺利实施，当事人双方还可协商采用(　　　　)和(　　　　)的形式。担保的形式有(　　　　)、(　　　　)、质押、留置和(　　　　)五种。

14.订立经济合同，无论采取条款式、表格式，还是条款表格式，最基本的应包括(　　　　)、(　　　　)、(　　　　)、(　　　　)四部分。

二、简答题

1.经济合同与一般民事合同的区别是什么?

2.经济合同有哪些特点?

3.合同的主要条款有哪些?

三、分析选择题

阅读下面经济合同纠纷案例，然后回答问题。

某市钟厂(甲方)与某市综合厂(乙方)，于某年1月签订了一份承揽加工合同。合同规定：乙方为甲方生产钟木盒4 000只，每只人民币8元。木盒的原材料由乙方负责解决，不另计价。木盒的式样和质量，由甲方提供图纸和样品，乙方按要求进行生产，样品由双方分别保存。甲方验收提货后半月内付清货款。

当年3月，甲方派出模工前往乙方所在地验收提货，随即将验收合格的504只钟木盒运回。但是，10天后，甲方运回的木盒大部分出现裂纹、变形、脱漆等现象。为此，双方发生纠纷。甲方要求退货重做，并拒付货款。乙方则表示不能承担责任，因为产品当场验收合格，质量问题是事后发生的；并且提出，甲方逾期不汇货款违反合同规定，应承担责任。

1.下列说法对的有：(　　)。

A.甲方要求退货重做并拒付货款，都是正确的。

B.甲方要求退货重做并拒付货款，都是错误的。

C.甲方要求退货重做是合理的，但是拒付货款是不对的。

D.产品已经验收合格，事后发生的质量问题，乙方可以不承担责任。

E.产品虽经验收合格，但事后发生质量问题，乙方仍应承担责任。

2.这起合同纠纷，是由产品质量引起的，看来，主要还是签订合同时考虑不周，对质量要求还缺少必要的制约性条款，写得不明确。下面列出的一些条款内容，你认为如果原来的合同增加(　　)可能避免纠纷的发生。

A.合同应规定，产品由甲方当面验收，货物出门，乙方概不负责。

B.合同应规定，产品质量由乙方负责到底，甲方随时发现问题，随时可以要求退货重做。

C.合同应规定，乙方提供的木盒原材料，要有一定的质量标准。

D.合同应规定，乙方提供的木盒原材料，须经甲方验收合格才能生产。

E.合同应规定，产品质量要有保证期限，产品在保证期内不发生问题才为合格。

范文阅读与训练

例文 1

建筑工程承包合同

委建单位：××市××局(甲方)

施工单位：××市××房屋开发有限公司(乙方)

甲方委托乙方建筑办公大楼一幢，为使工程顺利完成，经双方协商，订立本合同，以资共同遵守。

1. 工程名称：××局办公楼。

2. 工程结构：本工程系砖混结构五层。

3. 工程造价：本工程总面积××××米^2，按预算总造价××××万元。

4. 承包方式：本工程采取包工不包料的办法，一切材料均由甲方负责，甲方须提供符合建筑质量标准的材料，乙方给予必要的协助，经甲乙双方验收为合格材料，乙方方可施工。

5. 付款办法：合同签署之日，甲方应付给乙方50%的工程款计×××万元；浇灌层面时再付给40%的工程款计×××万元；其余10%待工程完成验收合格后，1周之内，按实际结算一次付清。如不按时支付，要承担违约责任，即支付违约金，计算方法是余下未付工程款的10%。

6. 工程质量：全部工程质量必须符合市建委规定的质量验收标准。乙方按图纸施工，保证质量，工程完工前3天，乙方应通知甲方进行验收。甲方接到通知后，应及时予以验收签证和办理手续。如质量不合格，乙方应无偿修理或返工。由于修理或返工造成逾期交付，乙方应偿付逾期违约金。

7. 施工期限：本工程施工期为×××天，于2006年×月正式开工，至2006年×月××日止完成。如遇雨天顺延。如甲方供应材料不足造成停工，而甲方无工作安排时必须提前7天通知乙方。

8. 违约责任：(略)

9. 解决争议的方式：(略)

10. 其他事项：为了便于联系工作，甲方派×××同志为工地代表，负责联络及验收等一切事宜，乙方派××同志负责工地施工事宜。

11. 本合同未尽事宜，可经双方研究，另行商定。

12. 本合同签字后生效，工程完工验收合格，结清工程款后失效。

13. 本合同一式四份，甲乙双方各执一份，另两份送甲、乙双方业务主管部门各一份。

附件：建筑设计图×件(略)

建设单位：××市××局(公章)

代表：×××(签名)

施工单位：××市××房屋开发有限公司(公章)

代表：×××(签名)

鉴证单位：××××××(公章)

鉴定日期：2006年××月××日

评析：这是一份建筑承包合同，内容齐全，结构完整规范，条理清楚，语言简洁准确。正文用 13 项条款写明了委建单位和施工单位之间的权利和义务，在付款方式、工程质量、施工期限方面，说明得更加细致全面，有利于合同的顺利执行。

模式：标题＋首部（　　　　　　　　）＋正文（　　　　　　）＋尾部（　　　　　　）

例文 2

农副产品定购合同
（示范文本）

供方：　　　　　　　　　　　　　　　　　　合同编号：

需方：　　　　　　　　　　　　　　　　　　签订地点：

　　　　　　　　　　　　　　　　　　　　　签订时间：　　年　　月　　日

（1）产品名称、品种规格、数量、金额、交售时间

产品名称	品种规格	计量单位	数量	单价	总金额	合计	交货时间及数量									

（注：空格不够用，可以另接）

（2）质量标准、用途

（3）验收办法及时间、地点

（4）检验及检疫的单位、地点、方法、标准及费用负担

（5）交（提）货地点及运输方式和费用负担

（6）超欠幅度损耗及计算方法

（7）包装标准、包装物的供应与回收和费用负担

（8）结算方式及期限

（9）给付定金的数额、时间

（10）奖罚标准及兑现方式：超售____________元/千克，减售每千克罚__________元

（11）需方供应的与定购农副产品挂钩的化肥、柴油等农业生产资料的产品名称、规格、质量、数量、价格、供应时间及地点

产品名称	规格型号	质量等级	计量单位	数量	单价	总金额	供应交货时间和地点
合计人民币金额（大写）							

（注：空格如不够用，可以另接）

（12）违约责任

（13）解决合同纠纷的方式

(14)其他约定事项

(15)签署及鉴证机关

评析:这是一份农副产品定购合同的示范文本。订购合同是农副产品购销合同的主要形式,是农村经济生活中经常使用的一种合同。这份示范合同格式完整,内容齐全,购销双方的责、权明确。尤其是考虑到了农副产品的时令性强和鲜、活、易腐、易病的特点,制定了检验检疫和超欠幅度损耗这两个条款,更显得充分严密,无懈可击。

知识提要

一、经济合同的含义和种类

《中华人民共和国合同法》指出:"合同是平等主体的自然人、法人、其他组织之间设立、变更、终止民事权利义务关系的协议",而经济合同则是平等民事主体的法人、其他经济组织、个体工商户、农村承办经营户之间为实现一定经济目的,明确相互权利义务关系而共同订立的一种具有经济关系的协议或契约性文书。经济合同是商品关系在法律上的表现形式,是当事人表示见解一致的法律行为,因此,合同一经签订就具有法律效力,任何一方都不得擅自变更或终止。

经济合同的当事人必须具备合法的资格。如法人必须能够独立地进行经济核算,能以自己的名义进行经济活动,享受权利和承担义务,依照法定程序成立的组织机构,如公司、工厂、商店、社团等。还有自然人,也应该具备法定资格。

按合同的内容分,可分为买卖合同、供用(电、水、气、热力)合同、借款合同、租赁合同、融资租赁合同、承揽合同、建设工程合同、运输合同、技术合同、保管合同、仓储合同、委托合同、行纪合同、居间合同等。

二、经济合同特点

1.合法性 《经济合同法》规定:"订立经济合同,必须遵守法律和行政法规。任何单位和个人不得利用合同进行违法活动。"可见,合同的内容要符合国家的有关法律、行政法规和宏观经济规划的要求,国家不允许随便生产、销售的物品不能作为一般合同的标的,内容不真实或损害国家、集体和个人利益的合同均属无效合同。另外不具备法人资格的团体或组织所签订的合同亦属无效合同。

2.平等性 订立合同应贯彻平等、公平、协商、等价有偿、诚实信用的原则,合同各方当事人的法律地位是平等的,有权自愿表达自己的意见,任何单位和个人都不得干预或包办代替,不能把自己的意志强加给对方。

3.明确性 经济合同一般具有鲜明的经济目的,或者为了某种经济工作,或者为了某种生产经营。这样就要求合同的条款内容十分明确,剔除任何不明确的因素。条款内容的明确,一是指双方当事人的权利和义务的明确,各项条款完备具体,不能有所遗漏。二是违约责任的明确,这可以避免合同执行中产生各种纠纷。

4.约束性 经济合同当事人依法达成的协议,对当事人均有法律约束力。当事人各方都必须严格按照合同确定的义务切实地履行。否则,当承担法律责任。

三、经济合同订立的步骤

任何一种经济合同都必须依据国家有关法规和条例签订。经济合同的订立一般应分两个步骤进行：

(一)要约

所谓要约，是指一方当事人向另一方当事人提出订立合同的愿望，合同的主要条款，要求对方予以答复的期限，等等。合同的要约方所提出的合同建议文本仅供受约方参考，是接受要约或是提出修改意见，在受约方未与要约方正式协商并订立合同之前，其要约方的建议文本中所有条款不具有法律效力。

(二)承诺

所谓承诺，是指受约方完全接受要约方要约的表示。如果受约方对要约方的条款提出任何一点修改要求，就不能视作承诺。只有在要约方与受约方就提出的新要约协商一致后，方能视作承诺，合同也就成立。一般说，在合同订立过程中双方当事人总要为着自身利益而与对方讨价还价，所以合同往往会经过要约、再要约的多次反复和协商才能最后签订。

为保证经济合同的有效成立，订立经济合同时应遵循以下程序：

(1)市场调研和可行性研究。

(2)资格审查和资信调查。

(3)洽谈协商。

(4)拟订合同文书。

(5)办理使合同生效的必要手续。

四、经济合同的主要条款

经济合同的条款多少不等，但大致可以分为两大类：一类是法定条款，即《合同法》第二章第十二条规定的条款，这是合同的主要内容；另一类是约定条款，即合同当事人各方协商一致的条款，如货物运输的包装要求，保险费、报关费等由何方支付，货物超欠幅度、自然损耗率等方面的规定。这里我们将合同的法定条款介绍如下：

(一)标的

标的是当事人各方权利与义务所共同指向的对象，由于合同的种类不同，其标的也不同。它可以是实物或货币，也可以是工程项目、劳务、科研成果等。如买卖合同的标的是工农业产品，建设工程合同的标的是工程项目，货物运输合同的标的是承运方的运输劳务，加工承揽合同的标的是劳务，借款合同的标的是货币。

标的是经济合同签订的前提，标的不明确，双方的权利和义务就无从确定，合同就无法执行。因此，有关标的物的名称、商标、规格、型号、品种、等级等，以上内容与商品的质量有关，都要认真落实，填写清楚，不可含糊不清，如某家商场在与一家筷子生产厂家签订购销合同时，把标的“木漆筷子”写成了“木筷子”，结果商场蒙受了经济损失。所以，经济合同中的标的一定要准确具体。

(二)数量

数量是确定经济合同当事人双方权利和义务大小的标准，是对标的的具体计量，是衡量标的的指标，如货款金额、购买货物数量。经济合同必须明确规定标的数量、计量方法。经济合同的数量，用重量、体积、长度、面积、个数等作为计量单位，也可以用包装单位（如箱、包等），但必须标明每个包装单位内含多少基本计量单位。在不同性质的合同中，应根据不同的标的物，明确地写明要使用的相应的计量单位，同时应按国家有关度量衡统一规定和方法计量。对尾差、自然损耗率等的许可范围也要加以说明。

数量规定要准确、具体，如购销合同不仅应写明总的数量，而且还要规定按月、按旬甚至按日分批购销的数量。包装用“袋装”，必须写明是多大的袋，是麻袋、布袋、编织袋还是纸袋，包装材料由谁负担。

如广东某单位和港商签订了一份出售废矿渣的合同。矿渣是广东这家工厂的生产废料，在院中堆积如山，正苦于无法处理，有港商来购买，真让人喜出望外，所以未经仔细斟酌便在合同上签了字。合同上写明港方每天来拉一车，共拉10天，最后总付货款。广东方面没想到港方第一天来的是小翻斗车，第二天是小卡车，第三天是大卡车，至此广东方面才发现吃了亏，赶去交涉，港方强调并未违反合同，广东方面就只有哑巴吃黄连有苦难言了。对方在产品数量的计量单位上打马虎眼。

经济合同中涉及产品的计量时，一定要注意使用法定的计量单位，或对此做出明确的界定，不能用“××车”、“××船”、“××趟”等含混不清的说法。

（三）质量

质量是对标的质的要求，是标的的特征，反映着标的产品或劳务优劣程度，是标的内在质量和外观形态的综合指标，往往通过标的的品种、规格、型号、性能、成分、轻重、大小、包装等项目来体现。标的的质量标准一般有国家标准、部颁标准、省（市）标准。在经济合同中应详尽、准确地标明质量要求及验收方法，技术要求、验收标准也应规定清楚，并封样备验。质量标准必须具体，有法定标准的要按标准执行，没有法定标准的，则由当事人双方协商确定标准。有些产品分等级的，要规定等级品率。若确需特殊标准，则应由当事人双方议定并在合同相应条款中注明。同时在表述质量内容时，还要注意标点符号的准确使用，以免出现含义理解失误，产生纠纷。

如一份蘑菇买卖合同，在质量条款上写着“无杂质，腐烂”。在表达时，应该是顿号，写成了逗号，语意内容变成两层。所以合同上一个错字或一个标点符号，都会造成无法挽回的损失。

（四）价款或者报酬

价款和酬金是标的的价值，即取得对方产品，接受对方劳务所支付的代价。以实物为标的的叫价款，如购销产品的货款、供用电合同的电费等；以劳务为标的的叫酬金，如加工承揽费、货物运输费等。它们统称价金。价金条款一般包括产品价格组成、作价办法、作价标准、调价处理办法等，以货币数量单位来表示。价款中有单价和总金额，表格式合同以阿拉伯数字写单价，以大写汉字写总价，条款式合同则用汉字大写。产品价格应按国家规定的价格及作价办法作价，国家没有规定价格的商品，可由当事人双方协商议定价格，价款必须标明币种，并注明是否含税价。

在签订合同时，必须对标的价款或报酬协商一致，并在合同中明确标明支付的货币名称、数额以及计算标准、结算方式、支付时间、支付方式等。

（五）履行的期限、地点、方式

1. 履行期限　履行期限是履行经济合同的时间要求，是合同当事人双方要求相互向对方履行义务的具体时限。一切经济活动都是有时间期限的。如购销合同的期限指交付货物的时间;建设工程承包合同指完成劳务并交付工作成果的时间。期限除要求对方如期完成经济合同标的外,同时包括提供标的的一方也要求对方按时付款。如在加工承揽合同中,一方面要写明承揽方完成劳务的具体时限,另一方面也要写明定做方支付酬金的具体时限。若属分期完成劳务或分期支付酬金,则应写明分期履行期限。当事人双方必须严格执行协议的时间,期限时间宜实不宜虚,宜具体不宜笼统,最好确定具体日期,若不能确定实际时间,应用“以前”、“以内”,而不应用“以后”,也不能用“尽可能”或“争取在”。

合同的履行期限与合同的有效期限不是同一概念。有效期限是指合同具有法律效力的时间范围。在有效期间内,合同的履行期限往往可以分期履行,但如果合同的有效期限和履行期限一致,则只需写明履行期限。履行期限要明确规定年、月、日,不能用“明年”、“秋季”、“以后”、“尽可能”等模糊词语表述。

如某染化厂从一家化工厂订购了全年所需的12吨染料,由于在谈判中染化厂已经告知他们每月需要1吨染料,所以在合同中,关于交付日期这一款写的是年初开始交货。谁知化工厂在年初就将12吨染料全部运抵染化厂,因为这样可以降低自己的仓储成本。这种染料性似海绵,比重轻、体积大,染化厂的仓库只能装下3吨货物。染化厂声言拒收提前交付的货物,但合同条款规定“年初开始交货”,没写明交多少,染化厂不得已只好让化工厂运回染料,但运输费用及仓储费用由自己负责。

经济合同中像这样关于交接货日期的模糊性时间概念还有很多,诸如“尽快发货”、“分期分批发货”等。因为分期分批发货没有说明分几期、分几批,每一期、每一批具体的起始时间及数量,故很容易造成不必要的纠纷。

2. *履行地点* 经济合同当事人双方履行合同义务和接受对方履行义务的地点,即交付、提取标的的具体地点。它直接关系到履行合同的费用和时间,凡是合同履行与地点有密切关系的,必须注明履行的确切地点。如建设工程承包合同之履行地点即建筑工程所在地;购销合同之履行地点则取决于当事人双方约定的产品交货方式,如果是提货,则提货地点即为履行地点;代办托运,则托运地点即为履行地点;送货,则接货地点就是履行地点。履行地点是分清双方责任的重要依据之一,在货物运输合同中装货和卸货地点出现差错,都会给承运方造成损失,引起合同纠纷。为了避免因地点同名、同音出现错误,地点应写明省、市、县名称。

3. *履行方式* 经济合同当事人双方履行权利和义务的方式、方法。一般地,履行方式包括标的的交付方式、价金的结算方式和任务完成方式。标的的交付方式应明确规定一次交付还是分期交付,是自提还是代办托运;价金结算方式应明确规定是委托银行收款,还是支票转账,是一次性支付还是分次付清。任务完成方式则应明确规定是由当事人自己履行还是委托他人代为履行等。上述履行方式的选择采用,均需经合同当事人双方协商一致确定。如合同中规定“货到全付款”具有双重含义,标点不同,理解不同,极易引发争议。订立经济合同时,必须明确一种具体履行方式。如购销合同,交货方式是送货、提货还是代运,这里涉及运输费用、包装要求与费用,合同中都应该规定清楚。

如某公司定购一批货物,在履行方面合同中言明:“到某某港交货” 像这样的规定就存在问题:一是运输方式不明,是用火车、汽车还是轮船?二是地点不明,是汽车站、火车站还是码头?三是交货方式不明,是船上、车上,还是就近仓库中交给买方?

由此可见,合同的履行期限、地点和方式对明确当事人的权利、义务和责任有着重要意义。

(六)违约责任

违约责任是指除不可抗力外,由于合同当事人有过错而造成合同不能履行或者不能完全履行要承担的经济责任或法律责任。违约责任形式有违约金、赔偿金及其他赔偿形式。合同当事人一方如有违约行为给对方造成较小损失的,违约方要支付对方违约金,如违约金不足以补偿损失的,则要支付赔偿金。违约方支付违约金和赔偿金以后,另一方要求继续履行合同的,违约方要继续担负履约责任,若拒不履行,可由合同管理机关或人民法院强制执行。

订立违约责任时应尽量细致、周全、具体、明确,尽量避免使用模糊语言,以免处罚困难,要写明制裁措施及违约金、赔偿金的数额等。违约金和赔偿金的数额有法定标准的应按法律规定签订,没有法定标准的则由当事人双方协商约定。为了确保合同顺利实施,当事人双方还可协商采用司法公证和担保的形式。担保的形式有保证、抵押、质押、留置与定金五种。

《合同法》对违约行为作了全面具体的规定。如标的的数量或质量不符合合同规定的;不按时交付标的或价款、报酬的;造成货物变质、损坏、短缺、灭失的;供方中途停止供货或需方中途退货的;发包方中途停建、缓建,或造成停工、窝工,或承包方工程质量不符合合同规定而返工、改建的;科技协作委托方不及时拨付经费或者受托方拖延进度的等,都属于违约行为。

(七)争议解决的方法

发生经济合同纠纷时,当事人可以通过协商或者调解解决,当事人不愿通过协商调解解决或协商调解不成的,可以依据合同中仲裁条款或事后达成的书面仲裁协议向仲裁机关申请仲裁,当事人如果在经济合同中未订立仲裁条款,事后又未达成书面仲裁协议,可以向法院起诉。经济合同当事人之间发生争议时,是通过仲裁方式解决,还是通过法院审判方式解决,在合同中应明确约定。如因执行本合同发生争议,由争议各方协商解决,协商不成的,可以提请仲裁机构或向有管辖权的人民法院起诉。仲裁与诉讼具有时效性,经济合同争议申请仲裁的期限为 2 年,自当事人知道或应当知道其权利受到侵害之日起计算。

(八)其他条款

除上述主要条款外,经当事人双方协商确定的其他条款,具体包括:

1. 不可抗拒条款　该项条款的作用是:如果发生了当事人不能预见、不能避免且不能克服的客观事故(如洪水、地震、台风等),而导致履行合同困难时,当事人可根据这一条款,依据合同法的规定,部分或全部免予承担责任。其内容应包括不可抗拒力事故的范围、后果等。

2. 约定条款　《合同法》第 12 条明确指出:“根据法律规定的或按经济合同性质必须具备的条款,以及当事人一方表示必须规定的条款,也是经济合同的主要条款”。这里所指的必须具备的条款是指各类性质的经济合同除能用条款外,还有根据不同标的的特殊情况拟订的条款。如财产租赁合同除通用条款外,还可写明租赁用途、租赁期间的财产保养和维修条款。

五、经济合同的结构

国家工商行政管理局及有关业务部门制定和颁布了大量的合同示范文本及合同文本格

式，为订立合同提供了方便条件。

订立经济合同，无论采取条款式、表格式，还是条款表格式，最基本的应包括标题、首部、正文、尾部四部分。

（一）标题

合同的标题通常标明业务性质和文种名称，写在合同首页正中位置，如《借款合同》、《房屋租赁合同》。

（二）首部

首部包括签订合同当事人的名称、合同编号及签约地点、时间等。双方当事人名称必须写全称，要按营业执照上的名称填写，不能写简称或代号。为了行文方便，一般在单位名称前或后注明“甲方、乙方”，“买方、卖方”，“需方、供方”，“定做方、承揽方”，“借款方、贷款方”等。

（三）正文

正文包括序言和主体两部分：

1.序言　在双方当事人名称下方，用简明的文字表达签订合同的目的或依据，如“双方经过充分协商，特签订本合同，以资共同遵守。”也可用“主要条款如下：”或“条文如下：”过渡到主体。

2.合同主体　合同的主体部分，必须经过双方协商，确定合同的内容，主要包括标的、数量和质量、价款或酬金、履行的期限、地点和方式、违约责任等，以条款或表格的形式体现出来。

（四）尾部

1.有效期限　是指合同生效、终止的时间。

2.文本保存　是指合同的份数和保存方式，即合同一式几份及当事人保管的份数。

3.附件　一些合同中必需的，但又无法写入条款的内容，可以用附件的形式列入合同后。如建筑工程合同要在“附件”中列出工程项目表、工程进度表、工程图纸等。附件也是经济合同的组成部分，同样具有法律效力。

4.签署　包括双方或多方当事人单位名称、法人代表、印章；中介人、担保人单位名称、姓名、印章；委托代理人单位名称、姓名、印章；当事人地址、电话、电传、邮编、开户银行、账号等。如需鉴（公）证机关鉴（公）证的，也要写明鉴（公）证机关的名称、意见及日期并加盖公章。

六、经济合同的写作要求

1.订立合同是一种法律行为　合同内容和签订的程序必须符合国家的法律和规定，否则将不受法律保护。

2.结构要完整，内容要具体　作为一份经济合同，其主要条款不能有所遗漏，应尽量齐全地规定出来并按照不同标的的特点加以具体化，使之全面周密，便于履行。

3.语言要简洁、准确　经济合同的书写不需要描绘性的语言，反对赘余冗长。书写时必须使用精练、简洁、规范的语言。表述的语言应严格推敲、精确到位，切忌含糊不清、模棱两可。选用恰当的经济合同示范文本，文面要整洁，不得任意涂改。

写作技能训练

一、分析下文合同中部分内容表述不当之处，并说明原因

1. 某单位与某建筑公司签订一份承建合同，某单位在合同中要求该建筑“从合同签订之日起用1年以内时间完工交付使用”，并约定某单位“在订立合同生效后1个月左右，先付给建筑公司全部建造费用的50%”。

2. 有一购销合同中有这样一条内容：甲方购买乙方苹果约20万千克，视质量好坏，按市价结算。

3. 某个体代理商为某啤酒生产厂代销啤酒，向厂家赊欠啤酒价值12万元，并签订了合同。到了约定日期，厂方来催款，代理商还了部分款项后，又在厂方所持的合同上写下了“还欠款捌万元”及日期。

4. 2004年2月陈某向孙某预订甲鱼苗600只，每只10元，共计6 000元，当时交定金1 000元。而孙某因为甲鱼苗价大涨，擅自将甲鱼苗高价出售。后来陈某要求孙某双倍返还定金时，才发现合同上的“定金”写成“订金”。

5. 某县苹果大丰收，急寻买主。数日后上等的苹果有了销路，中、下等的无人问津。一日某客户登门订货，酒足饭饱之后签订合同，讲明要每0.5千克3个左右的苹果，但有虫斑的不要。可执笔人却写“苹果供货要求：每0.5千克3个左右、有虫斑的不要”。不日，该县把苹果发往销售地，此时市场饱和，这时客户玩起了文字游戏，拒绝收货。请问问题出在哪里？

6. 某饭店与国外A公司签订了房屋租赁合同，合同标的写的是“将饭店八层全层包租给A公司”。A公司进驻后，严重影响八层服务员的休息和工作，因为八层有客房、大小会议室、开水房及休息室，结果发生纠纷。那么合同的表述有什么不妥吗？

二、案例分析

1. 甲公司与乙公司订立一份合同，约定由乙公司在10天内向甲公司提供新鲜蔬菜3 000千克，每千克蔬菜的单价1元。乙公司在规定的期间内向甲公司提供了小白菜3 000千克，甲公司拒绝接受这批小白菜，认为本公司只是职工食堂，炊事员有限，不可能有那么多人力用于洗小白菜，小白菜不是合同的标的。

双方为此发生争议，争议的焦点不在价格，也不涉及合同的其他条款，唯有对合同的标的双方各执一词，乙公司称合同的标的是蔬菜，小白菜也是蔬菜，甲公司并没有说清楚要什么样的蔬菜，合同的标的规定是新鲜蔬菜，而小白菜最新鲜，所以我公司就送了小白菜过去，这没有违反合同的规定。甲公司称蔬菜就是大白菜或萝卜的说法太过牵强附会，既没有合同依据也没有法律依据，不足为凭。

试分析：

1. 什么是合同的标的？

2. 针对本案，如何避免由合同标的引起的纠纷？

3. 某建筑公司（原告）因建造大楼急需黄沙，遂与某建材公司（被告）签订了一份合同，合

同约定原告购买被告黄沙 30 车，每吨价格为 300 元，合同订立 1 个月以后，由被告送货，货到付款。合同订立后，黄沙价格开始上涨到每吨 350 元，被告经理李某见价格上涨，不愿如数供货，遂给原告的经办人张某打去电话，提出因货源紧张，要求变更货物数量，减少供货，遭到原告的拒绝。李某遂于次日安排两辆“130”型货车，装了两车黄沙（每车装载 2 吨）送到原告处，并要求以“130”型车为标准，计算交货数量。原告提出其做法是不合理的，尽管合同规定交货数量为 30 车，但按交易习惯，应以“东风牌”大卡车作为计算标准，每车装载 4 吨，共 120 吨。为此双方发生争议，协商未果，原告遂向法院起诉，认为被告已构成故意违约，应承担违约责任。被告则认为，双方对交货数量的计量标准发生重大误解，因此应当撤销该合同。

请问这份合同的纠纷焦点是什么？双方在签订合同时应该约定哪些条款？经济合同该如何撰写才能使之格式规范、内容完整呢？

三、请查阅协议书、意向书概念与写法，分析与经济合同的异同

模块四　秘书办事

第九单元　秘书事务工作
第十单元　信息文书写作技能

Chapter 9

第九单元

秘书事务工作

知识目标

1. 了解信息及信息工作的特点与意义。
2. 掌握信息工作流程，及秘书应做好的具体工作。
3. 掌握值班工作的注意事项。
4. 掌握接打电话的方法。
5. 掌握接待工作的原则。

技能目标

1. 在信息工作过程中，秘书懂得如何为领导提供有价值的信息。
2. 秘书如何完成接待工作。

第一节 秘书信息工作

自学与自检

一、填空题

1.秘书部门是机关单位的(　　　　),是(　　　　)、沟通各方的信息集散地,这为秘书部门承担和做好信息工作创造了条件。当代秘书工作,其实质就是(　　　　)领导进行信息管理的工作。

2.信息是指对事物的(　　　　)和(　　　　)的客观描述,是事物的运动状态经过一定的方式传递后的(　　　　)。

3.信息工作流程:(　　　　)、筛选、(　　　　)、(　　　　)、储存、反馈、开发利用等。

4.信息收集就是通过(　　　　)、(　　　　)、(　　　　)、侦察、追踪等手段和方法有针对性地获取(　　　　)的过程。信息收集是信息工作的第一个环节,直接关系到信息的(　　　　)、整理、分析研究和开发利用。

5.信息的编写。信息加工的主要方式是对信息进行编写。编写信息主要分(　　　　)和(　　　　)两部分。

6.信息传递要求(　　　　)、(　　　　)、(　　　　),重要机密信息,应通过机密通道传递,并尽量缩小传递范围。

7.信息传递的方式:(　　　　)、(　　　　)、(　　　　)、电报、传真、短信、书信等。

8.信息储存,即将加工后的信息以(　　　　)、(　　　　)等形式,借助计算机等媒介记录、储存、保管起来,以供查考、利用。储存信息的方法有(　　　　)、(　　　　)、(　　　　)等。

9.信息开发的主要形式有(　　　　)、(　　　　)、(　　　　)、简报、综述等。

二、简答题

1.信息具有哪些特点?
2.秘书人员如何获取信息材料?
3.秘书筛选信息的标准是什么?
4.信息如何加工?
5.信息传递的基本程序?
6.信息的存储分为几个步骤?
7.信息反馈的主要内容是什么?
8.信息利用的要领是什么?

案例分析与训练

何秘书的苦恼

何秘书刚从向阳帆布厂调到镇政府办公室当秘书时，干劲可大了。每天数他来得最早，打水，扫地，整理会议室，承办文件，处理电话，样样工作都很勤快，嘴巴也像抹了蜜一样甜得很。本以为这下领导肯定很满意了。谁知有一天，镇长带他到一家乡镇企业去考察工作，回来的路上，镇长让他谈谈对这家企业的看法。何秘书回答："我对这家企业不了解，没有什么意见。"镇长说："你干工作比较踏实，但要是当一名合格的秘书，仅靠勤快是不够的，你还要好好努力啊！"？何秘书为此事想了好几天，始终不知道问题出在哪里，心里很是苦恼。

问题：请你从秘书工作的内容来分析何秘书该怎么做？

知识提要

人类生活在信息的汪洋大海中，每时每刻都离不开信息、依赖着信息。信息是领导决策的重要依据，是实现科学管理的前提条件，是秘书工作发挥参谋助手作用的基础。秘书部门是机关单位的工作枢纽，是联系上下、沟通各方的信息集散地，这为秘书部门承担和做好信息工作创造了条件。当代秘书工作，其实质就是辅助领导进行信息管理的工作。

一、信息的含义

信息是指对事物的特征和变化的客观描述，是事物的运动状态经过一定的方式传递后的再现。信息是接受者原先不知道的、对其有用的信息，也即信息量，对于不同的接受者信息的价值是不同的，在不同的时间其价值也会有不同。信息广泛地存在于自然界和人类社会，客观世界的一切事物及其运动都是信息之源。

二、信息的特点

信息的特征是信息区别于其他事物的本质属性，主要表现在以下几个方面：

1. 客观性　信息是事物存在方式和运动变化的客观反映，是由其内容实体和外壳载体构成的整体。客观、真实是信息最重要的本质特征。

2. 时效性　是指从信息源发出信息，到接收者利用信息的时间间隔及其效率。信息的价值是和时间相联系的，而且与接受信息的对象有关。信息表现的是事物某一特定时间所处的状态，时过境迁，原有的信息往往就失去应有的价值。这就要求处理信息必须始终突出一个"快"字。

3. 开发性　信息是人类社会的重要资源，可以开发出新的资源。信息经过处理后，可以从一种形态转换为另一种形态，物化为具体的活动成果和物质财富。例如，自然信息经过人工处理后，可用语言、文字或图形、图像等形态再生成信息。计算机也具有信息处理功能，输入计算机的各种数据、文字等信息，可用显示、打印、绘图等方式再生成信息。

4. 传递性　信息可以借助于文字、图像、磁碟、声波等载体，进行时间和空间上的传递，信息只有经过传输才能为人们所感知接受。信息传递有多种多样的手段，常用的方式有语言、文字、表情、动作、报刊、书籍、广播、电视、电话、网络等。这是信息的又一本质特征。

5. 共享性　经传递的信息，凡愿意接受的人都可以使用，信息不会由于使用者的多少而改变自身的信息量。这一特性通常以信息的多方位传递来实现。

三、信息的分类

依据不同的角度和标准，信息可以有多种分类方法：

1. 按信息的运行方向划分　信息可以分为上行信息、平行信息和下行信息。

组织中的信息一般有三个流动方向，即为上行信息，是在组织中按照组织管理关系，下级向上级传递的信息，它可以描述出组织的当前状态；向下流动的信息即为下行信息，是上级向下级传递的各种信息，主要包括最高层制定的战略、目标以及各管理阶层发出的指令；水平流动的信息为平行信息，是在职能业务部门和工作小组以及个人之间进行沟通联络时传递的信息。

2. 信息的来源划分　信息可以分为内部信息和外部信息。内部信息是组织内部各项活动所产生的各种信息，如决策管理信息、人力资源信息、财务信息、生产信息、销售信息、物资采购供应、技术开发信息；外部信息是指来自组织以外、对组织活动产生影响的信息，如政策法令信息、国内外政治经济形势信息、社会文化环境信息、外部群众情绪意见信息、自然环境信息、科技信息、竞争对手信息、消费需求信息、市场销售信息、金融信息、生产资源分布与生产信息等。对组织而言，内部信息主要描述了组织中特定业务的内容和情况，外部信息描述了组织周围的环境，它们都是组织活动必不可少的。

3. 管理的层次划分　组织的信息可以分为战略级信息、战术级信息和作业级信息。战略级信息是供企业的高层管理人员制定长期战略和决策的信息，外部环境信息将在其中发挥重要作用；战术级信息是供企业中层管理人员监督和控制各项业务活动、有效分配资源的各类信息，与中层管理部门的职能活动有关；作业级信息又称为执行级信息，是反映组织中各项工作和具体业务活动执行情况的信息，如企业中的会计信息、库存信息、生产进度信息、质量和废品率信息、产量信息等，这类信息来自组织内部，基层主管人员是这类信息的主要使用者。

4. 信息的稳定性划分　信息可以分为固定信息和流动信息。

固定信息是指具有相对稳定性的信息，在一段时间内可以重复使用，不发生质的变化，如计划、合同、档案、各类定额标准、规章制度等。流动信息又称为作业统计信息，是反映各项业务活动实际进程和实际状态的信息，因此它会随着业务活动的进展不断更新，这类信息时间性较强，一般只有一次性使用价值，但它是控制和评价组织活动的重要信息。一般来说，固定信息约占组织管理系统中周转的总信息量的75%，整个组织管理系统的工作质量很大程度上取决于固定信息的管理。

5. 组织的活动划分　信息可以分为财务信息、人力资源信息、管理信息、资产信息等，企业中还可以有原材料信息、产品结构信息、客户基本信息、供应商基本信息、营销信息、技术信息、设备基本信息、质量信息、管理考核信息及其他重要活动信息等。

6. 按信息的加工程度划分　信息可以分为原始信息和综合信息。原始信息是指从信息源直接收集的信息；综合信息则是在原始信息的基础上，对之进行综合加工后产生的新信息。综合信息往往对管理决策更有用。

7.按信息发布的渠道划分　信息可以分为正式渠道信息和非正式渠道信息。正式渠道信息是指由正式组织通过正式渠道，如会议、文件、信件、正式谈话、新闻媒体等发布的信息，这类信息的准确性和权威性都比较高；非正式渠道信息是指从正式渠道以外获取的信息，但需要加以认真分析、鉴别后才能使用。

四、信息的意义

秘书部门是信息集散中心，是领导决策的参谋，因此对于秘书工作来讲，信息具有十分重要的意义。

1.信息是秘书人员辅助领导决策的依据　领导决策的全过程可以大致分为决策准备、决策形成、决策落实和检验三个阶段。秘书的辅助决策贯穿于决策的全过程：在准备阶段，通过整理、收集并提供信息，辅助领导认识、判断和验证问题；在形成阶段，分析研究信息，提供决策的意见建议；在落实和检验阶段，收集决策实施过程的反馈信息，帮助领导了解决策的施行情况。信息是辅助决策的一个根本性要素，离开信息的支持，决策毫无科学可言。

2.信息是秘书人员处理日常事务的依据　秘书部门作为综合性机构，每天会面对众多的事务性工作，诸如文书处理、答复咨询等。秘书人员在处理这些事务的时候，首先要了解客观情况和办事原则，然后选择合适的方法进行处理，因此，掌握必要的信息是秘书人员处理事务的前提。

3.信息是秘书人员起草文书的基础　秘书人员承担着一个单位大量的文书起草工作。文书是实际工作的客观反映，文书的起草必须以客观事实为依据，反映现实情况，解决现实问题。秘书人员在起草之前，首先要充分地收集和掌握相关信息材料，这样，文件的起草才有可能做到言之有物、言之如实、言之有方。如果信息掌握不充分，那么最终文书的实用价值就很难得到保障，甚至会误导实践活动。

4.信息是秘书人员协助管理、协调关系的依据　秘书部门还担负着单位内部一定程度的行政管理责任.经常处理各部门之间以及单位与单位之间的一些协调性问题，这些工作同样离不开信息的支持，秘书人员只有了解到真实的情况，才能采取合理的措施。如果片面主观地处理问题反而容易激化矛盾，不利于问题的解决。

五、信息工作的流程

信息工作流程：收集、筛选、加工、传递、储存、反馈、开发利用等。

（一）信息的收集

信息收集就是通过观测、调查、征集、侦察、追踪等手段和方法有针对性地获取原始信息的过程。信息收集是信息工作的第一个环节，直接关系到信息的加工、整理、分析研究和开发利用。因此，信息收集不仅要做到准确、及时，而且必须有一定的广泛性，把收集对象的各种相关因素联系起来综合考虑，从中找出共性和普遍规律，以免出现片面性。

秘书人员可以通过多种方式来获取信息材料，主要的方式有：

1.检索工具　通过由完整的检索工具建立起来的检索途径，查找信息资料，如图书馆中图书以及档案馆中档案的查寻。

2.摘记剪贴　将书籍、报刊上有价值的信息，用摘记的方法摘要点记下，分类存放，或把有关文章剪下来，粘贴在信息册上。

3.记录　秘书人员将领导或有关人员在会议及其他场合中的发言、指示、建议、意见等记录下来，并加以整理分析，提炼有价值的信息。

4.交流　秘书人员在信息市场或在社交场合，通过洽谈、聊天等方式，搜集各种信息，或通过信息网点交流各自搜集的信息，或通过交换内部信息报等扩大信息量。

5.调查　运用各种调查手段，深入现场或信息源获取信息资料。

6.网络搜寻　利用互联网络信息搜寻工具诸如百度、谷歌等信息搜寻工具，通过输入关键词语快速查找信息，或者通过已知路径搜索信息。

7.购买　向有关机构购买信息。

(二)信息的筛选

信息的筛选是对收集来的大量繁杂的原始信息通过鉴别和选择的方式，剔除无用失真的信息，提取有效真实的信息。筛选工作对于提高信息层次、质量、效益等起着关键的作用。对原始信息的筛选一般分为两种：一是实用选留，这是根据当前的需要选留信息，二是储备选留，这是作为日常的信息工作而进行的一般意义的选留。前者要求信息有深度，并适合当前需要；后者要求信息有广度，并具有长期利用价值。做好信息的实用选留工作，要掌握筛选的标准：

(1)注意选择对现实工作有指导意义的、与当前工作密切相关的信息。

(2)注意选择带有倾向性、动向性或突发性的重要信息。

(3)注意选择与本单位经营管理活动相关的新情况、新问题、新见解等信息。

(4)注意判定信息的真伪、价值大小，把握信息的实效性。

(三)信息的加工

信息加工就是对某一类别的信息或一定时间内形成的信息，从总体上进行系统的归纳整理、分析研究和综合处理，形成比较系统、价值更大的信息。对信息加工横向上要有一定的覆盖面，纵向上要综合反映工作全貌；综合处理后的信息要有情况、有分析、有对策或做出事物发展趋势的预测，以供领导者决策参考。信息加工的方法主要有三种：

1.综合加工　综合加工就是围绕某一问题将与之有关的同类、近似或相反的原始信息汇集在一起，并作为一个整体进行研究，并从中发现带有规律性的变化或具有倾向性的问题。

2.提炼加工　提炼加工就是从各种已有的信息中提取所需的信息(如主题、观点、材料等)的加工过程。

3.推导加工　推导加工就是根据已知信息，运用逻辑推理得出新结论的信息加工过程。

在运用以上方法加工处理信息时，要注意以下三个结合：第一，点和面的结合。要把反映同一内容的信息加以集中和归纳，从中找出带有普遍性、规律性的问题，增大原始信息的广度和深度。第二，定量和定性的结合。要通过对大量的信息及其相互之间关系的科学分析和研究，完整、准确地把握事物的根本性质。第三，反映和预测的结合。客观事物是发展变化的，因此不仅要加工动态性信息，而且要关注预测性信息。

信息的编写。信息加工的主要方式是对信息进行编写。编写信息主要分标题和正文两部分。标题应一目了然地概括出正文的内容，力求简洁醒目。正文应开门见山，以叙述方式为主，以准确、精练的语言写出所要表达的内容，尽量用数据说话。

(四)信息传递

信息传递就是把加工后的信息，通过各种传播途径提供给接受者和使用者。传递使信息收集、加工成为有效的劳动。一般而言，信息传递的速度越快，范围越广，信息利用率就越高。信息传递要求迅速、准确、保密，重要机密信息，应通过机密通道传递，并尽量缩小传递范围。

1.信息传递的基本程序　首先要对信息进行检索，这是信息传递的前提，可以说，信息检索的质量决定了信息传递的质量；然后要选择适当的信息传递工具，传递者要根据信息的时效性选择速度快、安全系数较高的传递工具；最后，就是接收使用信息，这是信息传递的最后一个环节，接受者接收到正确的信息，就表示完成了信息的传递过程。

2.信息传递的方式　有口信、电话、网络、电报、传真、短信、书信等。

(1)口信　它是将信息变成口头语言直接传递给信息的接受者的传递方式，是秘书人员在组织内部传递信息的常用方式。

(2)电话　它是当前比较先进和快捷的信息传递方式。有线电话、神州行、小灵通的通信范围已基本覆盖地球的每一个角落，而且电子通话方式也在兴起。任何时期电话都可以作为最快的传递方式。但是电话传递信息最大的缺点是保密性差，只能传递声音信息。因此，对于机密信息和多媒体信息的传递受限制。

(3)网络　主要包括电子邮件、视频电话等方式。网络传递能弥补电话传递的缺陷，其最大优点就是传递的信息范围广、含量大，也可以传递多媒体信息。几乎所有的多媒体信息都可在网络上传递，这也是最现代化的传递手段。但是，网络传递的缺点是受通信条件的限制，并且对通信设备的依赖性太大。要想在全国范围内实现网络传递，还需要做很大的努力。

(4)电报、传真　这是一种很原始的较广泛的信息传递方式。

(5)短信　短信传递是随着无线通信和网络通信技术的发展才兴起的传递方式，具有使用方便、快捷、经济的特点，深受人们喜欢。但是传递的信息容量有限，适合于传递一些短小的信息。

(6)书信　这是一种传统而且可靠的传递方式。它是将信息变成文字、符号、图像传递给信息接受者。在办公室管理和组织活动过程中，它是最主要的传递方式。这种传递方式能避免信息变形和失真，可以进行远距离的传递，并且便于利用和储存。

(五)信息的储存

信息储存，即将加工后的信息以文字、图像等形式，借助计算机等媒介记录、储存、保管起来，以供查考、利用。储存信息的方法有书面储存、声像储存、计算机储存等。无论哪种储存方式，都要求排放有序，目录清楚，使用方便。信息的存储可以分为以下几个步骤：

1.信息的登记　有总括登记和个别登记两种形式。反映库存信息的全貌，一般只登记册数、种类及总额等；反映每一份信息的具体情况，需要详细记录。

2.信息的编码　这个步骤是按一定的体系给每一份信息材料一个独特的编码，进行登记，并编制目录以方便日后检索。在电子类信息中，这项工作在信息输入阶段即可以建立一些特征，然后利用计算机的强大检索功能，进行多种方便快捷的检索，大大降低了这方面的工作强度。

3.信息的排列　信息的存放必须经过有序地排列。排列的方法主要有三种:登记号排列,即按信息登记的先后顺序排列;来源排列,即按信息来源的单位依次排列;内容排列,即按信息的内容分类排列。

4.信息的检索　是从信息库或信息资料档案整体中找出所需要的信息资料,有手工检索和电子计算机检索两种。

(六)信息的反馈

信息反馈是秘书信息工作的重要环节。在各项工作活动中,秘书要及时了解来自各方面的反映,收集公众对已推行政策、实施措施的意见,把各种指令执行情况的偏差信息反馈给决策者,以便发现问题,纠正偏差,修正或完善政策与措施,做出新的布置、发出新的信息。秘书室编写简报、送阅文件等,是向上反馈信息的必要途径。

秘书要通过不断反馈的信息,将信息使用过程中产生的效应及活动中不断产生的大量信息进行再收集、再处理、再传递。信息反馈的主要内容有:有关方针、政策和重大工作部署执行情况的信息;工作中的新事物、新做法和有推广意义的经验型信息;新思想、新观点和独到见解等;反映工作中存在的矛盾和问题,特别是政策问题等信息;对全局有一定影响的带倾向性、苗头性信息;反映意见、建议、呼声等动态的信息;反映重大事件、突发事件的信息。

(七)信息的开发利用

1.信息开发　信息开发是在收集大量信息的基础上,根据决策、管理、经营等需要,利用科学的研究方法,对现有信息进行系统的归纳整理,对事物的发展趋势作出判断和预测,提供全面性、高层次信息的加工过程。信息开发能够扩展信息的涵盖面,增加信息容量,提高信息质量,获得最佳服务效果。

信息开发的主要形式有编写摘要、图表、快讯、简报、综述等。

信息开发的要领:第一,拓宽信息渠道,广泛及时收集信息,重视信息的积累与升华。第二,加强调查研究,提高信息的可信度和可用性。第三,加强对信息的分析综合,提高信息的广度和深度。第四,注重概括提炼,提高信息的精度和纯度,从大量原始信息中提取高层次信息。第五,讲究信息开发技巧,围绕中心抓住重点、热点、难点、亮点开发。第六,建立人机配套的信息网络开发系统。

2.信息利用　信息利用就是通过各种有效的方式、方法,将收集、处理、储存的信息提供给利用者,发挥信息的效用。信息利用能够实现信息的价值,促进管理水平的提高,有利于实现信息资源的共享和增值,有利于提高各级组织决策的成功率。信息利用是信息工作的出发点和归宿点,秘书信息工作意义在于充分利用信息,发挥参谋助手作用。信息利用的要领是:第一,思维要敏捷。第二,有针对性地广泛收集信息。第三,用联系、发展的辩证观点去分析研究问题。第四,对信息进行多角度思考,挖掘和发现信息新的价值。第五,讲究时效,及时利用,使信息尽快地转化为效益。

秘书实务训练

沙里淘金

小张是刚从大学毕业分配来的某厂办公室秘书，虽然他早就听人说过信息是资源，是财富，但究竟它的价值有多大，对领导决策起多大作用，总感到说不清。在一次领导办公会上，办公室卢主任让小张做记录，他才对信息工作有了切身的理解。

会上，管设备的副厂长提出技术改造方案，以提高企业的竞争力，要求把刚刚收回的一大笔资金，重点投放到购买机械设备上。管财务、管生产的副厂长都表示支持。当厂长正要拍板决断时，卢主任说他想向各位领导汇报一个新情况，供领导们参考。领导们的目光一起转向了他。

"我先说几条信息请领导们参考：一是我国粮食进入市场后，粮价上调的趋势十分明显；二是国际上几个主要粮食进口量大的国家今年均遭自然灾害，国际性粮食歉收趋势已定；三是供应我厂工业粮食原料产量区今年都遭到严重的水灾；四是今年又是乡镇企业发展很快的一年，这些乡镇企业不少是利用其资源优势从事投资少见效快的食品和酿酒业，都将以粮食为原料。根据以上情况，我预计，近期粮价必上涨，而且上涨幅度较大，可能每千克上涨0.2～0.5元；我厂每年工业原料用粮10万吨，按每千克原料用粮上涨0.3元计算，每吨将上涨300元，10吨就是3 000元，全年就是3 000万元！因此，我建议当务之急是在粮食涨价前购进原料，这样可以降低成本，提高竞争力，获得可观的经济效益。然后再把获得的盈利投入技术改造。由于经济实力增强了，我们进行技术改造的起点可以更高些，最好能达到国际先进水平。这样，就为我们的产品参与国际市场竞争打下了坚实的基础……"

卢主任的发言结束后，会场一片寂静。领导们有的拿出计算器仔细地算着；有的掏出钢笔，在本子上写着；还有的托着腮在沉思……

过了一会儿，厂长的发言打破了寂静："卢主任提出了一个值得我们深思的问题。我同意他对粮食价格变化所做的分析和预测。摆在我们面前的问题，是先搞基本建设和技术改造，还是先购进即将涨价的原料，取得经济效益后再以更大的投入进行高起点的技术改造。请大家对这两个方案再议一议。"

大家七嘴八舌讨论起来，会议气氛十分活跃。经过反复比较、分析、论证，厂领导最后一致同意采纳卢主任的建议：先购进粮食原料，再进行技术改造。

后来的事实证明，卢主任的预测是完全正确的，他的方案使企业获得了巨大的利润，整整多赚了一个亿！

小张敬佩地对卢主任说："看来信息是金钱的说法一点不假！您是怎样获得这些信息的呢？"

卢主任说："信息变化极快，信息工作无止境。这次我们虽然从大量信息中淘出了一些金沙，但不知道还有多少金矿等待我们去开掘，去淘洗，去利用。稍一马虎，它就会从你眼皮底下溜走。"

淘金，把小张引入了对信息工作的深层思索。

问题：小张对信息应该具有怎样的认识？

第二节　秘书办公室管理

自学与自测

一、填空题

1.值班记录是值班人员(　　　　　)、(　　　　　)、(　　　　　)的原始记录，秘书人员要认真做好值班记录的工作。值班记录有三种形式:(　　　　　)、(　　　　　)和(　　　　　)。

2.电话记录要具备六个要素:(　　　　　)、(　　　　　)、姓名和对方的电话号码、(　　　　　)、(　　　　　)、记录人署名。

3.秘书接待是对一切(　　　　　)、(　　　　　)、(　　　　　)的接待，(　　　　　)、(　　　　　)、(　　　　　)是接待工作中的基本环节，也是接待工作的礼节要求。

4.日常交往中，符合交往惯例的(　　　　　)、(　　　　　)，礼貌得体的(　　　　　)、鞠躬等，是秘书人员必须掌握的基本礼节。

5.客人进入办公室或经理办公室后，应请客人入座，请客人坐在哪里，是有讲究的。首先应微欠身体，用手掌示意客人，请客人坐在上座。一般离门较远的座为(　　　　　)，长沙发和单人沙发中，(　　　　　)为上座。

6.客人打算离去时，秘书人员要起身送出。对一般客人秘书可以只送到(　　　　　)；对于尊贵的客人，秘书送到(　　　　　)外，甚至要为客人约好出租车或派车送。看着客人坐好，车子开出(　　　　　)后，才可离去。(　　　　　)这是迎送宾客最基本的礼仪。

7.印章要专人负责；必须指定(　　　　　)保管，未经领导批准不得擅自委托他人代管。

二、简答题

1.秘书管理工作环境有哪些要求？

2.秘书人际关系的营造包括哪几个方面？

3.秘书如何管理办公用品？

4.值班工作的主要任务及要求是什么？

5.秘书接打电话的方法有哪些？

6.秘书如何接待不同来访者？

7.为来客引见介绍时，秘书要注意的事项有哪些？

8.秘书人员引导来访者走在楼道或道路上时，应注意的事项有哪些？

9.印章的使用程序与要求是什么？

案例分析与训练

1. 当来访客人走进某药业集团有限公司经理办公室时，鲍秘书正在办公桌前打印一份文件，他向客人点点头，并伸手示意请客人先坐下。10 分钟后，他起身端茶水给客人，用电话联系好客人要找的部门，在办公桌前起身向客人道别，并目送其走出办公室。为此事，鲍秘书受到了办公室主任的批评。

问题：鲍秘书为何会受到批评？正确的做法是什么？

2. 秘书张艳正在公司前台接电话，电话是一个客户打来的，事情较为复杂。这个时候进来两位客人，一位是已经预约的，一位是还未预约的。

问题：她应该怎样处理才能使电话里的客户和来访客人都满意？

3. 小陈是某机关办公室的一位秘书。有一次他正在办公，突然电话铃声响了。此时陈秘书正在整理文件，停了一会儿才拿起话筒问道："请问你找谁？"对方回答说找老刘，陈秘书随即将话筒递给邻桌的刘秘书说："刘秘书，你的电话。"没想到，刘秘书接到电话没讲几句，就和对方争吵起来，最后刘秘书大声说道："你今后要账时，先找对人再发火。这是办公室，没有你要找的那个刘天亮！"说完就挂了电话。

原来，这个电话是打给宣传科刘天亮的，结果错打到了办公室，而对方只是含糊地说找老刘，小陈误以为要找刘秘书，结果造成了这场误会。

问题：陈秘书接电话时错在哪里呢？

知识提要

一、秘书办公室管理工作

(一)秘书办公环境管理

在工作过程中，秘书管理工作环境，要求做到以下几点：

1. 将必须物品与非必须物品分开，在岗位上只放置必须物品。资料、文件、报纸、杂志摆放整齐有序。

2. 茶具要清洁干净，摆放整齐。一次性纸杯应及时处理。

3. 桌椅整齐，窗明几净，四壁光洁，空气清新。

4. 电话听筒、按键，电脑键盘要经常用酒精棉消毒。

5. 保持地面、办公设备、办公家具等的清洁、整齐，无果皮纸屑。

6. 室内不乱放私人用品，无废弃杂物。

(二)秘书人际关系的管理

办公室的工作人员应该营造良好的工作氛围，理想的办公室工作气氛是温馨和谐的，这种温馨和谐首先表现在秘书人员的团队精神上。办公室的所有成员都应该具有团队精神，大家既各司其职，最大限度地发挥自己的潜能，同时又精诚团结、互相协助、齐心协力，做好工作。其次，这种温馨和谐还表现在办公室成员的人际关系上。这种人际关系的营造包括三个方面：一是秘书人员与领导的和谐相处。作为领导的助手，秘书人员要自觉地与领导联络感情，善于与自己服务的领导建立良好的关系，及时与领导沟通，尊重、体谅领导。二是秘书人员与同事之间的相处。秘书人员要善于与同事沟通相处，坦诚相待，同事有了难处要伸手相助，同事有了成绩要真诚祝贺，要心胸宽广，不计较个人得失。三是秘书人员与外部人员的接触。秘书人员与外部人员的接触、交往时要热情、耐心、负责、信守承诺，以自己完善的服务，为单位广结人缘，赢得信誉。同时，秘书人员应加强品格修养，注重自身素质，拓宽心理容量，保持乐观、自信的心态，也是营造办公室温馨和谐的工作气氛不可缺少的因素。

(三)办公室用品的管理

办公室常用办公物品的管理直接影响到办公人员的工作效率。对办公物品的适时、适量和按需发放，并进行科学、有效的管理，才能保证办公活动的高效率。

办公物品大致可以分为五类：一是纸簿类消耗品，有 A4、B5 等办公打印纸、复印纸、稿纸等；二是笔尺类消耗品，相关型号和颜色的直尺、三角尺、铅笔、水笔、钢笔和墨水等；三是装订类消耗品，有大头针、回形针、图钉、剪刀、订书机等；四是办公设备耗材，有打印机墨盒、色带、计算机磁盘、优盘等；五是接待类消耗品，饮用水、茶叶、咖啡、饮料、一次性杯子、名片等。

办公用品进库后，必须保存在安全的地方，并有序地摆放，以防物品损坏，浪费或失窃，消除事故和火灾隐患，当需要时又能容易地找到。办公用品管理要做到以下几点：

1.办公用品设专人进行管理。保管员按照规格、数量、质量认真验收，登记，上账和入库，精心加以保管，使办公用品处于随时可供使用的状态。

2.库房内要有良好的通风和照明。

3.要及时做好库存卡，定期盘点(季度或半年)和清理库存，做到账物相符。为方便盘点，必须在各办公用品上贴上管理序号。

4.办公用品应该分类摆放，把不常用的办公用品存放在架子的最上面或最下面，或者放在储物柜的最里面。将材料分类后，在包装上记下数目，领走多少再记上相应的数目和余数，到月底时，就可以很清楚地看出剩下的数量。

二、值班工作

一个单位或部门在正常的上班时间以外及节假日期间，为了保持工作的连续性，为了能够及时应付各种突发事件，需要有人坚守工作岗位，也就是值班。这种意义上的值班工作通常由办公厅(室)领导，并由他们负责安排本单位的值班表。值班工作是秘书部门的日常工作之一，在节假日期间，在单位处理一般常规性或非常规性事务的工作。做好值班工作是秘书人员的基本职责，秘书人员应该在值班过程中切实履行自己的职责。

(一)值班工作的主要任务

1.处理来函、来电　日常的函、电来往是由秘书部门办理的，但在下班后或节假日期间，这项工作由值班秘书负责。对于值班期间收到的来函、来电包括文件、电话、传真、电报等，秘书人员应该及时进行处理，尤其是对一些急件要及时拆阅，有重要的、紧急的要立即交到领导或当事人的手中，接听的电话要做好完整、准确的记录。

2.接收和传递信息　秘书人员值班的重要任务之一是接受和传递值班期间往来的信息，对来自各方面的信息，秘书人员要认真地进行整理、鉴别和筛选，分清价值，以便及时向领导汇报或交有关职能部门进行处理。

3. 公务接待　值班期间，一般职能部门多不在岗，认真做好公务接待工作是秘书值班的重要内容之一，值班的秘书人员应把公务接待看成是一项常规性的工作，认真做好此项工作，尽量让客人满意。对于来访的客人所提出的问题应尽量帮助解决，一时无法解决的要说明情况、耐心解释，给来访者以满意的答复。

4. 处理领导交办的其他事务及一些突发性事件　领导会有一些临时性的、紧迫性的工作，交给值班的秘书人员承办，下发临时性的会议通知，更改既定计划，紧急联络有关人员等。领导交办的事项很多，范围也很广，秘书人员要认真对待，根据具体情况灵活办理，并把办理结果及时反馈给领导。秘书人员在值班期会遇到一些突发性事件，如火灾、被盗等，而面对突发事件秘书人员应有良好的临危不乱的心理素质，要镇定自若、从容应对、果断处理，一方面采取有效方法先行处理，另一方面尽快向领导人及有关部门通报情况，协助领导人做好突发事件的处置工作。

(二)值班工作的基本要求

1. 坚守值班岗位　值班的秘书人员应具有强烈的责任感，自觉遵守值班制度，严守岗位，认真细致地处理值班期间发生的各种事件，妥善解决各种问题。严禁在值班期间擅离职守或处理私人事务。

2. 做好安全保卫工作　因为值班期间是非正常工作日，单位人员少，要求值班的秘书人员特别提高警惕，做好预防突发事件的准备工作，尤其是要做好防火、防盗；严格执行门卫制度，无有效证件和正当理由谢绝外人来本单位参观；要有极强的保密意识，不将本单位领导的住址、电话随意告诉他人，严禁将亲戚、朋友带到值班室。

3. 掌握各方面的情况，熟悉业务　值班期间秘书人员必须独当一面，应付各种临时发生的事件，因此应该充分掌握本机关及往来单位的有关情况，熟悉基本的工作程序和工作方法，同时还应在手边备一些常用的地址、电话，以便随时进行联系。另外，还要掌握一定的技能，如灭火器、报警器及其他相关设备、器材的使用，遇到突发事件能够及时处理。

4. 做值班记录　值班记录是值班人员处理事务、接听电话、接待来访的原始记录，秘书人员要认真做好值班记录的工作。值班记录应力求完整详细，要清楚地反映出值班日发生的重要事件、接收到的重要信息、接待的重要来访者等，以免延误工作。一般来讲，值班记录有三种形式：值班日记、接待记录和电话记录。值班日记主要是记载值班当天发生的情况。对外来信函、电报、外来的电话等都要认真登记，以保持工作的连续性。接待记录主要记载来访者的有关情况及处理的结果。对来访者的姓名、身份、证件、联系方式、接洽单位要登记清楚，以备查考。电话记录要具备六个要素：来电时间、来电单位、姓名和对方的电话号码、来电内容、处理结果、记录人署名。

做好值班记录是值班工作的一项重要内容。值班记录的总体要求是详细、准确、完整。但记录的完整性并非是说将值班期间的所有情况都记录下来，而是要将值班期间发生的重要情况记录下来，并说明时间、事情的经过、严重性等，因此值班记录还应该注意言简意赅，不必在其中进行描述和讨论，将有关情况说明即可。

5. 做好交接班　为保证值班工作的连续性，避免情况不明，值班的秘书人员要做好交接班工作，将重要情况向下一位值班人员做好交接。交接工作可以是口头交接，也可以通过“值班日志”书面交接，对一些重要事项或正在进行的工作务必要交代清楚，以便工作的正常进行。

三、接打电话工作

在通信事业日益发达的今天，很多事情可以通过电话解决，很多兄弟单位的领导、办事人员和合作伙伴也往往通过电话得到最先接触和了解。正确使用电话，有助于创造良好的沟通气氛，提高办事效率，树立个人和组织的良好印象。

办公室日常事务之一就是接打电话。打电话看似简单，需要一定的处理方法和应该注意的事项。

(一)怎样接电话

(1)准备好纸和笔。秘书人员应在电话机旁预备好电话记录纸和笔，养成作电话记录的习惯。电话记录的项目要规范，一般包括接电话的时间、由谁打来的、打给谁、电话内容、接电话人的姓名、处理结果。

(2)一般在电话铃响两声之后拿起话筒，不要立刻接听电话，以免对方感到突兀。

(3)拿起话筒后应自报家门，并确认对方的姓名、身份与通话目的。

(4)仔细倾听对方的讲话内容，同时做出适当反应。不清楚的，要请对方复述；重要的内容，要主动复述让对方确认无误。

(5)用“再见”、“谢谢”等语言礼貌地结束通话，放话筒的动作要轻、慢，一般要让对方先放下话筒，再挂机。

(二)怎样打电话

(1)打电话之前确定对方的电话号码、具体通话人的姓名和身份，事先要考虑好通话内容，准备好记录纸和有关材料。

(2)打通电话后，首先自报家门，然后说明要找的通话人，如果不在，可请接电话人把自己的姓名、单位、电话号码转告给通话人，或表示过后再联系。

(3)电话中谈工作之前，先确认对方是否有时间，是否方便谈此事。然后简明扼要地阐述通话内容和目的。

(4)用规范的职业语言礼貌地结束通话，一般也要等对方说“再见”后再挂机。

(5)如果错打了电话，要说“对不起，打扰了”。不要问对方“你是什么单位?”“是哪里?”，可以问“我想接通×××号码电话，我拨错了吗?”

(三)接打电话的注意事项

(1)无论接听还是拨打电话，都要做好充分准备。在电话机旁准备好笔和格式统一的电话记录本。养成随时做电话记录的工作习惯。

(2)秘书接打电话时，除了自己做到高度集中注意力、态度礼貌热情、用语规范简洁外，学会用礼貌的语言婉转表示拒绝的态度。

(3)考虑对方的受话环境，拨打的电话接通后，要考虑对方是否方便接听电话。若对方有急办的事或不方便接听电话，就另约时间。

(4)妥善处理寻找领导的电话，对要找领导接听的电话，不能随便回答“在”或者“不在”，一般在弄清目的后请对方稍等，然后根据具体情况决定如何回答对方。可以请对方留言，或另约时间，如果领导不想见，要委婉回绝对方。

四、接待工作

秘书接待是对一切来宾、来客、来访者的接待，迎客、待客、送客是接待工作中的基本环节，也是接待工作的礼节要求。秘书人员必须遵循礼貌、负责、方便、有效的原则，公平接待每一位来访的客人。秘书接待的效果会对自己组织的发展产生影响。因此，秘书在接待的每个环节都要认真负责、热情礼貌。

(一)迎接客人

1.微笑待客，礼貌问候　客人来后，秘书人员应放下手中的工作，立即站起身来迎接，将对方让进屋里。一个人在陌生的环境里容易紧张，对自己缺乏信心，总感到自己处在不利的地位，这时，如果简单招呼一声“欢迎光临”、“有什么需要我帮助吗？”很快就会打消客人的拘谨之感。一般情况下，秘书人员不要主动与来访者握手，除非来者是重要人物或年事已高；如果对方主动伸出手来则应马上迎合对方，友好地与之相握，并问候对方：“您好！我是××秘书。”

2.明确意图，恰当应对　在办公室或会客室，秘书要了解来访者的意图，根据具体情况，尽快处理事宜。

(1)请客人入座，微笑询问来客姓名及来访意图，询问时，要使用敬辞，例如“请问……”等。了解来访者的来意后，要根据判断决定给有关同事或上司打电话联系，看是否接待和由谁接待，如“您好，我是秘书张萌。现在有位M公司的李先生，他希望能拜访一下技术部。请问江经理是否抽空和他谈一下？”如果江经理可以见，张萌便可引导来访者到该部门办公室或会客室。

如果事先有约，张萌应该立即和被访者通电话，请其做准备：“您好，我是秘书张萌。M公司的李先生在10点与您有个约会，现在他已经到了。”通知完毕，得到认可后，张萌便可引导来访者到达被访者处。

(2)客人要求面见上司。当客人要求面见上司时，则要根据情况具体加以处理，对于提前预约者，秘书应尽快称呼出对方，表示欢迎，并立即与上司联系。当客人要求会见办公室负责人时，如果负责人在场，秘书应当将来访者引见给办公室负责人并充当介绍人，此时秘书应当在客人坐下后，礼貌地给来访者准备茶水。

(3)上司因急事突然外出，而事先约好的客人如约而来。这时，秘书人员应及时向来访者说明情况，请求谅解，自己先陪客人谈话，等候回来。绝不能让客人独自坐在会客室等待，甚至让客人扫兴而归。如果等了一段时间后上司还没有回来，秘书人员就应征求来访者的意见，看他是否愿意再等一会儿，或者愿意先回去，等上司回来后再与他联系约会。

如果上司在临时外出前，对如何接待约好的客人曾留下指示，那么就要照上司的指示办理。

(4)客人贸然来访。秘书人员绝不能因为没有事先预约，打乱了自己的工作安排而怠慢了他们。遇到这种情况，秘书人员首先要问清来访者的姓名、工作单位和来意。如果来访者指名要与某人会谈，那么就应当马上与当事人联系。但是，在没有联系妥当之前，不应给来访者以肯定的答复。如果来访者要求会见有关领导人，而经过联系之后，领导人没有时间或不愿意见他，这时，秘书人员就要灵活机敏而又委婉地拒绝来访者。

对于来访者反映的情况，提出的建议或要求处理的问题，如果事关重大，秘书应认真记录，以便呈请有关领导指示，或转交有关部门处理。

凡没有专设来访接待的机构，一般都有来访登记制度，并各有专门的记录用纸，秘书应认真填写。

(5)接待来访时突然来了电话。这时，如果丢下正在交谈的来访者而去与来电者谈话，显然是不合适的，这样会和来访者陷入尴尬两难的境地。秘书人员应当请来电者原谅，让其等会儿再打来。如果是领导与客人会谈时，突然有电话来找领导，那么秘书人员应当问明事由，然后写纸条进去递给领导。需要注意的是，纸条上不能写太多的问题，以便于领导做简单回答。

每个单位的来访者中，总会有一些不受欢迎的人，如为一点小事纠缠不休的人，提出一些无理要求的人等，对于这些不请自来的来访者，秘书人员也要以礼相待，显示出自己的涵养和礼貌。在了解来访者的意图之后，迅速请有关部门出面接待，并及时向上司请示汇报。

接待来访中的意外情况是多种多样的，这就要求秘书人员必须摸索和积累接待客人的经验，本着不违背原则、不怠慢来访者的宗旨，机智灵活地加以妥善处理。

3.热情有度，举止规范　日常交往中，符合交往惯例的介绍、致意，礼貌得体的握手、鞠躬等，是秘书人员必须掌握的基本礼节。

(1)介绍　接到来宾后，应微笑问候客人，说声“欢迎您”、“一路辛苦了”等亲切的言语，并主动帮客人提行李。同时，相互介绍双方人员。介绍可由领导承担，而更多的却由秘书承担。为来客引见介绍时，秘书要注意以下几点：

第一，站立介绍，尽量不要背对任何一位。

第二，态度要热忱，端庄有礼，目光正视对方，略带微笑，先说：“请允许我介绍一下”，然后按职位高低，将组织一方的人员依次介绍给来宾。一般介绍中要遵循“五先”的规则，即先把主人介绍给客方；先将年轻的介绍给年长的；先将地位低的介绍给地位高的；先将男子介绍给女子；先介绍他人，再介绍自己。“五先”是表示对客方、年长者、地位高者、女子和他人的尊重。

第三，介绍时要注意实事求是，将领导介绍给来宾时，只说明职务、姓名。介绍自己时更应谦虚，只需说明姓名，然后说：“我是×先生的秘书”即可。介绍他人时，还应当伸手示意，手掌微向上翻，以示尊重。

(2)握手　握手是见面时最常见的礼节，双方介绍后，应相互握手致意。正确的握手方式是伸出右手，手掌垂直，切忌掌心向下，这显示自己高人一等、傲慢无礼。相握时，要注视对方，微笑致意，以“欢迎您!”等礼貌语表示热情。握手时，要脱下手套，并在身份高者、年长者、女子伸手后，身份低者、年轻者、男士才伸手相握。如果欲表示自己毕恭毕敬的心情，可以掌心向上捧接，如果以双手捧接，则表示谦恭备至。

(二)热情待客

1.行走引导　当秘书人员在接待来访者时，为之亲自带路，或是陪同对方一道前往目的地，这就叫作引导。引导来宾既是例行公事，也是东道主方面给予来宾的礼遇。秘书人员引导来访者走在楼道或道路上时，应注意以下几个问题：

(1)秘书应该走在客人左前方约一步远，不时回首招呼客人。

(2)行进过程中应随机找话题与来宾交谈，以免一路过于沉寂、尴尬。如走到楼梯转弯或岔路口时，应以手示意，并礼貌地说声：“请这边走。”或“请上楼”。若行走的路途较远时，秘书人员应走在客人的左侧与客人并排行进。一路上要找些客人感兴趣的话题,如天气、球赛等,同客人边走边聊。遇有楼梯口,或转弯处,应紧走几步,侧过身以手示意“请这边走”或“请上楼”。

(3)乘电梯时,无人服务的电梯秘书先进后出,有人服务的电梯秘书后进后出。

2.进入房门　当走到门口时,秘书人员应先说声“这里就是……”或“我们到了……”然后叩门,得到允许后,把门打开,左手扶门,右手示意“请进”。注意外开门客先进,内开门秘书先进。

3.安排座位　客人进入办公室或经理办公室后,应请客人入座,请客人坐在哪里,是有讲究的。首先应微欠身体,用手掌示意客人,请客人坐在上座。一般离门较远的座为上座,长沙发和单人沙发中,长沙发为上座。

4.准备茶水　客人落座后,秘书人员应主动为客人准备茶水。即使是每日消毒的茶杯,使用前也要为客人清洗后再用,不干净或有缺损的杯子,千万不能用,否则会因此而影响组织的形象。最好使用一次性的纸杯。礼貌地询问客人是否习惯用某种饮品是必要的。上茶时,要站在客人的身后,说声“请用茶。”再双手把茶递给客人或放在桌上。

(三)礼貌送客

礼貌送客会给来宾一个善始善终的印象。因此,秘书人员同样不能忽视这个环节。送客礼节大致包括如下步骤:

1.起身相送　客人打算离去时,秘书人员要起身送出。但一定要待客人起身后,自己再站起身来,否则会有撵客之嫌。一般领导、上司约见的客人,也可以由秘书送出。对一般客人秘书可以只送到楼梯口或电梯处;对于尊贵的客人,秘书送到大门口或办公楼外,甚至要为客人约好出租车或派车送。看着客人坐好,车子开出100多米后,才可离去。“出迎三步,身送七步。”这是迎送宾客最基本的礼仪。

2.握手告别　要将客人送到门外,并与对方握手话别。在客人离去握手时,不要忘了由来客直接伸手才对。不要忘了向客人道别说“请走好”、“再见”、“请下次再来”等礼貌用语。即使再忙碌也不能忽略了这个环节。握别后目送客人离去再返身。

总之,接待规范的基本要求是热情友好、彬彬有礼、不卑不亢、落落大方。

五、印章的管理与使用

(一)印章的保管

1.印章要专人负责　必须指定秘书人员保管,未经领导批准不得擅自委托他人代管。

2.存放要安全可靠　一般存放在办公室里,存放印章的办公桌应加锁,以防被盗用。印章管理人员要养成随用随取、用完放回原来存放地方的习惯,千万不能怕麻烦。节假日时,更要注意做好印章管理的安全工作,可以将存放印章的柜、抽屉锁好,并贴上封条,待重新启用时再验封条和锁。

(二)印章的使用程序

1.核查审批　使用印章,一般应先由用印人填写“用印申请单”,经由本单位的主要负责人签名批准,秘书审核后方可用印。而文件用印,以文件领导人签发签字为准;常规用印,秘书部门负责人批准即可;对一般事务性的介绍信用印,有秘书人员可依照惯例承办,不必事事请示。

2.正确用印　正式公文只在文本落款处盖章；带存根的公函或介绍信、证明信要分别盖骑缝章和文末落款章。用印不可歪、倒、斜、偏，要端正清楚，盖在落款的单位和日期之上，即所谓的“骑年盖月”。

3.用印登记　用印后应进行用印登记，一般有专用的用印登记表，登记的内容有用印时间、用印编号、用印单位、用印事由、批准人、经办人、盖印人签字等。

(三)印章使用的要求

1.印章使用应在办公室内进行，人员必须做到人不离章。

2.用印时，秘书应亲自盖章，不可由他人代劳。

3.任何人不得私自动用公章，包括管理印章的人员和领导自身。对于非法用印者，根据情节轻重给予惩处。

4.不得在空白介绍信和空白信纸上盖印。

5.文件和信件用印，实际盖印的件数应与领导签发的“用印申请单”上的份数完全一致。

6.使用印章要轻取轻放，避免破损。平时要注意经常洗刷，防止印泥和其他赃物将刻痕填塞。

秘书实务训练

1.　　　　　　　　　　　　**如此露脸**

年轻的小王大学毕业以后，应聘到一家规模很大的贸易公司的杭州分公司工作。凭着他的聪明和能力，经过一段时间的努力，他被分公司的李经理看中，调到经理办公室当秘书，王秘书干得倒也有声有色。这些天王秘书很兴奋，因为几天后总公司的张副总经理要来他们分公司视察工作。由于他工作出色，人又机灵，李经理点名让他陪同一起向张副总经理汇报工作。王秘书心想机会来了，他要精心准备一番，一定要在副总经理面前好好表现一把，不光让李经理脸上有光，说不定借此以后还可以调到总公司工作。所以，在张副总经理视察期间，王秘书总是抢着介绍公司某些具体情况，侃侃而谈，娓娓道来，从现状到未来发展趋势、从具体工作到宏观评价无一遗漏。对自己了解得不太准确的情况，也能灵机一动，迅速做出汇报。对张副总经理给公司布置的任务，王秘书也毫不犹豫地承诺下来。视察结束后，王秘书还给张副总经理留了名片，表示今后张副总要办什么事，无论公私，都可以直接找自己。送走张副总经理以后，王秘书对自己的表现有些沾沾自喜，可是，他发现李经理的脸色有些不对头，并没有表扬他，只说了一句：“辛苦了。”过了几天，王秘书被调到销售科当业务员去了。他怎么也没有想到会是这个结果，郁闷极了。

问题：

(1)王秘书在接待工作中的表现合适吗?

(2)王秘书在整个接待工作中应该怎么做?

(3)经理事后调王秘书去销售科当业务员，你是怎么看待这件事的?

2.天地公司的初萌是一个新员工，她在前台负责接待来访的客人和转接电话，还有一个同事小石和她一起工作。每天上班后一两个小时之间是她们最忙的时候，电话不断，客人络绎不绝。一天，有一位与人力资源部何部长预约好的客人提前20分钟到达。初萌马上通知人力资源部，部长说正在接待一位重要的客人，请对方稍等。初萌转告客人说："何部长正在接待一位重要的客人，请您等一下。请坐。"正说着电话铃又响了，初萌匆匆用手指了一下椅子，赶快接电话。客人面有不悦。小石接完电话，赶快为客人送上一杯水，与客人闲聊了几句，以缓解客人的情绪。

问题：秘书初萌有什么不妥的地方？秘书接待应做好哪几方面的准备工作？

Chapter 10

第十单元

信息文书写作技能

知识目标

1. 了解消息的含义、特点与种类。
2. 掌握消息的结构与写法。
3. 了解调查报告的概念、特点、种类。
4. 掌握调研工作的过程。
5. 掌握调查报告的结构模式

技能目标

1. 能够根据提供的材料进行消息写作，评析消息。
2. 能够收集、分析调查信息，整理调研资料。

第一节　消息

自学与自测

一、填空题

1. 消息是用（　　　）的方式，（　　　）的文字，对国内外新近发生的、有社会意义的、群众普遍关注的事实（　　　）地加以报道。

2. 消息有（　　　）、快、（　　　）、短四个特点。

3. 消息有（　　　）、经验消息（　　　）、（　　　）、人物消息五个类型。

4. 消息要素主要包括六个，即新闻界常说的五个"W"一个"H"：（　　　），（　），（　），（　），（　），（　）。

5. 消息的结构由（　）、（　）、（　）、（　）、（　）、（　）等部分组成。

6. 消息的标题由（　）、（　）、（　）三个要素构成。

7. 导语位于消息头之后，是消息的开头部分，是消息的标志。导语用简明扼要的文字介绍消息中最重要、最精彩的事实，揭示消息的主题，引起读者的阅读兴趣。常用的导语形式有：（　　　）、（　　　）、（　　　）、（　　　）、（　　　）。

8. 主体是消息的核心和主干，它承接导语，对导语进行解释、深化和具体化。或阐述导语所揭示的主题，或回答导语中提出的问题，或对消息事实作进一步具体的叙述报道，满足读者对消息内容进一步了解的需要。主体层次主要有：（　　　）、（　　　）、（　　　）、（　　　）。

9. 背景是指写作过程中涉及的与消息有关的（　　　），是为充实内容，烘托和突出主题服务的，是对消息主体内容的进一步解释。背景材料在消息中的位置比较灵活，可以位于（　）、（　）、（　）三个不同的部分。

10. 结尾是消息的最后一段或一句话。或阐明意义，加深读者对消息的理解；或概括全文，升华主题；或预测趋势，引起关注；或指出问题，说明影响，如主体部分阐述完整，结语也可不要。常见的消息结尾方式有：（　　　）、（　　　）、（　　　）、（　　　）。

二、简答题

1. 消息的种类有哪些？

2. 消息写作的结构模式有哪些？

范文阅读与训练

例文1　　　　　　　　冰淇淋案件判定不是敲诈

××社××地××日讯 7月11日，黑龙江省哈尔滨市中级人民法院做出一例终审判决：个体户王某因其所售冰淇淋质量问题向厂家索赔50万元这一行为，属于平等主体之间的民事法律纠纷，不属于敲诈勒索，为此撤销一审判决。

此前，哈尔滨市香坊区法院于5月10日做出一审判决：王某犯敲诈勒索罪，判处有期徒刑3年，缓刑3年。理由是，王某以诋毁厂家商业信誉相要挟，索赔50万元，其行为属敲诈勒索巨款据为己有。

一审判决引起了社会舆论的广泛关注和讨论，本报6月2日曾予以点评：王某要向新闻媒体反映的是一个真实的商品质量问题，而非诬陷或揭人隐私、阴私，按传统观念你可以说他是“狮子大开口”，但这本身并不违法，更非犯罪，一审判决令人“实难思量”。

评析：这是一则(　　　　)，在客观报道案件审理结果的同时，加入了记者对此审理结果的议论和评价；同时，又可以说是(　　　　)，因为它既是前一次有关报道的继续，也是在报道中强调事件的发展变化过程，而且即使有了终审判决，报道工作未必就此结束。作为一个典型的事件，作者很可能还会作连续报道，因此后期的舆论报道和相关讨论的报道会是更精彩的“消息”。

请在括号内填写文种种类。阅读例文，说出背景材料在文中的位置，指出结尾属于哪种模式。

例文2　　　　　　　　戴安娜遭遇车祸身亡

据新华社巴黎8月31日电　英国王储查尔斯王子的前妻戴安娜本地时间8月31日凌晨在巴黎遭遇严重车祸，送往医院后不治身亡。

据悉，戴安娜与其男友埃及亿万富翁之子法耶兹于30日下午来到巴黎。当天午夜，他们在巴黎里茨饭店共进晚餐后，乘坐一辆奔驰600型汽车飞速驶向法耶兹在巴黎的一座私邸，一群摄影记者在途中紧追不舍。戴安娜的汽车加大马力急速行驶，试图摆脱摄影记者，不幸在一处公路隧道里与一根立柱碰撞，造成严重车祸。法耶兹和司机当场死亡。戴安娜及其保镖身受重伤。

车祸发生后，抢救人员立即将戴安娜等送到医院。负责抢救戴安娜的医生不久宣布，戴安娜在车祸中手臂骨折，大腿受伤并发生严重脑震荡，在抢救过程中因胸腔大出血，于凌晨4时死亡。

法国总统希拉克和总理若斯潘对戴安娜不幸身亡表示震惊。据巴黎警方宣布，车祸发生后，尾随戴安娜的七名摄影记者被带到巴黎警察总署接受调查。

评析：这是一则(　　　　)，也可为(　　　　)。结构形式是(　　　　)。篇幅不长，但层次清楚，起承转合自然，叙述较生动，行文亦波澜起伏。导语部分用简练的语言向读者呈现了消息中最重要、最吸引人的部分。第二段开始进入主体部分，使用直接背景材料，既是背景介绍，也是新闻事实，读者可以得到的信息是，戴安娜遭遇车祸这一突发事件是在什么情况下发生的,叙述了事件的来龙去脉。叙事具体、内容充实。第三段叙述了事件的后果“于凌晨4时死亡”。回答了标题和导语中提出的问题。结尾一段写对事件的处理,并对处理结果埋下伏笔。

请分析例文的文种种类与结构模式。

例文3

中华文明历史远不止五千年
多学科专家破解中华文明起源三大难题

据新华社北京9月28日电(记者张选国) 中华文明的起源究竟在哪里?是一个源头还是多个源头?它们之间的联系和区别是什么?来自我国13个省(市、区)的60多位专家学者近日在北京对此进行了探讨,提出了许多新见解。

过去一直讲“中华文明上下五千年”。在这次研讨中,众多从事考古、民族文化和地域文化历史研究的专家认为,东北红山文化、浙江良渚文化、四川金沙遗址、湖南永州舜帝文化遗址的新发现,进一步清晰了中国早期文明的生存状态,证明仅中国稻作农业文化的历史就可以推到八千年至一万年前,从而打破了“中华文明五千年”的传说。

首都文化发展研究室中心常务副主任钱光培及从事地域文化、民族文化研究的专家指出,各地新的考古发现说明,在中国的东南西北中都有早期文明的生长点,中华文明的起源不是单元的、直线的,而是“多元一体”的状态。它提示了中国为什么能以一个统一的多民族国家长期发展的文化根源,突破了过去仅以黄河文化论中华文明起源的传统认识。

“夏商周断代工程”首席科学家李勤等专家认为,自然科学和“口述历史”资料在中国文明探源研究中有着重要作用,中国人文科学研究要多学科相结合。专家认为,西方学术界从早期某段文明史无法精确编年而否认其客观存在是不科学的,国际学术界应尊重不同国家和民族根据自身历史实际所创造的早期文明记史方式。

评析:这是一则(　　　　)。全文围绕“中华文明的起源”这一主题,从中国四个不同的古代文明的发源地,证明中国的历史超过五千年,从专家的研究结论也能说明这一点。

请分析这则消息的开头和文体结构模式。

知识提要

一、消息的含义

消息是用概括叙述的方式,简明扼要的文字,对国内外新近发生的、有社会意义的、群众普遍关注的事实迅速及时地加以报道的一种文体。在新闻报道体裁中,消息占有主导地位,是最常用、最多见、受众最多、影响最广的一种体裁。它从现实生活中选择最新鲜的事实,快速加以报道,文字简练,主题鲜明,传播多方面的丰富信息和知识,对人们的工作、生活和学习起到教育和引导作用。

二、消息的特点

1. 新　消息的“新”是指事实新、时间新、立意新、角度新、写法新等。

2. 快　消息的“快”是指对新人、新事、新情况、新问题,要敏锐发现,尽快了解,迅速及时地报道，稍有迟缓便会降低消息的价值，错过发布时机，事过境迁，“新闻”变成了“旧闻”，马上就会贬值。能否在新闻的发布上领先一步，已成为新闻媒体综合实力的判定标准。

3. 真　“真实”是新闻的生命线，即要尊重客观事实，所写的人物、时间、地点、事情发生发展的经过、涉及的数字材料要真实准确，不能随意夸大、缩小、歪曲，甚至杜撰、虚构，评论不能带有片面性，要全面了解事实真相，作客观公正的报道。

4. 短　“短”是消息的特征，是消息区别于其他文体的主要标志。即用笔要简洁利落，内容要集中精炼，消息多篇幅短小，以数百字的居多，短的仅几十字，千字以上的长消息比较少见，即“三言两语，记清事实，寥寥数笔，显出精神”。

三、消息的种类

按照不同的划分标准，消息可以分成多个种类。

按内容来分，消息可以分为政治消息、经济消息、科技消息、军事消息、体育消息、教育消息、文艺消息等。

按媒体来分，可以分为报刊消息、广播消息、电视消息、网络消息等。

按报道事实的单一性与综合性分，可以分为单一性消息、综合性消息。

按消息的篇幅分，可以分为简明消息、短消息、长消息。

比较常见的是按写作特点来划分，可以分为以下五种：

1. 动态消息　也称“纯新闻”，是最常见的消息类型。它迅速及时地报道国内外正在发生或新近发生的大大小小的新闻事实，反映新事物、新情况、新问题、新成就等，一般以一地一事、一人一事为对象，篇幅短小，文字简洁，是主要的消息体裁。

2. 经验消息　又叫典型报道，是以报道典型经验，用以树立典范、带动全局、指导工作的一种消息体裁。经验消息篇幅一般比其他类型的消息要长，但针对性强，侧重于交代情况、叙述做法、反映变化、总结经验，对时效性的要求比动态消息宽一些。

3. 综合消息　即综合报道不同时间、不同地点但具有相似性质又各具特点的多个新闻事实的一种新闻体裁，主要是由围绕一个主题的多地、多件新闻事实组成，从不同侧面反映主题，综合反映带有同一性质的情况、问题和动向，不受空间的限制。

4. 述评消息　也叫新闻述评，是以述为主，边述边评、夹叙夹议的方式来反映国内外重大事件、社会现象、突出问题的一种消息体裁。它以事实为主，以评论为目的，针对性强，富有思想见解，事实材料丰富、典型，评论、分析讲究逻辑，言简意赅。

5. 人物消息　人物消息是以报道先进人物的事迹、思想为主要内容的新闻体裁。人物是消息的中心内容，要求选用典型、有意义的事实来反映人物的本质特征和精神面貌，不强调细节描写，没有过多的感情渲染。

四、消息的结构与写法

消息写作中最典型的结构形式，称作倒金字塔式结构。即把最重要、最吸引人的事实放在消息的最前面，其他内容按重要性程度递减的顺序来组织安排。这样的结构主要为了适应新闻快速、直接的特性，以最简短的方式让读者明了最重要的内容，适用于动态消息写作。

消息要素主要包括六个，即新闻界常说的五个“W”一个“H”：When(何时)，Where(何地)，Who(何人)，What(何事)，Why(何故)，How(怎么样？结果)。在具体写作时可以根据实际情况进行取舍，但必须包括其中主要的要素。

消息的结构大体由标题、消息头、导语、主体、背景、结尾等部分组成。

(一)标题

标题是消息的眉目，对于吸引读者阅读消息主体内容具有举足轻重的作用。“看书先看皮，看报先看题。”消息的标题是内容的精髓，要精心设计，醒目突出，使读者“一目了然”，激发起强烈的阅读兴趣。消息的标题包括正题、引题、副题三个要素构成。

正题又称主题、母题，是消息标题的核心，揭示消息中最重要、最吸引人的部分。可以概述新闻事实，也可以评价其意义或隐含作者观点；引题又叫眉题、肩题，是用来引出正题的部分，一般用来交代背景、烘托气氛、说明事实；副题又叫辅题、子题，一般用作正题的补充、说明、注释，用以衬托主题的气势。在写作时，可根据实际需要使用正题、引题和副题，常用的形式有三种：

1. 三行标题　中间一行是正题，是标题的核心，字号大，居主位；正题上面是引题，下面是副题，如：

共收书 5 213 种，容量比《四库全书》增五成(引题)

《续修四库全书》功在当代　泽及后世(正题)

出版座谈会在京举行，李瑞环出席并讲话(副题)

2. 双行标题　由正题和引题组成，或由正题和副题组成，如：

知否？知否？应是贱肥贵瘦(引题)

——爱吃瘦肉者，请您多掏钱(正题)

小镇上一所高职校很红火(正题)

——来自××农职院的报告(副题)

3. 单行标题　标题中只有一个正题，如：

联合国想和中国做生意

(二)消息头

消息头又称电头，主要由播发单位名称、地点、时间、播发形式组成，如新华社巴黎 8 月 31 日电。

(三)导语

导语位于消息头之后，是消息的开头部分，是消息的标志。导语用简明扼要的文字介绍消息中最重要、最精彩的事实，揭示消息的主题，引起读者的阅读兴趣。常用的导语形式有：

1. 概括式　把整篇报道的主要内容或主题思想，加以浓缩和综合，准确、生动地进行概括，提纲挈领地加以叙述，使读者一开始就知道整篇消息的梗概或要点，如：

新华社香港 9 月 17 日电　昨天，香港特区行政长官董建华设茶会，与数百位长期默默耕耘，为香港发展和繁荣做出贡献的基层人士共度中秋佳节。

本报讯　集歌舞、娱乐、健身功能为一体的鞍山“皇家不夜城”开业不到 7 天，即被责令关闭，目前仍在停业中。鞍山市委、市政府对此的解释是：它位于鞍山烈士纪念馆一层，“不能够容忍在烈士头上跳舞”。

2. 对比式　用过去的情景和现在的情景相比较，用彼地的事物和此地的事物相比较，纵向，横向都可以，使之相映成趣。它的特点是着眼于当前，使消息中蕴含的新闻价值显现出来，如：

本报讯(记者 韩玉江) 冯长荣出任经理前企业一年亏损10万元,而他任职一年后,却盈利9.84万元。这种戏剧性的变化就发生在安达市先锋乡饲草公司。

3.描写式 以展示事物的形象和事件的场景为主要特征。写作时常抓取某一生动形象、鲜明的色彩或有特色的细节加以描绘。它以展示事物的形象和事件的场景为主要特征,如:

本报讯 多么威武神气的猫头鹰!一对大眼睛正在扫射着什么,翅膀微微耸起,看来它准备振翼飞扑过去,抓住那狡猾的大田鼠。这只用棕榈树桩因材施艺而雕琢成的猫头鹰,最近飞越太平洋,在美国旧金山的"中国上海民间艺术展览会"上栖息。

4.提问式 由作者根据消息的主要内容,在开头故意提出某个引人注目的问题,把消息中要解决的问题或要介绍的经验做法以设问的形式提出,然后加以回答,引起读者关注,调动读者阅读的兴趣,如:

本报讯(记者韩玉江) 3月初,绥化市啤酒厂自己摘掉了挂在大门上的十多块省部级荣誉牌匾。人们纷纷猜测啤酒厂怎么了?原因是春节期间出厂的部分啤酒质量不合格,他们主动给自己"曝光"亮"黄牌"。

5.评论式 在叙述新闻事实的同时,进行简洁、精辟的评论,起到揭示因果关系或现实意义的画龙点睛作用,如:

本报讯(记者 韩玉江) 9月20日,中行绥化支行率先在我区安装的两台自动提款机投入使用,它表明该行又向办公电子化迈出了新的一步。

(四)主体

主体是消息的核心和主干,它承接导语,对导语进行解释、深化和具体化。或阐述导语所揭示的主题,或回答导语中提出的问题,或对消息事实作进一步具体的叙述报道,满足读者对消息内容进一步了解的需要。主体层次主要有:

1.连贯式结构 按时间顺序以事实发生的前后顺序,同时按空间顺序以事实发生的空间转移来写。

2.并列式结构 并列式结构是开头有一个总括性的导语,随后的几个自然段根据行文需要平行安排,适用于经验消息写作。

3.提要式结构 此结构通常把新闻中最重要的事实概括到导语中,然后将多项需并列的内容以提要形式,用数字程序分列出来。

4.散文式结构 散文式结构在材料和层次上安排自由、灵活,语言表达不拘一格,在确保事实准确真实的同时,写作手法上朝散文化方向发展,运用散文化的笔调紧紧抓住读者,增强新闻的可读性和生动性。

(五)背景

背景是指写作过程中涉及的与新闻有关的附属性材料,包括新闻事实发生的历史背景、社会环境,事件发生的主客观条件、性质和意义,是为充实内容,烘托和突出主题服务的,是对消息主体内容的进一步解释。背景材料在消息中的位置比较灵活,可以位于导语、主体、结尾三个不同的部分,一般不作抒情议论,仍保持客观报道的口吻。常用的背景材料主要有三种:

1.对比性材料 即对消息中所涉及事实进行前后、上下、过去与现在、正面与反面多个角度对比的材料。通过比较,突出事物特点,挖掘事件蕴含的深刻意义,如:

随着我国城乡居民收入的稳步增长,需要结构产生巨大变化,消费升级不断加快。高档消费品已由改革开放初期的“自行车、缝纫机、收音机”老三大件，20世纪90年代的“冰箱、彩电、组合音响”新三大件变为“空调、汽车和家庭影院”等商品。

2.说明性材料　即对消息中相关的时代背景、历史演变、地理状况、物质条件、思想情况等做出介绍和交代，如：

据悉，昆山农村医保覆盖包括居住在农村的小城镇人口，其中16岁以下的儿童4.3万多人，17～60岁的18.9万多人，60岁以上老人7.7万多人。另外还有6 000多名人均年收入在2 000元以下的农村低保人口，均采取倾斜政策，不用缴纳一分钱，无门槛进入这个保障体系。为60岁以上的老人建立个人账户，由保险基金每年自动注入150元。

3.注释性材料　即对消息中有关内容进行简要的解释，包括性能、特点、名词术语、风俗人情等，帮助人们理解消息内容，增长知识和见识，如：

美国国家卫生研究所的研究人员在研究该病毒时发现，有一种名为糖蛋白的含有糖基的分子浮出病毒的表面。在试管实验中，研究人员发现这种蛋白质的某个部分使它能破坏内皮细胞。研究人员说，内皮细胞位于血管内壁，通过破坏内皮细胞，糖蛋白使血管出现渗漏。

(六)结尾

结尾是消息的最后一段或一句话。或阐明意义，加深读者对消息的理解；或概括全文，升华主题；或预测趋势，引起关注；或指出问题，说明影响，如主体部分阐述完整，结语也可不要。常见的消息结尾方式有小结式、评论式、展望式、号召式四种。

1.小结式　对消息中的事实进行总结归纳，收束全文，深化主题，如：

从1841年1月26日英国远征军第一次将米字旗插上港岛，至1997年7月1日五星红旗在香港升起，一共过去了156年5个月零4天。大英帝国从海上来，又从海上去。

2.评论式　在消息的结尾处对事件性质或意义做出评价，表明态度和看法，如：

“合医不合药”形式的农村合作医疗，既解决了农民基本医疗保障问题，又不由国家和集体全包下来，体现了互助的原则。这在农村经济基础还薄弱的地方无疑是一个较好的方法。

3.展望式　对消息中报道的事件的发展前景进行展望，如：

这是一个投资多、规模大、效益好的项目，它将对绥化市及全区的产业化升级战略起到引带作用。

4.号召式　多用于会议消息结尾，即在结尾处提出希望和要求，如：

胡世英要求要强化组织领导，加大落实力度，切实保证第三批先进性教育活动扎实有序进行。要落实“第一责任人”职责；要强化督导，确保各项任务落到实处；要注重研究新情况解决新问题，不断提高教育活动整体水平；要营造浓厚的舆论氛围，进一步扩大先进性教育活动的影响；要坚持一手抓学习一手抓工作。

五、消息的写作要求

1.捕捉热点，迅捷报道　善于捕捉国内外新近发生的“热点”和“焦点”，是消息写作的关键。应关注事实本身的重要性、影响力、新鲜程度及所引起的社会效果，还要争分夺秒，动笔迅速，力求做到事发文成，保证时效。

2.尊重事实，深度挖掘　消息中涉及的每个事实，包括细节写作都必须准确无误，真实有效。在客观陈述的基础上，还要深入发掘隐藏在事件背后的思想意义和社会价值，起到正确的舆论宣传作用。

3.精练语言，要素齐全　语言简洁、篇幅简短的消息才能吸引读者。写作时要注意提炼语言，突出主要事实，少写琐碎细节，避免空话、套话，灵活安排结构，做到要素齐全、短小精悍。

链接

消息的导语产生于19世纪60年代，是随着电报在新闻传递中的应用而产生的。1844年，莫尔斯发明了电报，人们有了可以跨地域传送信息的工具，但第一代电报非常不成熟，时续时断，特别是美国南北战争时期，记者在前线用电报发稿，常常中断，编辑很着急，为此通讯社要求记者在第一段必须把时间、地点、人物、事情，为什么、怎么样（结果）六个要素用最简洁的文字都写出来，传稿时只要通讯社能接收到第一段，后面的中断了接收不到也能播发。习惯成自然就形成了六要素这种公式化导语写法，即 When（何时），Where（何地），Who（何人），What（何事），Why（何故），How（怎么样？结果）。因为六要素中的前五个要素英文单词第一个字母都是“W”，第六个要素的第一个字母是“H”，所以称五个“W”一个“H”。新闻界把这样的导语称为“世界第一代导语”。第一代导语是为了适应当时的技术传播工具（电报）和新闻媒体与记者的工作需要产生的。

写作技能训练

一、判断下面导语的形式

1.6月13日，占领了埃及74年的英国军队的最后一个士兵，背起了他的步枪，默默地离开了苏伊士运河区。埃及人民实现了他们长期英勇斗争的目标：把外国占领者从他们祖国的土地上全部赶出去。

2.新华社太原3月26日电　今天凌晨1时01分，太原卫星发射中心，我国研制生产的“长二丙”改进型火箭成功地将美国摩托罗拉公司设计制造的两颗“铱星”送入预定轨道。

3.本报讯　记者近日从国家水文站监测了解到黄河这条养育了北方亿万人民的母亲河将成为废河。黄河到底怎么了？是什么原因造成这样的后果呢？

4.美国总统布什于16日美国东部时间9时（格林尼治时间17日零时，北京时间17日8时）通过发言人菲次奥特宣布：“美国已向伊拉克发起进攻。解放科威特的战斗已经开始。”

5.上海人民广场地下停车场，投资1.7亿元，可同时停600辆小汽车或面包车，每日车流量3 000次，可现在每天只进出一二十辆次，而与此相距一两百米的南京路上的马路停车场却一派繁忙景象。

6.北京地坛公园旁边的北里居民区，开了一个街道机械洗衣站，为解决家庭洗衣服务社会化问题积累了经验。

二、按照消息标题的一般写法,为下面消息补写单行式标题

(　　　　　　　　　　)

新年新气象,新事新风尚,有功不庆贺,有成绩不张扬。这是日前河南省义马市财政局庆功表彰会议上显现出的一道亮丽风景。2005年面对该市主体税源煤炭行业产销严重下滑、税源锐减的严峻形势,义马市财政部门发扬不畏困难、顽强拼搏、奋勇争先、严防死守的抗洪精神,挖掘税收潜力,坚持依法治税,加大工作力度,克服重重困难,实现了物质文明和精神文明建设双丰收。全年完成财政收入7 340万元(其中地方收入3 827万元),为年收入计划的109.3%,同比增长27.1%。精神文明创建活动也顺利通过省级文明单位验收,其他各项工作任务均圆满完成。

歉收之年取得如此成绩,理应庆功表彰一番,但义马市财政局却一反常态,不庆功、不宴请、不渲染、不张扬,本着"简朴、务实"原则,"表扬话不多讲,今年工作要多想"成了整个会议的主题。会场上不见一颗糖果、一粒瓜子,只有清茶一杯、真情一片,庆功会上只讲新一年的工作,这"变味"的会议成了该局工作的一个新的开端。

第二节　调查报告

自学与自测

一、填空题

1. 调查报告是对(　　　　)进行调查研究,根据所获得的成果写成的反映(　　　　)、揭示(　　　　)的一种事务文书。

2. 调查报告具有(　　　　)、针对性、理论性、(　　　　)的特点。

3. 常用的调查报告有(　　　　)、(　　　　)、(　　　　)三种类型。

4. 调查研究的方法有普遍调查法、(　　　　)、(　　　　)、实地观察法、(　　　　)五种。

5. 调查研究的方式有座谈会、(　　　　)、(　　　　)、考察四种。

6. 调查报告的标题有(　　　　)、(　　　　)、(　　　　)、(　　　　)四种。开头有(　　　　)、(　　　　)、(　　　　)、(　　　　)四种,主体有(　　　　)、(　　　　)两种。结尾有(　　　　)、(　　　　)、(　　　　)、(　　　　)四种。

7.《关于大学生就业观的调查》标题是(　　　　)。

8. 情况调查报告的主体通常采用(　　　　)来安排结构层次。

二、判断题(对的打"√",错的打"×")

1. 调查报告就是按照自己的想法反映某个问题。　(　　)

2. 调查什么问题是可以进行选择的。（ ）

3. 考察报告也是调查报告的一种。（ ）

4. 对中小学生课业负担现状的调查报告是属于情况调查报告。（ ）

5. 调查报告一定要用事实来说话。（ ）

6. 反映情况、揭露问题的调查报告结尾时，应对调查中存在的问题提出处理意见和改进措施。（ ）

三、简答题

1. 调查报告一般分哪几种类型？

2. 简述调查报告和公文报告的区别。

3. 简述调查研究的过程。

四、以下是一个调查报告的开头部分，指出它属于哪种开头形式？写的主要内容是什么？在调查中使用了哪些调查方法

为了切实掌握全疆教师工资拖欠情况，探讨建立教师工资按时足额发放的保障机制，为政府部门制定相关政策提供依据，自治区教育工会组成了三人调查组，于3月19日至4月15日，对7个地区42所基层学校教师工资发放情况进行了实地调查。

——《教师工资拖欠问题亟待解决——关于新疆教师工资拖欠情况的调查》

范文阅读与训练

例文1

建设小康社会的成功典范
——义乌发展经验调查报告

义乌发展经验调研组

义乌地处浙江中部，面积1 105千米^2，下辖6镇7街道。2005年底全市人口160余万，其中户籍人口68万，外来建设者近100万。改革开放20多年来，义乌市坚持“兴商建市”发展战略，从“鸡毛换糖”、马路市场起步，通过繁荣发展小商品市场，积极推进市场化、工业化、城市化，走出了一条独特的区域经济社会持续快速协调健康发展的成功道路。特别是近年来，义乌市在推进全面建设小康社会的实践中，认真贯彻党的十六大和十六届三中、四中、五中全会精神，全面落实科学发展观和构建社会主义和谐社会的要求，注重从实际出发，贯彻落实省委关于实施“八八战略”，建设“平安浙江”、文化大省、“法治浙江”，加强党的执政能力建设和先进性建设等一系列重大决策部署，有力地促进了小商品市场加快提升，经贸国际化不断发展，城乡一体化快速推进，和谐社会建设取得显著成效，党建工作整体水平不断提高，经济社会呈现出全面协调持续发展的强劲势头，并向全面小康社会快速迈进。

——相对落后的农业小县发展成实力雄厚的经济强市……

——资源贫乏的丘陵地区培育出全球最大的小商品批发市场……

——远离都市的内陆小城正在向国际性的商贸城市迈进……

——基础薄弱的落后乡村呈现出城乡一体的崭新面貌……

——敢闯敢创的义乌人民基本过上了比较宽裕的小康生活……

——复杂多元的社会环境保持了稳定和谐的良好局面……

——蓬勃发展的义乌市场引领着日益兴旺的“义乌经济圈”……

深入探究义乌发展之“谜”，我们可以看到，义乌市在全面建设小康社会的实践中，始终坚持以邓小平理论、“三个代表”重要思想和科学发展观为指导，从实际出发，创造性地贯彻中央的精神，落实省委的决策部署，积极探索具有浙江特色和义乌特点的有效做法，坚持兴商建市，促进产业联动，注重城乡统筹，推进和谐发展，丰厚文化底蕴，力求党政有为，走出了一条独特的区域经济社会持续快速协调健康发展的成功道路。

一、兴商建市：推进专业市场的扩张提升，这是义乌全面建设小康社会、走科学发展之路的龙头和基石

义乌的自然禀赋并没有为这里的人们生存繁衍提供足够的生产生活资源，计划经济时代也没有在这里布局大工业生产。是改革开放的春风，激活了义乌人民的经商传统，激发了义乌人民的创业激情，让义乌人民走出了一条“兴商建市”的成功之路。义乌确立并实践“兴商建市”发展战略从未动摇，遵循抓市场就是抓经济的理念从未改变，推进专业市场硬件完善、功能拓展、业态提升的工作从未停止，真正做到了工作围绕市场转、城市围绕市场建、产业围绕市场育。自清乾隆年间以来，义乌逐步形成了“鸡毛换糖”的经商传统……

目前，义乌市基本形成以商贸流通、物流、金融、会展、购物旅游等为主体的现代服务业体系，并成为主要支柱产业。2005年，全市共有各类服务业经营单位10万余家，从业人员50多万人，第三产业增加值已超过生产总值的一半，2005年义博会实现成交额81亿元，境外参会客商达1.4万人。

二、产业联动：市场带动工业，工业支撑市场，市场与产业联动发展，这是义乌全面建设小康社会、走科学发展之路的独特路径

商贸业的持久繁荣，需要有产业的坚强支撑……

以商促工、贸工联动……

园区集聚、产业提升……

辐射周边、接轨国际……

三、城乡统筹：以工哺农、以商强农，以城带乡、城乡互促，这是义乌全面建设小康社会、走科学发展之路的有力举措

小商品贸易及相关第三产业的迅速发展，吸引了大量农村和外地人口向义乌城区集聚。义乌在启动城市化进程的同时，依托市场国际化、产业集群化、城市现代化的基础和趋势，把握城乡一体化发展的要求和规律，坚持工商反哺农业和城市支持农村的方针，积极推进农业产业化，不断加大城乡基础设施建设力度，在全国率先实施城乡一体化行动纲要，在全省率先编制完成城乡一体化社区布局规划，推动农村向社区、农民向市民、农业向企业转变，努力促进城乡融合、共享现代文明。

加快城市化进程，努力建设国际性商贸城市……

积极实施“以工哺农，以商强农”战略，大力推进农业产业化……

率先实施城乡一体化行动纲要，积极建设社会主义新农村……

四、和谐发展：注重生产生活生态的和谐相容，注重经济社会的和谐互动，注重各类社会成员的和谐共处，这是义乌全面建设小康社会、走科学发展之路的重要特征

随着市场的不断扩张、经济的高速发展，经济发展与资源环境之间的矛盾日益凸显，土地资源缺乏、水质性缺水、能源短缺等成为制约经济社会健康发展的瓶颈。同时，社会成分日趋多元、社会结构更为复杂、社会矛盾不断增多、社会利益关系处于不断调整之中。义乌市坚持以人为本，积极创建国家环保模范城市，着力缓解资源环境的瓶颈制约，扎实推进和谐社会建设，突出"两个关注、两个尊重"，即关注经济社会的协调发展、关注不同利益群体的合理诉求，尊重劳动者主体地位、尊重文化多样性，形成了本地人与外地人、本国人与外国人和谐相处、和谐创业的良好环境。

着力构建环境友好型、资源节约型社会……

切实维护人民群众的根本利益……

积极创新对外来建设者的服务和管理……

努力创造良好的社会治安环境……

五、丰厚底蕴：秉承深厚的文化传统，弘扬独特的人文精神，发展具有时代特征的先进文化，这是义乌全面建设小康社会、走科学发展之路的不竭源泉

义乌深厚的文化底蕴，孕育了"勤耕好学、刚正勇为"的义乌精神，形成了具有地区特色的"拨浪鼓文化"，为义乌人的创业和义乌的改革发展提供了强大的精神源泉和肥沃的文化土壤。义乌重视传承"鸡毛换糖"的经商传统，光大敢闯敢创的"拨浪鼓文化"，弘扬区域人文精神，培育具有时代内涵、义乌特点和现代市场经济特质的商贸文化，在全社会营造创业无止境、创新求发展的浓厚氛围，为经济社会发展提供了强大的精神动力。

弘扬义乌人文精神，激发群众创造活力……

开展文明创建活动，提高社会文明程度……

大力发展教育事业，努力建设学习型城市……

发展文化事业和文化产业，满足群众日益增长的文化需求……

六、党政有为：党委总揽全局、把好发展方向，政府调控有度、搞好公共服务，这是义乌全面建设小康社会、走科学发展之路的根本保证

义乌市委、市政府始终坚持有所作为、有所不为，绝不为所欲为……

善于把握大局……

切实转变职能……

坚持依法行政。政府依法整顿和规范市场经济秩序，使市场在规范运行中更具生命力和竞争力……

义乌的发展，是贯彻党的路线方针政策，全面建设小康社会，走科学发展之路的成功实践；是贯彻省委、省政府一系列重大决策部署，特别是近年来结合实际推进"八八战略"、"平安浙江"、文化大省、"法治浙江"、加强党的执政能力建设和先进性建设各项工作的成功实践，是浙江发展的一个生动缩影。义乌的发展经验是"浙江经验"的重要组成部分，"义乌精神"是"浙江精神"与时俱进的具体体现。从义乌全面建设小康社会、走科学发展之路的成功实践中，我们可以得到以下启示：

第一，必须始终坚持一切从实际出发，尊重人民群众的首创精神，保持与时俱进的精神状态，积极探索具有自身特色、符合客观规律的区域发展之路……

第二，必须始终坚持发展党执政兴国的第一要务，以经济建设为中心，贯彻"五个统筹"的要求，努力走全面协调可持续的科学发展之路……

第三，必须始终坚持生产生活生态的和谐相融，激发社会创造活力，加强社会建设和管理，努力走具有中国特色、时代特征、浙江特点的和谐发展之路……

第四，必须始终坚持以人为本，以实现人的全面发展为目标，切实保障人民群众的经济、政治和文化权益，努力走发展成果惠及全体人民的富民强省之路……

第五，必须始终坚持党的领导，充分发挥地方党委的领导核心作用，正确处理政府和市场的关系，坚定不移地走中国特色社会主义道路……

××年×月×日

评析：这是一则（　　　　）报告。开头概括介绍了调查对象的基本情况，主体部分首先从七个方面叙述了调查对象所取得的令人瞩目的佳绩，接下来分析了义乌全面建设小康社会的经验和启示。内容丰富，材料典型有说服力，数据准确翔实，分析客观深刻，是调查报告中的佳作。

请在括号里填写调查报告的种类。

例文 2

大学生就业现状分析调查报告

2009 年开始的世界性经济危机席卷全球，在世界经济一体化格局下，高速发展的中国并不能独善其身，在一些地区、一些领域，经济危机已经表现得非常明显。经济危机下，很多公司开始裁员，招聘需求大幅减少，这使得中国的劳动力市场压力异常巨大，尤其是大学生就业问题异常突出。近期，中国社会科学院发布的 2009 年《经济蓝皮书》指出：预计到 2009 年年底，将有 100 万名大学生不能就业，2009 年还将有 592 万名大学生毕业面临找工作，大学生就业问题非常严峻。

一、大学生就业难的真正原因

1.供过于求　在没有出现经济危机的时候，大学生的就业问题也是比较突出的问题，从整个就业情况看，大学生的供给明显大于实际需求。不是总量的供过于求，而是结构性的供过于求，主要是培养的大学生的方向及大学生所应该学习的内容和社会的实际需求是脱节的。当经济危机到来的时候，企业普遍实行的保守的发展战略和紧缩的财务战略，一方面人力资源的补给大幅减少，另一方面用于培养与培训的费用也大幅减少，在招聘的时候会对相关专业的大学生优中选优。经济危机造成的结果是，无论是从结构看，还是从总量上看，大学生的数量都是供过于求。

2.缺乏胜任力　现在高校培养的大学生都是掌握了一定的理论，实践非常缺乏，即便是对实践要求极高的技工类，很多学校因为种种原因取消和减少了实践的课程。大量理论的课程让学生在专业方向上的收益是有限的，缺乏实践能力的大学生成了纸上谈兵的高手。

企业是非常现实的经济实体，需要的人就是能够给企业直接带来绩效的人，而纸上谈兵的大学生并不能马上给企业带来绩效，还要搭上老员工为其辅导，从而影响了企业的整体绩效。现在很多企业都停止了招聘新员工，尤其是大学生，即便招聘也是有实力的公司进行的优中选优的战略性人才储备；而有些有实力的公司，在进行人才的战略性调整，希望通过现在的经济危机带来的变化，招募和储备一批中高端人才和优秀的技术骨干，从而迎接经济危机过去后的新的发展。

由此可见，一些企业认为经济危机也是转机，在这个转机的过程中，良莠不齐的企业进行了自然而然的优胜劣汰，使得企业乃至整个行业以后的发展会更加规范。而大学生没能在这一转机中受到青睐，其根本原因是大学生毕业后不具备相关工作的胜任力。

二、大学生就业难带来的影响

1.负面影响　首先是大学生本人，原本以为考上大学就是天之骄子，原本以为大学毕业可以养活自己，原本以为找个好工作赚钱可以孝敬父母；没想到考上大学后是“天之棋子”（自己的命运任天摆布），没想到毕业后还没上岗就已下岗，没想到本应自力更生却还要父母牵肠挂肚，这些对大学生造成的心理压力不可谓不大。

其次是对大学生家庭的影响，本来大学期间就花了很多钱，大学毕业后还得为孩子承担一定的经济压力，更主要的是看到因找不到工作而给孩子带来的精神压力，家长真想把这些压力都揽到自己身上，既着急又没有办法，有些家长甚至希望孩子有点事干就行，哪怕一分钱不挣也行。

再次是社会压力，有那么多人不能就业本身就是非常大的社会问题，而且还有可能变成更多的其他社会问题。

2.正面影响　大学生就业难已经成为社会普遍关注的问题，对教育的反思也愈发深刻，政府、高校、企业也都在自己的范围内进行着思考。政府从财政上予以支持，虽然有些措施是短期的，有些效果是表面的，但毕竟在一定程度上解决了一部分问题，政府还应该在教育改革上进行更深入地探索和更有效地投入。

学校也在积极寻找教育改革途径……

企业首要考虑的不是教育问题，而是如何能获取更多更好的能快速胜任工作的人，却间接地促进了教育的改革和对教育本身的思考和探索……

三、大学生就业难如何解决

很多培训机构认为2009年将是就业培训的又一个转机，毫无疑问，对于找不着工作的大学生，培训确实是一种有效的方式，尤其是很多机构还承诺负责就业。但摆在眼前的现实问题是，就业形势不好的情况下，很多培训机构的承诺并不能兑现，而很多认证培训除了一纸证书外，并没有为参加培训者带来更高的附加值，连参加培训者自己都知道，这是自欺欺人的没有办法但又不得不试的办法。

而一些真正关心培训内涵，注重技能提升的培训机构，如果没有承诺就业出口，如果没有相关的证书，吸引力也是有限的。如果承诺就业但不能兑现，无疑是饮鸩止渴，自取灭亡。因为大学生真正关心的是能不能找到工作，如果找不到工作，和没本领没有什么差别。问题集中在能不能找到工作上了，这是企业的事情。但是目前情况下，保守和收缩策略的绝大多数企业，不可能招聘大批没有经验的新员工，因为企业首要解决的问题是生存，为新员工支付的薪水是企业直接成本，这可能会影响到企业的生存。

于是政府出面了，出台了一些财政政策，企业接纳大学生可以得到补贴等。这在一定程度上有一定的作用，但是政府要求半年后企业必须接收该员工，而大多数企业不能保证半年后经济形势会好转，因此不愿承担这样的用人风险，因此对于这一政策也并不敢尝试。

是不是可以将这些综合起来考虑呢？大学生要解决的是工作的问题，很多人只要是有个工作不赚钱也可以，企业也要考虑如果经济形势好转人才补给如何解决，政府考虑的是大学生有工作干可以解决一些突出的社会问题。那么在此阶段，大学毕业后可以视为见习期，由企业接收并进行实际工作的训练，当经济好转的时候，企业就会储备了一定的补给人才，而大学生无论选择是否留在该企业，都已经掌握了一定的工作技能，求职也不再是一件难事了。政府的补贴可以一部分用于补贴企业实训的人力成本和场地设备成本，一部分用于补贴大学生的见习期间的生活费用，这就解决了企业的一部分问题，也解决了大学生家庭负担的一部分问题。同时一部分培训机构也将发挥一定的作用，对于培训机构来说，真正要考虑的应该是究竟能够给受训者带来什么样的价值，带来多大的价值，作为补充教育形式的优势是什么，考虑的不仅仅是就业难带来的收益机会，更应该是对教育本身的思考。

总而言之，目前既要解决大学生掌握实际工作技能的问题，又要解决企业的后顾之忧问题。因此，政府补贴的钱要花在刀刃上，避免钱花了，大学生只是延期几个月失业的情况发生。大学生自己花钱参加培训，更要花在刀刃上，要真正考虑能否学到真实的本领。

这是解决目前问题的途径之一，解决问题的根本办法还是教育本身的探索和实践。问题一直都存在，经济危机只不过是让问题变得更加尖锐，如果能借助这次经济问题，加快对教育的探索，加快政府职能的探索，加强企业和高校的更深层次衔接，对于从根本上解决问题，对于未来中国的发展，也许是件好事。问题的产生不是一朝一夕的，所以解决问题的过程也不会是一蹴而就的。需要从各个角度，不同的时间段有不同的侧重点，逐步来解决这一问题。

×××××

2009 年×月×日

评析：这是一则（　　　　）报告。前言交代了调查的（　　　　）和调查对象的（　　　　），在主体部分深入分析问题产生的（　　　　）及其产生的正、负面影响；并针对上述原因，提出了解决问题的相关建议。

请在括号里填写调查报告的种类、内容。

例文 3　　**金融危机下大学生创业情况调查报告**

为了深入了解金融危机下大学生创业情况，了解大学生面对创业选择时所面对的困难和需要，从大学生的真实需求出发，多角度地寻求提高大学生创业热情和创业成功率的办法，探索出从政府层面、高校层面和大学生自身层面所能做的可行措施，我们特开展此次调查。

一、研究方法与被调查对象的基本情况

（一）调查方法

本次调查充分运用多种调研方法，力求使所得的资料相互补充，相得益彰，保证本研究以点面结合的方式获得大量第一手资料，从而确保所得结论的科学性和有效性。

本次调查共发放问卷 155 份，回收 147 份，有效回收率为 94.8%，其中有效问卷 145 份，有效率为 98.6%。调查对象为浙江省的大学生，调查对象的选择采取随机方式。本次调查分析采用的为 SPSS11.5 统计软件。

（二）被调查者的基本情况

1.性别　本次调查中，被调查对象男性占总量的 71%，女性占总量的 29%。在调查中我们了解到在大学生创业群体中，男性数量大于女性，说明在严峻的就业形势下，男性更多地选择了自主创业，而女性则偏向于在人才市场中谋求工作。

2.专业分布情况　本次调查涉及法学(5.2%)、工学(20.3%)、理学(12.4%)、农学(8.3%)、文学(6.6%)、医学(3.3%)、经济学(23.4%)、管理学(20.5%)等专业，涉及的专业较广，比较全面有效地了解到了大学生创业的情况。

二、大学生创业的现状调查分析

调查发现，金融危机对大学生就业造成了冲击，大学生们也认识到了这种情况，部分大学生也产生了创业的想法，并开始为创业做准备。

（一）大学生对创业的认识和创业的目的

在受访的高校学生中，65.88%支持在校期间参与创业；10.31%表示反对，认为浪费学习时间，得不偿失。针对没有创业经历大学生的调查显示，他们的创业热情比较高涨，约75.22%被调查者选择了“一定要自己创立事业”或“如果有机会就创业”。这也说明创业的理念已经在高校得到大多数人的认同。在有计划创业或已经创业的受访者中，44.13%的人创业是为了赚钱；31.79%的人选择“挑战自我，实现梦想”；选择“缓解就业压力”的人数是10%，这说明大部分大学生并非因为就业压力过大和竞争激烈而被迫选择自主创业。

（二）大学生创业的行业选择

调查发现，大学生创业选择行业的具体情况如下：一是智力服务领域占31.6%。智力是大学生创业的资本，在智力服务领域创业，大学生认为游刃有余。如家教、家教中介、设计工作室、翻译事务所等。二是开店占29.3%。选择投资小、风险小的开店项目是不少大学生所青睐的。大学生开店可以享受到包括政府和投资者的优惠。三是连锁加盟领域占23.4%。统计数据显示，在相同的经营领域，个人创业的成功率低于20%，而加盟创业的则高达80%。对创业资源十分有限的大学生来说，选择投资小、风险低的加盟店加盟经营成了最好的选择，如成人用品、快餐业、家政服务、校园小型超市、数码速印站等。四是高科技领域占17.5%。处在高新科技前沿阵地的大学生，在高科技领域创业有近水楼台的优势，但并非所有的大学生都适合在高科技领域创业，技术功底深厚、学科成绩优秀的大学生才有成功的把握，如软件开发、网页制作、网络服务、手机游戏开发等。

（三）大学生创业的优劣势

在调查中，我们了解到大学生在创业上的优劣势，也了解到大学生是否认识到了自身的优劣势。如何更好地扬长避短，是大学生创业成功的关键。

1.大学生自身的优势　调查发现，70.4%的大学生认为大学生知识层次较高、理论知识丰富，是一个知识和智力都相对密集的群体，具有较强的专业能力，60.3%的大学生把年轻有活力、勇于拼搏当成自身的最大优势。除此之外，大学生普遍还有如下优点，如30%的大学生对事物较有领悟力，接受新鲜事物快，有些东西一点即通，自主学习知识的能力强，易接受新鲜事物是大学生相对其他创业群体的优势；45.1%的大学生认为自信心较足，对认准的事情有激情去做，思维普遍活跃；50%的大学生运用IT技术能力强，能够在互联网络上搜寻到许多信息；等等。

2.大学生创业的劣势　缺乏经验和创业资金是大学生创业的最大劣势。27.3%的大学生缺乏职业经历，尤其缺乏人际关系和商业网络；20.2%的大学生缺乏真正有商业前景的创业项目，许多创业点子经不起市场的考验；23.3%的大学生缺乏商业信用，在校大学生信用档案与社会没有接轨，导致融资借贷困难重重；17.4%的大学生喜欢纸上谈兵，市场预测普遍过于乐观，定位过高，好高骛远，看不起蝇头小利；12.1%的大学生认为大学生心理素质不够完善，不能积极地面对挫折。

(四)大学生创业者遇到的困难

1.启动资金……

2.没经验也无借鉴……

3.手续复杂优惠小……

(五)大学生创业的需求

1.希望高校提供的帮助……

2.希望政府提供的帮助……

三、对策与建议

经过一段时间的调查,针对问卷分析所反映出来的问题,我们从政府层面、高校层面和大学生自身层面提出帮助大学生创业者成功创业的对策和建议。

(一)各级政府应有的措施

据了解,93.49%的政府部门表示“已经或正在制定大学生创业扶持政策”;82.38%的地方制定了相关规定,保证毕业生创业投资程序上的合法性和合理性。但只有3.12%的高校学生认为所在地的创业扶持体系已经较为完善;认为自主创业促进体系的运营管理机制上存在缺陷的有31.38%。由此可见,各级政府部门对大学生创业者的扶持工作还有待完善。调查小组认为要从以下几点出发:

1.要从大学生的实际出发……

2.要以解决创业资金为重点……

3.要引导学生确定合理的创业目标……

4.要尽量减少限制性条件……

(二)高校应有的服务

高校要培养大学生创新素质、创新能力,就是要让他们拥有创业的基础知识、基本技能和强烈意识,因此必须丰富大学生创业教育的教学内容体系,为更多的大学生成为优秀的创业者打下坚实的基础。

1.加强大学生创业意识的养成教育……

2.加强创业心理品质的教育……

3.加强学生创业能力的培养……

(三)大学生自身应做的努力

大学生要想创业,并保障创业成功,就必须做到以下两点:一是加强创业法律知识学习。由于大学生创业者缺乏创业法律知识而导致大学生创业涉法案例屡见不鲜。大学生创业者要不断加强创业法律知识学习,为创业奠定较好的法律保障。二是要具备较强的创业知识和心理素质。调查发现,那些能承受挫折、具备独创性和冒险精神、有计划和组织能力、能吃苦有恒心的人,被认为能够成为一个合格的创业者。但同时,具备丰富的创业知识也是非常关键的。由于大学生创业是由一个学生直接到创业者的转化,缺少积累的过渡阶段,所以那些想要创业的大学生可以考虑在创业前进行相应的培训和学习。

评析:这是一则(　　　　)报告。开头交代了这次调查研究的目的。主体部分包括调研的基本情况及对调查结果的分析,大学生创业的优势及所面临的困难和需要。从大学生的实际需求出发,提出从政府层面、高校层面和大学生自身层面所应采取的措施和办法,以激发大学生的创业热情,提高大学生的创业成功率。作者采取多种调查方法,材料翔实准确，分析合情入理，建议措施针对性强，切实可行，能够为高校及政府部门制定相关创业、就业政策提供咨议性意见。

请在括号里填写调查报告的种类。

知识提要

一、调查报告的适用范围

调查报告是对客观事物进行调查研究，根据所获得的成果写成的反映客观实际、揭示事物本质和规律的一种事务文书。

调查报告与行政公文中的“报告”有所不同。公文中的“报告”主要是向上级领导汇报日常工作情况及工作中的重大、突发事件；而调查报告的写作范围相对广泛，凡是与工作相关的重大情况、问题事件、典型经验等都可以用调查报告的形式加以反映。有的调查报告可以对上级领导部门制定路线、方针、政策起到参考作用；有的调查报告可以扶植新生事物，推广先进经验，树立行业典型；有的调查报告可以揭露问题，批评社会丑恶现象，为解决和处理问题提供依据。

二、调查报告的特点

1.真实性　调查报告的对象是客观事实，目的是揭示客观事物的本质，得出规律性的认识。因此，调查报告首先要基于客观真实。真实性包含三个方面：第一是指材料的真实。即调查报告中所涉及的事件、数据必须真实准确，不能弄虚作假；第二是指态度的真实，即写作主体要用实事求是的态度去调查、分析；第三是指结论的真实，即调查结果要能反映出事物本质，客观深刻。

2.针对性　写调查报告首先要确定调查对象，才能有的放矢地进行调查和写作。针对性要求选择的调查对象要有典型意义，并要针对不同调查对象采用不同方法，这样才能加深调查报告的指导意义并充分发挥它应有的作用。

3.理论性　调查报告不是材料的堆积和现象的描述，而是在分析大量事实材料的基础上，得出客观、理性认识。理论性要求在撰写调查报告时，通过对事实的概括叙述和简要说明，来以事论理，引出结论，在表达方式上多采用夹叙夹议的方法。

4.时效性　调查报告的内容是当前社会现象或实际工作中亟待解决的问题，具有较强的时效性。这一点与新闻类似。因此，写作主体在确定调查对象后，要抓紧时间进行调查和写作，不能让新事变旧闻，失去写作意义。

三、调查报告的种类

1.经验调查报告　也叫典型报告，主要介绍社会实践中某一行业、某一企业、某一方面的成绩，发挥其典范作用，从而以点带面、示范引路、推广经验，指导全局，如《“波司登”靠什么六年全国销量遥遥领先？——江苏波司登股份有限公司质量管理先进经验调查报告》、《建设小康社会的成功典范——义乌发展经验调查报告》。

2.情况调查报告　是反映某地区、单位、行业或某一方面的基本情况、发展态势。它涉及政治、经济、军事、文化、生活等诸多方面的内容。这类调查报告对正确制定党的路线、方针、政策有重大的意义。如《2007 年中国大学生就业选择价值观调查报告》。

3. 问题调查报告　多以当前社会生活中具有代表性的突出问题、不良现象和社会弊端为内容，用大量的事实揭露其严重性和危害性，其目的是引起有关主管部门和广大人民群众的重视，从中吸取教训或促进问题尽快解决，如《贫困大学生问题调查报告》、《中国农民工工资问题调查报告》。

四、调查研究的方法、方式

(一)调查研究的方法

1. 普遍调查法　即普查，是指在一定范围内，对所有对象进行全面的调查，以获得完整、系统的资料。普查的优点是资料全面、准确、误差小。如 2000 年全国进行的第五次人口普查意义重大，对今后国家有关方针、政策的制定提供了有力依据。缺点是对人力、物力、时间的耗费较大。

2. 典型调查法　是指在一定的总体范围内，选择能够代表总体状况的典型深入地调查。准确地选择典型是关键。选择的典型必须具有普遍性和代表性，才能适用全局，具有指导意义。

3. 抽样调查法　即在需要调查的客观事物的总体中抽取一部分进行调查，以此来推断总体情况。此法的优点在于：省时、省力、经济，并能排除人们的主观选择，比较客观、可靠。

4. 实地观察法　即直接亲自深入调查第一线中去，通过观察、访谈等方式，获取真实、可靠的情况。

5. 文献法　即收集分析有关文献资料，通过浏览、筛选、精读、记录、保存等方式来获得资料。

(二)调查研究的方式

1. 座谈会　即根据调查需要，选择若干调查对象，组织目的明确的聚会、会谈，一般是在写作主体对所调查的问题有了一定的认识和了解的基础上采用的方式。关键是要组织充分，恰当选择参会对象，参会对象都能畅所欲言，各抒己见，才能获得真实可信的材料。

2. 个别访谈　即根据调查需要，选择单一调查对象进行采访、问询，了解情况。要求在调查前要有充分的准备，访问前必须有明确的目的。

3. 问卷调查　即调查者以问卷为介质，最大范围地对调查对象进行一个单向的个别访问。关键在于问卷的内容设计，一要目的明确；二要讲究技巧，即讲究问询水平和问询艺术。

4. 考察　即调查者拿出一定的时间，对调查对象、调查环境做一次亲历。这是更进一步的实践，是在实际体会中的调查研究。

五、调查研究的实施过程

调查研究按步骤可以分为以下四个阶段：

(一)准备阶段

1. 确定调查主题　调查主题即调查要解决和研究的问题，调查要考察的对象。在确定调查主题时应注意主题的现实意义和实用价值。

2. 选择调查对象　确立调查主题后，要根据主题慎重地选择调查对象。调查对象包括人、事、物三个方面，如调查要深入的具体单位或组织、调查的范围以及具体的被调查人员、调查现场和调查事物等。

3.选配调查人员　根据调查主题和调查对象的特点，选配相关人员进行分工。选择的调查人员要对调查情况比较熟悉，同时，选派人员要正派、踏实、肯干、政策水平高、业务知识全、综合能力强，必要时可结合调查内容对调查人员进行先期培训，如我国进行的几次人口普查，都在调查工作展开之前对调研人员进行了系统正规的培训。

4.准备相关资料　根据调查的主题查阅有关资料，了解与调研内容相关的理论、政策、法律法规和必要的调研方面的知识以及技术参考信息等。

5.制定调查计划　调查计划要制定得严密周全、切实可行，主要包括以下八项：

调查的目的和要求；调查的对象范围；调查的项目；调查的方法；调查人员的组织分工；具体实施步骤；调查时所需的问卷或表格；调查的具体要求与注意事项。

(二)实施阶段

实施阶段主要有三大步：

1.联系确认调查对象　与调查对象取得联系；确认调查对象与调查方式的选择是否恰当；与调查对象说明调查内容、目的、时间、步骤和方式，相互商量配合的方法。

2.实施调查　在具体实施时，要参照计划，注意点面结合，科学安排调查时间，力争节省人力、物力。要先了解大致情况，再深入调查特殊的、个别的、具体的、典型的情况，最后再回到一般的、普遍的上来。

3.阶段性小结　阶段性小结可以保存调查人员在调查过程中的感受和体会，也可以此为基础进一步分析思考，复查前期调查情况，保证调查的结果真实有效。

(三)研究分析阶段

在研究分析阶段对调查所获得的大量情况资料进行分类、归纳、概括、比较、推断，从中找出问题的本质和规律，找出对调查对象的分析结果，主要包括四个工作环节：首先对调查材料进行取舍、审定、核对和证实；其次是分类整理，将初级信息通过技术手段转化为高层次信息，如录入、声像资料的剪辑、计算机处理等；再次是利用科学的研究方法，对调研内容进行分析统计；最后是确定研究结果。

(四)结论阶段

结论阶段主要包括撰写调研报告和调查研究的总结两项工作：

1.撰写调研报告　即以书面形式反映的调查结果。真实准确的信息材料、细致深入分析研究与科学可行的论证，是调研报告的关键。要以充分的调查事实为依据，以事喻理，引导大家相信事实，接受调研报告的观点和建议。

2.撰写调研总结　即对调查活动的总结，包括调查人员工作表现、成绩、财务开支等内容，文字材料的立卷归档等。

六、调查报告的写法

调查报告大多由标题、开头、主体、结尾、落款五部分组成，公开发表的调研报告在标题下一行署名。

(一)标题

1.公文式标题　这是调查报告常用的标题形式，一般由事由、文种构成，如《关于女大学生婚恋观的调查报告》、《关于大学生网络购物情况的调查报告》等。

2. 文件式标题　由范围、内容、文种构成，有时可省略“报告”，如《大学生上网情况调查》、《我国空调市场调查》。

3. 文章式标题　即在标题中点明调查对象、提示调查的主要问题，如《莘莘打工者，维权何其难》、《个人住房贷款缘何发展缓慢》。

4. 双标题　正标题揭示调查报告的主要内容，副标题说明调查的地区、事件或范围等，如《现代流通助推新农村建设——山东莒南调查》、《“皇帝女儿”也“愁嫁”——为什么舟山鱼游不动?》

(二)开头

调查报告的开头即前言部分，主要是对调查的时间、地点、背景、目的、对象、问题、范围、方式、结论作一个大致的概括交代，给读者一个总的印象，要求开门见山，紧扣主题，吸引读者，常见有以下几种模式：

1. 概述式　概括调查工作情况，交代调查的对象、时间、范围、过程、方式等，如《××村村民自治问题调查报告》的开头：

6 月 29 日，××电子信息学院电子信息分院大学生实践“三个代表”小分队一行十人在老师的带领下，前往××市××镇××村，针对当地村民自治问题展开调查，调查内容主要是××村民主选举的情况。

这个开头概括叙述了调查的时间、地点、对象和过程，使读者对调查的内容有一个总的把握和了解，为下文的分析和建设奠定了基础。

2. 交代式　简要交代调查对象的基本情况，调查的目的、背景、原因等，或阐述调查工作的重要性、意义，如《靠名牌赢得市场——关于深圳市飞亚达(集团)股份有限公司的调查》：

飞亚达(集团)股份有限公司(以下简称飞亚达)是一家以生产钟表为主的大型企业，1987 年成立于深圳。在经济特区这块改革开放的沃土上，该公司坚持不懈地实施名牌战略，终于在竞争激烈的钟表行业后来居上。历经 12 年的艰苦创业，飞亚达由一个钟表小厂发展为总资产逾 8 亿元，年创利润 8 000 万元的上市公司，成为国内同行的翘楚。

这个开头把飞亚达公司发展情况和主要成绩作了简要的交代介绍，使读者对调查对象的基本情况有了大致的了解。

3. 结论式　把调查的结论简要表述在前言部分，如《关于北京市家用缝纫机销售情况的调查》一文的开头：

为了增强计划性，加强对家用缝纫机的经营，更好地掌握市场销售动态，我们采取了走访经营单位与分析历史资料的办法，对北京市家用缝纫机历年销售情况以及当前社会保有量和市场需求变化进行了调查。经过分析，认为北京市场除上海缝纫机供不应求以外，其他牌号缝纫机销售在北京市已趋于饱和。

这个开头首先交代了调查得出的结论，使读者对作者的观点和看法一目了然。

4. 提问式　在开头提出问题，引起读者对调查内容的关注，激发读者思考。可以采用提问的方式引出问题，也可以直接将问题摆出来。如《农村发展社会主义市场经济的成功之路——贸工农一体化、产加销一条龙经营的调查》：

近些年，随着农村改革的深化和商品经济的发展，贸工农一体化、产加销一条龙的经营方式，正在我国农村迅速突起。它一出现，就显示出旺盛的生命力和巨大的优越性，为农村经济的发展注入新的活力。这种经营方式对我国农业向商品化、现代化转化有哪些作用？应采取什么方针政策扶持其发展？我们就这些问题进行了调查，并同10个县(市)的有关同志进行了座谈，达成了一些共识。

又如《明晰产权起风波——对太原市一集体企业被强行接管的调查》：

企业要求按照有关法律、法规和政府规定明晰产权，本来是件好事，可太原市一家集体企业却因为明晰产权被所在区政府部门强行接管，陷于瘫痪。该企业把区政府两个部门告上法庭，至今已一年多时间，早就超过了审结期限，可法院却迟迟不判决。

前一个先入笔提问，后一个是采用叙述的方式直接暴露问题，都属于问题式写法。

(三)主体

主体是调查报告的核心和关键，这部分材料丰富，内容全面，既是对前言部分的展开，也是得出结论的依据。主体既要具体地叙述调查的实践过程，又要在事实的基础上提出合情入理地分析，透过现象看本质，最终得出反映事物本质的结论，要做到由事析理、夹叙夹议。

由于调查报告的种类不同，主体的结构模式也不相同。

1.情况调查报告　常采用递进式，内容包括情况、原因、建议，即第一部分叙述调查得到的基本情况；第二部分分析造成这种情况的原因；第三部分提出解决问题的措施或建议，如例文3的主体结构模式。

2.经验调查报告　常采用并列式，内容包括成果、做法、经验，即第一部分主要介绍某些典型经验的成绩概况，第二部分比较详细地介绍取得这些成绩的具体做法、经验，如例文1的主体结构模式。

3.问题调查报告　常采用递进式，内容包括问题、原因、意见或建议，即第一部分叙述被调查对象的不良现状；第二部分分析造成这些不良现状的种种原因；第三部分提出消除不良现状、解决问题的措施。这种模式的写法和思路，其实就是议论文中常见的“提出问题—分析问题—解决问题”的写作方法和步骤，如例文2的主体结构模式。

除上述写作格式和内容，事故调查报告、情况调查报告还可以根据工作的需要增加内容，灵活运用结构形式。

(四)结尾

调查报告的结尾是对主体部分的内容进行概括、升华，应简明扼要，或归纳全篇，或提出建议，或做出前景展望等。有的调查报告主体部分即言止意尽，就无须再写结尾。

常见的结尾模式有以下三种：

1.归纳式　概括全文，明确主旨。在结束的时候将全文归结到一个统一的立足点上，如《关于邯郸钢铁总厂管理经验的调查报告》的结尾：

邯钢的实践证明，国有企业适应建立社会主义市场经济体制要求，必须在转换经营机制的基础上转换经营方式，切实转变经济增长方式，这样才能充分挖掘企业的内部潜力，提高企业的整体素质和市场竞争力。邯钢的做法为国有企业实行从传统的计划经济体制向社会主义市场经济体制，从粗放经营向集约经营两个具有全局意义的根本性转变提供了借鉴的经验。

这样的结尾，提供了清醒的理性认识。

2.建议式　针对问题，提出建议。揭示有关问题之后，对解决问题提供一些可行的建议，如专题调查《人情消费，让人如何承受你！》就写了一个建议性的结尾：

在人情消费已成为一种风气的情况下，制止大操大办单靠哪一个人、哪一个单位很难从根本上奏效，如喝喜酒，往往是通知范围大了人们反感，范围小了没接到通知的人也有意见。遏制人情消费，建立新型的人际关系，倡导社会新风，是一项社会系统工程，需要各级各部门共同努力。首先要加强宣传和教育。提倡新事新办，勤俭持家，厉行节约，建立新型的社会主义人际关系。节日期间，报纸、电台、电视台可举办专题栏目、节目进行宣传，文化部门应挑选一批优秀影片（主要是婚丧嫁娶新事新办方面的）在各乡镇、村巡回播放。通过广泛深入的宣传教育，使人们树立正确的人情消费观。其次要制定社会规范。在政府机关和企事业单位建立红白理事会，推行节俭办红白喜事。建立约束机制，对人情消费进行引导、规范、管理。三是严格稽查。对大操大办甚至借机敛财的干部要严肃处理，甚至在新闻媒体上曝光。

在结尾处提出了三条建议来解决人情消费的严重问题，其中不乏切实可行的措施。

3.希望式　根据现状，展望前景。在结尾中对调查对象的发展前景做出展望，如《湖南女大学生婚恋观调查报告》：

女大学生面临的心理冲突和压力远远高于男大学生，冲突表现在她们在学校的学习成绩优异，但择业机会却远远低于男生，与男大学生相比，女大学生在成材与发展的道路上，将面临更多的困难与障碍，女大学生要成就事业要付出更多的艰辛与努力。

4.自然式　主体部分结束，全文自然结束。

（五）落款

落款位于正文右下方，由单位或个人署名和写作时间组成，如果在标题下面已署名，此处就可省略。

七、调查报告的写作要求

1.掌握符合实际的丰富确凿的材料　丰富确凿的材料一方面来自于实地考察，一方面来自于报刊和因特网。获得间接信息是比较容易的，难得的是深入实地获取第一手材料。这就需要眼睛向下，脚踏实地到实践中认真调查，掌握大量的符合实际的第一手材料，这是写好调查报告的前提，必须下功夫。

2.总结出事物的内在规律　对于获得的大量的直接和间接材料，要做艰苦细致的辨别真伪工作，从中找出事物的内在规律性。

3.用词力求准确，文风朴实　写调查报告，应该用概念成熟的专业用语，非专业用语应力求准确易懂、通俗。

4.逻辑严谨，条理清晰　调研报告要做到观点鲜明，论据和观点要有严密的逻辑关系，条理清晰。结构上的创新只是形式问题，不能把主要精力放在追求报告的形式上。调查报告的结构可以不拘一格。

写作技能训练

一、写作训练

对本班同学的消费情况进行一次抽样调查，写篇调查报告。先制作调查表，请调查对象填写，再汇总计算出各项数据。

姓名	伙食费	日用支出	学习支出	通讯网上支出	其他	合计
人均						

要求：

(1)全班同学以宿舍组合的形式分为若干小组，每组以 6 人为宜。

(2)制订一份内容详细的调查计划，注意格式规范。

(3)查阅两份调查报告例文，分析结构模式。

(4)撰写一份分析深刻、格式正确的调查报告。

附录　党政机关公文处理工作条例

第一章　总　　则

第一条　为了适应中国共产党机关和国家行政机关（以下简称党政机关）工作需要，推进党政机关公文处理工作科学化、制度化、规范化，制定本条例。

第二条　本条例适用于各级党政机关公文处理工作。

第三条　党政机关公文是党政机关实施领导、履行职能、处理公务的具有特定效力和规范体式的文书，是传达贯彻党和国家的方针政策，公布法规和规章，指导、布置和商洽工作，请示和答复问题，报告、通报和交流情况等的重要工具。

第四条　公文处理工作是指公文拟制、办理、管理等一系列相互关联、衔接有序的工作。

第五条　公文处理工作应当坚持实事求是、准确规范、精简高效、安全保密的原则。

第六条　各级党政机关应当高度重视公文处理工作，加强组织领导，强化队伍建设，设立文秘部门或者由专人负责公文处理工作。

第七条　各级党政机关办公厅（室）主管本机关的公文处理工作，并对下级机关的公文处理工作进行业务指导和督促检查。

第二章　公文种类

第八条　公文种类主要有：

（一）决议。适用于会议讨论通过的重大决策事项。

（二）决定。适用于对重要事项做出决策和部署、奖惩有关单位和人员、变更或者撤销下级机关不适当的决定事项。

（三）命令（令）。适用于公布行政法规和规章、宣布施行重大强制性措施、批准授予和晋升衔级、嘉奖有关单位和人员。

（四）公报。适用于公布重要决定或者重大事项。

（五）公告。适用于向国内外宣布重要事项或者法定事项。

（六）通告。适用于在一定范围内公布应当遵守或者周知的事项。

（七）意见。适用于对重要问题提出见解和处理办法。

（八）通知。适用于发布、传达要求下级机关执行和有关单位周知或者执行的事项，批转、转发公文。

（九）通报。适用于表彰先进、批评错误、传达重要精神和告知重要情况。

（十）报告。适用于向上级机关汇报工作、反映情况，回复上级机关的询问。

（十一）请示。适用于向上级机关请求指示、批准。

（十二）批复。适用于答复下级机关请示事项。

（十三）议案。适用于各级人民政府按照法律程序向同级人民代表大会或者人民代表大会常务委员会提请审议事项。

（十四）函。适用于不相隶属机关之间商洽工作、询问和答复问题、请求批准和答复审批事项。

（十五）纪要。适用于记载会议主要情况和议定事项。

第三章 公文格式

第九条 公文一般由份号、密级和保密期限、紧急程度、发文机关标志、发文字号、签发人、标题、主送机关、正文、附件说明、发文机关署名、成文日期、印章、附注、附件、抄送机关、印发机关和印发日期、页码等组成。

（一）份号。公文印制份数的顺序号。涉密公文应当标注份号。

（二）密级和保密期限。公文的秘密等级和保密的期限。涉密公文应当根据涉密程度分别标注“绝密”、“机密”、“秘密”和保密期限。

（三）紧急程度。公文送达和办理的时限要求。根据紧急程度，紧急公文应当分别标注“特急”、“加急”，电报应当分别标注“特提”、“特急”、“加急”、“平急”。

（四）发文机关标志。由发文机关全称或者规范化简称加“文件”二字组成，也可以使用发文机关全称或者规范化简称。联合行文时，发文机关标志可以并用联合发文机关名称，也可以单独用主办机关名称。

（五）发文字号。由发文机关代字、年份、发文顺序号组成。联合行文时，使用主办机关的发文字号。

（六）签发人。上行文应当标注签发人姓名。

（七）标题。由发文机关名称、事由和文种组成。

（八）主送机关。公文的主要受理机关，应当使用机关全称、规范化简称或者同类型机关统称。

（九）正文。公文的主体，用来表述公文的内容。

（十）附件说明。公文附件的顺序号和名称。

（十一）发文机关署名。署发文机关全称或者规范化简称。

（十二）成文日期。署会议通过或者发文机关负责人签发的日期。联合行文时，署最后签发机关负责人签发的日期。

（十三）印章。公文中有发文机关署名的，应当加盖发文机关印章，并与署名机关相符。有特定发文机关标志的普发性公文和电报可以不加盖印章。

（十四）附注。公文印发传达范围等需要说明的事项。

（十五）附件。公文正文的说明、补充或者参考资料。

（十六）抄送机关。除主送机关外需要执行或者知晓公文内容的其他机关，应当使用机关全称、规范化简称或者同类型机关统称。

（十七）印发机关和印发日期。公文的送印机关和送印日期。

（十八）页码。公文页数顺序号。

第十条 公文的版式按照《党政机关公文格式》国家标准执行。

第十一条 公文使用的汉字、数字、外文字符、计量单位和标点符号等，按照有关国家标准和规定执行。民族自治地方的公文，可以并用汉字和当地通用的少数民族文字。

第十二条 公文用纸幅面采用国际标准 A4 型。特殊形式的公文用纸幅面，根据实际需要确定。

第四章　行文规则

第十三条　行文应当确有必要，讲求实效，注重针对性和可操作性。

第十四条　行文关系根据隶属关系和职权范围确定。一般不得越级行文，特殊情况需要越级行文的，应当同时抄送被越过的机关。

第十五条　向上级机关行文，应当遵循以下规则：

（一）原则上主送一个上级机关，根据需要同时抄送相关上级机关和同级机关，不抄送下级机关。

（二）党委、政府的部门向上级主管部门请示、报告重大事项，应当经本级党委、政府同意或者授权；属于部门职权范围内的事项应当直接报送上级主管部门。

（三）下级机关的请示事项，如需以本机关名义向上级机关请示，应当提出倾向性意见后上报，不得原文转报上级机关。

（四）请示应当一文一事。不得在报告等非请示性公文中夹带请示事项。

（五）除上级机关负责人直接交办事项外，不得以本机关名义向上级机关负责人报送公文，不得以本机关负责人名义向上级机关报送公文。

（六）受双重领导的机关向一个上级机关行文，必要时抄送另一个上级机关。

第十六条　向下级机关行文，应当遵循以下规则：

（一）主送受理机关，根据需要抄送相关机关。重要行文应当同时抄送发文机关的直接上级机关。

（二）党委、政府的办公厅（室）根据本级党委、政府授权，可以向下级党委、政府行文，其他部门和单位不得向下级党委、政府发布指令性公文或者在公文中向下级党委、政府提出指令性要求。需经政府审批的具体事项，经政府同意后可以由政府职能部门行文，文中须注明已经政府同意。

（三）党委、政府的部门在各自职权范围内可以向下级党委、政府的相关部门行文。

（四）涉及多个部门职权范围内的事务，部门之间未协商一致的，不得向下行文；擅自行文的，上级机关应当责令其纠正或者撤销。

（五）上级机关向受双重领导的下级机关行文，必要时抄送该下级机关的另一个上级机关。

第十七条　同级党政机关、党政机关与其他同级机关必要时可以联合行文。属于党委、政府各自职权范围内的工作，不得联合行文。

党委、政府的部门依据职权可以相互行文。

部门内设机构除办公厅（室）外不得对外正式行文。

第五章　公文拟制

第十八条　公文拟制包括公文的起草、审核、签发等程序。

第十九条　公文起草应当做到：

（一）符合党的理论路线方针政策和国家法律法规，完整准确体现发文机关意图，并同现行有关公文相衔接。

（二）一切从实际出发，分析问题实事求是，所提政策措施和办法切实可行。

（三）内容简洁，主题突出，观点鲜明，结构严谨，表述准确，文字精练。

（四）文种正确，格式规范。

（五）深入调查研究，充分进行论证，广泛听取意见。

（六）公文涉及其他地区或者部门职权范围内的事项，起草单位必须征求相关地区或者部门意见，力求达成一致。

（七）机关负责人应当主持、指导重要公文起草工作。

第二十条　公文文稿签发前，应当由发文机关办公厅（室）进行审核。审核的重点是：

（一）行文理由是否充分，行文依据是否准确。

（二）内容是否符合党的理论路线方针政策和国家法律法规；是否完整准确体现发文机关意图；是否同现行有关公文相衔接；所提政策措施和办法是否切实可行。

（三）涉及有关地区或者部门职权范围内的事项是否经过充分协商并达成一致意见。

（四）文种是否正确，格式是否规范；人名、地名、时间、数字、段落顺序、引文等是否准确；文字、数字、计量单位和标点符号等用法是否规范。

（五）其他内容是否符合公文起草的有关要求。

需要发文机关审议的重要公文文稿，审议前由发文机关办公厅（室）进行初核。

第二十一条　经审核不宜发文的公文文稿，应当退回起草单位并说明理由；符合发文条件但内容需作进一步研究和修改的，由起草单位修改后重新报送。

第二十二条　公文应当经本机关负责人审批签发。重要公文和上行文由机关主要负责人签发。党委、政府的办公厅（室）根据党委、政府授权制发的公文，由受权机关主要负责人签发或者按照有关规定签发。签发人签发公文，应当签署意见、姓名和完整日期；圈阅或者签名的，视为同意。联合发文由所有联署机关的负责人会签。

第六章　公文办理

第二十三条　公文办理包括收文办理、发文办理和整理归档。

第二十四条　收文办理主要程序是：

（一）签收。对收到的公文应当逐件清点，核对无误后签字或者盖章，并注明签收时间。

（二）登记。对公文的主要信息和办理情况应当详细记载。

（三）初审。对收到的公文应当进行初审。初审的重点是：是否应当由本机关办理，是否符合行文规则，文种、格式是否符合要求，涉及其他地区或者部门职权范围内的事项是否已经协商、会签，是否符合公文起草的其他要求。经初审不符合规定的公文，应当及时退回来文单位并说明理由。

（四）承办。阅知性公文应当根据公文内容、要求和工作需要确定范围后分送。批办性公文应当提出拟办意见报本机关负责人批示或者转有关部门办理；需要两个以上部门办理的，应当明确主办部门。紧急公文应当明确办理时限。承办部门对交办的公文应当及时办理，有明确办理时限要求的应当在规定时限内办理完毕。

（五）传阅。根据领导批示和工作需要将公文及时送传阅对象阅知或者批示。办理公文传阅应当随时掌握公文去向，不得漏传、误传、延误。

（六）催办。及时了解掌握公文的办理进展情况，督促承办部门按期办结。紧急公文或者重要公文应当由专人负责催办。

(七)答复。公文的办理结果应当及时答复来文单位,并根据需要告知相关单位。

第二十五条　发文办理主要程序是:

(一)复核。已经发文机关负责人签批的公文,印发前应当对公文的审批手续、内容、文种、格式等进行复核;需作实质性修改的,应当报原签批人复审。

(二)登记。对复核后的公文,应当确定发文字号、分送范围和印制份数并详细记载。

(三)印制。公文印制必须确保质量和时效。涉密公文应当在符合保密要求的场所印制。

(四)核发。公文印制完毕,应当对公文的文字、格式和印刷质量进行检查后分发。

第二十六条　涉密公文应当通过机要交通、邮政机要通信、城市机要文件交换站或者收发件机关机要收发人员进行传递,通过密码电报或者符合国家保密规定的计算机信息系统进行传输。

第二十七条　需要归档的公文及有关材料,应当根据有关档案法律法规以及机关档案管理规定,及时收集齐全、整理归档。两个以上机关联合办理的公文,原件由主办机关归档,相关机关保存复制件。机关负责人兼任其他机关职务的,在履行所兼职务过程中形成的公文,由其兼职机关归档。

第七章　公文管理

第二十八条　各级党政机关应当建立健全本机关公文管理制度,确保管理严格规范,充分发挥公文效用。

第二十九条　党政机关公文由文秘部门或者专人统一管理。设立党委(党组)的县级以上单位应当建立机要保密室和机要阅文室,并按照有关保密规定配备工作人员和必要的安全保密设施设备。

第三十条　公文确定密级前,应当按照拟定的密级先行采取保密措施。确定密级后,应当按照所定密级严格管理。绝密级公文应当由专人管理。

公文的密级需要变更或者解除的,由原确定密级的机关或者其上级机关决定。

第三十一条　公文的印发传达范围应当按照发文机关的要求执行;需要变更的,应当经发文机关批准。

涉密公文公开发布前应当履行解密程序。公开发布的时间、形式和渠道,由发文机关确定。

经批准公开发布的公文,同发文机关正式印发的公文具有同等效力。

第三十二条　复制、汇编机密级、秘密级公文,应当符合有关规定并经本机关负责人批准。绝密级公文一般不得复制、汇编,确有工作需要的,应当经发文机关或者其上级机关批准。复制、汇编的公文视同原件管理。

复制件应当加盖复制机关戳记。翻印件应当注明翻印的机关名称、日期。汇编本的密级按照编入公文的最高密级标注。

第三十三条　公文的撤销和废止,由发文机关、上级机关或者权力机关根据职权范围和有关法律法规决定。公文被撤销的,视为自始无效;公文被废止的,视为自废止之日起失效。

第三十四条　涉密公文应当按照发文机关的要求和有关规定进行清退或者销毁。

第三十五条　不具备归档和保存价值的公文，经批准后可以销毁。销毁涉密公文必须严格按照有关规定履行审批登记手续，确保不丢失、不漏销。个人不得私自销毁、留存涉密公文。

第三十六条　机关合并时，全部公文应当随之合并管理；机关撤销时，需要归档的公文经整理后按照有关规定移交档案管理部门。

工作人员离岗离职时，所在机关应当督促其将暂存、借用的公文按照有关规定移交、清退。

第三十七条　新设立的机关应当向本级党委、政府的办公厅（室）提出发文立户申请。经审查符合条件的，列为发文单位，机关合并或者撤销时，相应进行调整。

第八章　附　　则

第三十八条　党政机关公文含电子公文。电子公文处理工作的具体办法另行制定。

第三十九条　法规、规章方面的公文，依照有关规定处理。外事方面的公文，依照外事主管部门的有关规定处理。

第四十条　其他机关和单位的公文处理工作，可以参照本条例执行。

第四十一条　本条例由中共中央办公厅、国务院办公厅负责解释。

第四十二条　本条例自 2012 年 7 月 1 日起施行。1996 年 5 月 3 日中共中央办公厅发布的《中国共产党机关公文处理条例》和 2000 年 8 月 24 日国务院发布的《国家行政机关公文处理办法》停止执行。

参考文献

1. 王晓炜.应用写作.北京:中国农业出版社,2007.
2. 郭东.秘书写作.北京:高等教育出版社,2004.
3. 王华杰.新编应用写作.北京:中国农业出版社,2008.
4. 现代应用文写作大全.北京:中国大百科全书出版社,2005.
5. 李光.应用文写作实训教程.北京:科学出版社,2004.
6. 杨忠慧,吴晓林.应用写作.北京:中国财政经济出版社,2004.
7. 闫锦,张宇.现代农村实用写作.北京:中国农业出版社,2006.
8. 陈伟功,谢春玲,冯宝碧.公文写作精要.广州:广东人民出版社,2000.
9. 刘锡庆,李道荣.经济应用文书写作.北京:北京师范大学出版社,2008.
10. 郭英立,罗翠梅.经济应用文写作.北京:清华大学出版社,2009.
11. 李春,樊建科.财经应用文写作.北京:中国科学技术出版社,2008.
12. 柯智涛.现代市场营销应用文写作.北京:电子工业出版社,2006.
13. 黄绮冰,生素巧.应用文写作教程.北京:电子工业出版社,2008.
14. 陈桂良.大学应用文写作.杭州:浙江大学出版社,2002.
15. 汪祥云,蒋瑞松.应用文写作.上海:上海交通大学出版社,2000.
16. 赵福洲,方百祺.外经贸业务应用文写作.上海:华东理工大学出版社,2003.
17. 王爱民.秘书实务.杭州:浙江大学出版社,2010.
18. 吴雨平.秘书学与秘书实务教程.广州:暨南大学出版社,2013.
19. 孟庆荣.秘书理论与实务.北京:北京大学出版社,2009.
20. 孙芳芳,秘书理论与实务.杭州:浙江大学出版社,2007.
21. 杨群欢.秘书理论与实务教程.杭州:浙江大学出版社,2009.
22. 杨素华,秘书实务.北京:北京大学出版社,2008.
23. 高玉娟.管理秘书实务.北京:中国铁道出版社,2008.
24. 司徒允昌,陈家桢,张相平.秘书学教程.上海:上海人民出版社,2007.
25. 许燕.办公室文秘写作一本通.北京:经济科学出版社,2006.